I0030936

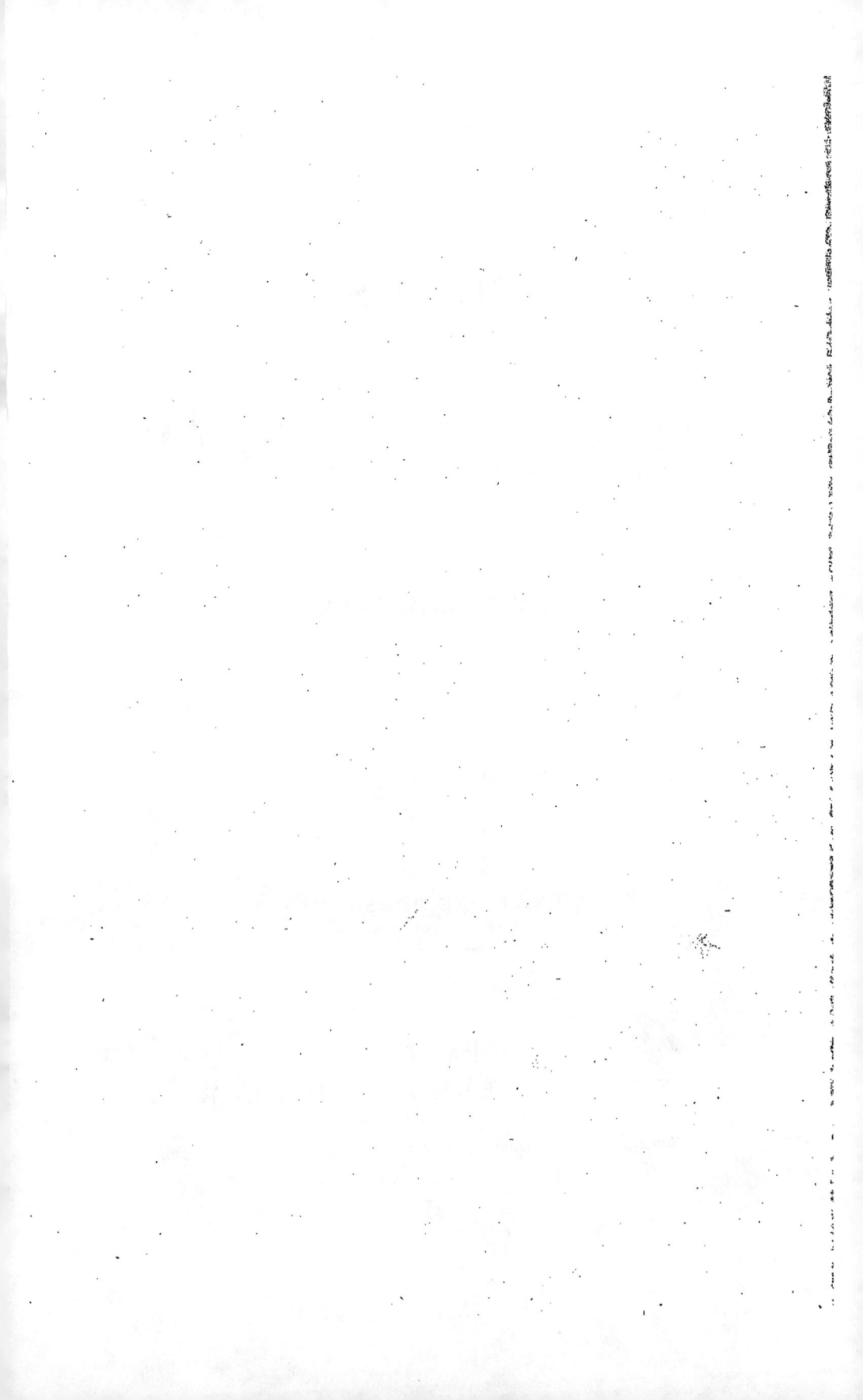

ÉCOLE DU LOUVRE

COURS

DE

DROIT ÉGYPTIEN

PAR

M. EUGÈNE REVILLOUT

PROFESSEUR A L'ÉCOLE DU LOUVRE
CONSERVATEUR ADJOINT DES MUSÉES NATIONAUX

PREMIER VOLUME

1er FASCICULE
L'ÉTAT DES PERSONNES

PARIS
ERNEST LEROUX, EDITEUR
LIBRAIRE DE LA SOCIÉTÉ ASIATIQUE
DE L'ÉCOLE DES LANGUES ORIENTALES VIVANTES, DE L'ÉCOLE DU LOUVRE, ETC.
28, RUE BONAPARTE, 28
1884

ANGERS, IMP. BURDIN ET Cⁱᵉ, RUE GARNIER, 4

ÉCOLE DU LOUVRE

COURS

DE

DROIT ÉGYPTIEN

PAR

M. EUGÈNE REVILLOUT

PROFESSEUR A L'ÉCOLE DU LOUVRE
CONSERVATEUR ADJOINT DES MUSÉES NATIONAUX

PREMIER VOLUME

Ier FASCICULE
L'ÉTAT DES PERSONNES

PARIS
ERNEST LEROUX, EDITEUR
LIBRAIRE DE LA SOCIÉTÉ ASIATIQUE
DE L'ÉCOLE DES LANGUES ORIENTALES VIVANTES, DE L'ÉCOLE DU LOUVRE, ETC.
28, RUE BONAPARTE, 28

1884

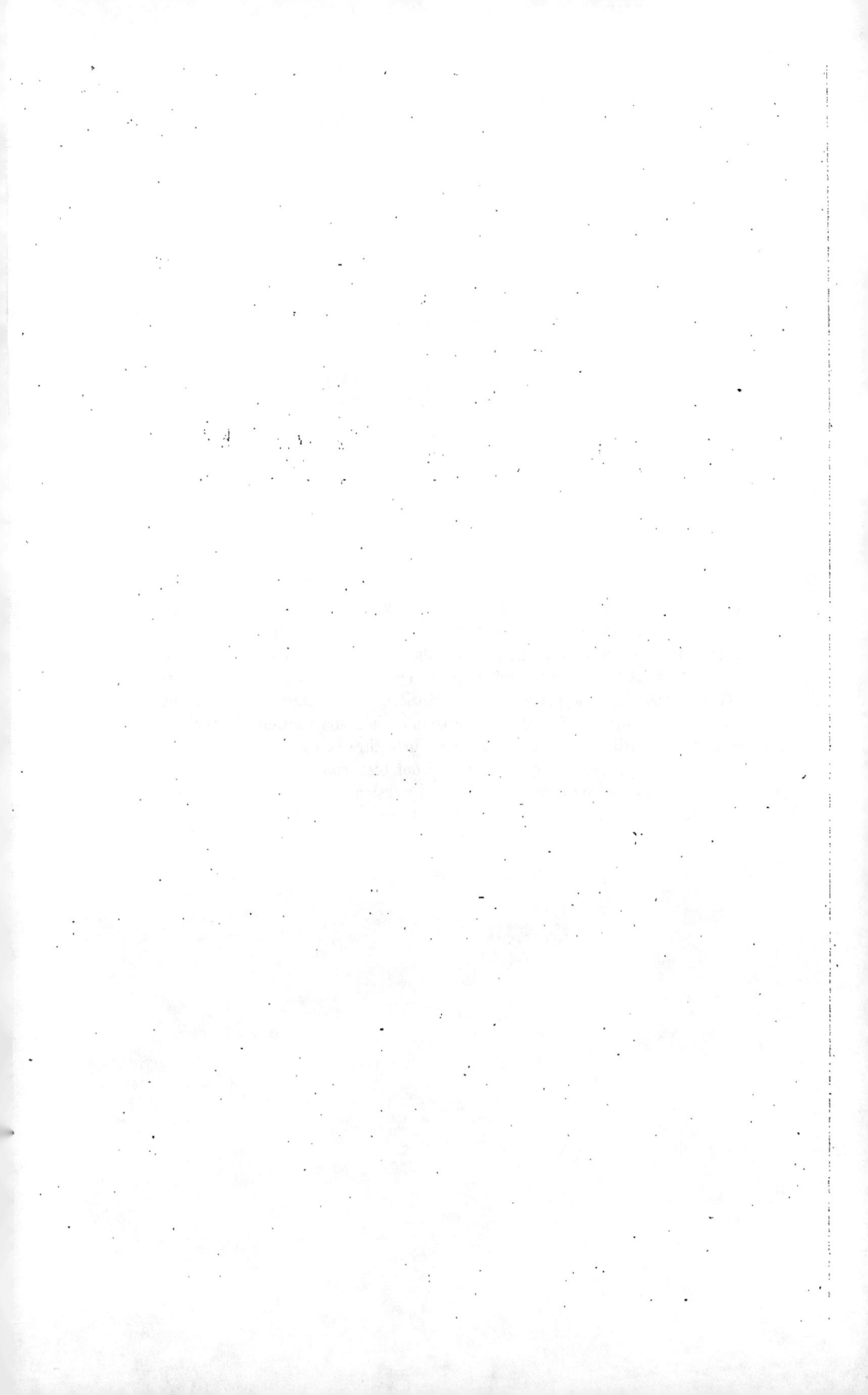

A LA MÉMOIRE

DE

M. LABOULAYE

DE L'INSTITUT

Qu'il me soit permis de mettre mon œuvre sous le patronage de ce nom vénéré. C'est M. Laboulaye qui, de son vivant, m'a conseillé de réunir dans un ouvrage les données juridiques contenues dans mes contrats démotiques. Il m'a prodigué ses conseils ; il m'a prêté les livres qu'il croyait utile de consulter, tout en me renvoyant toujours à deux savants qu'il unissait perpétuellement dans sa pensée : M. de Rozière et M. Dareste. Je n'ai pu, autant qu'il l'aurait désiré, me mettre sous la direction continue de MM. Dareste et de Rozière, dont il vantait à si juste titre la haute compétence, la science incomparable (et qui cependant ont bien voulu s'intéresser à mes travaux). Je ne lui en dois pas moins l'expression de ma profonde gratitude à la première page d'un livre, paru, hélas! après sa mort.

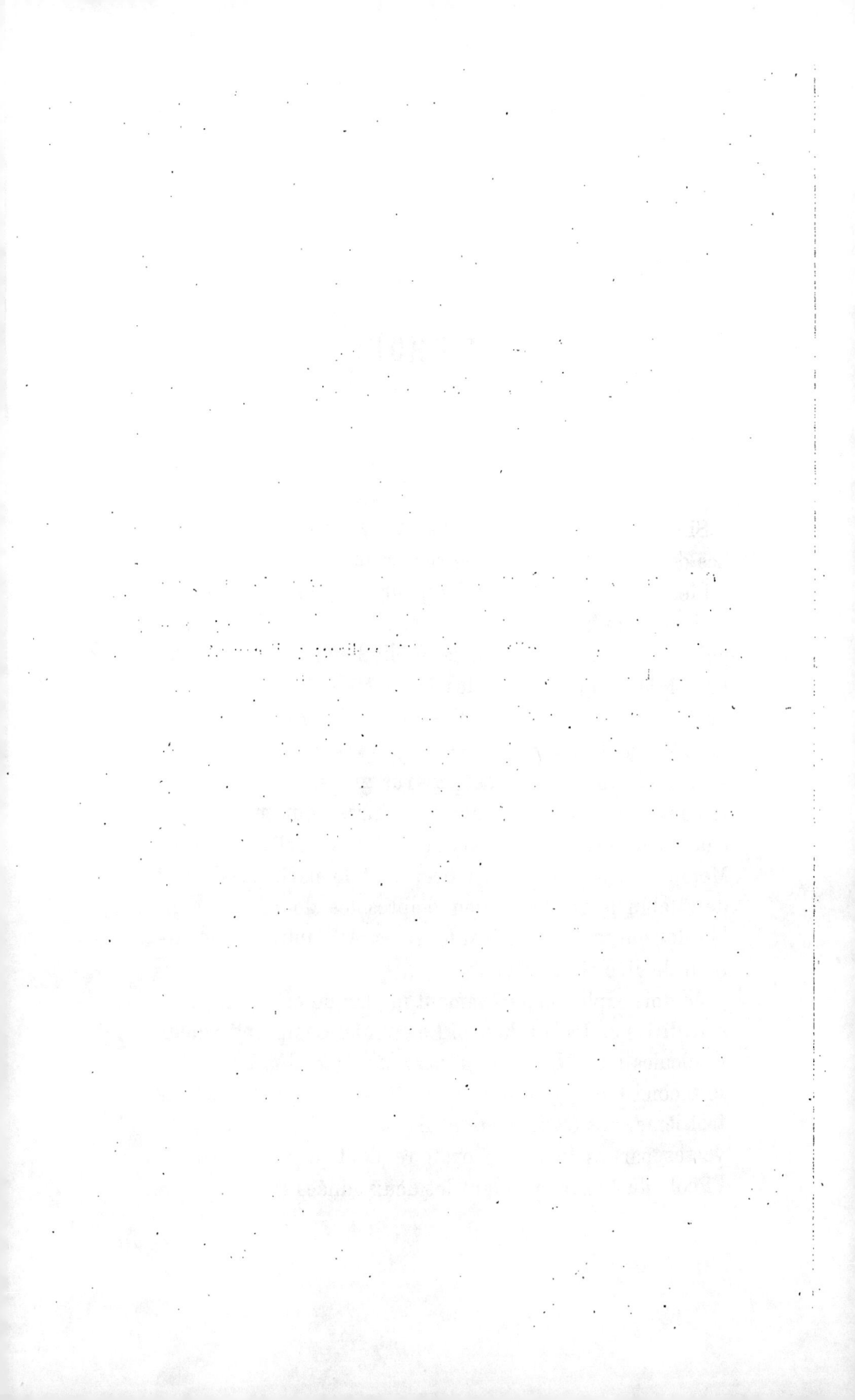

AVANT-PROPOS

Si ce livre a un mérite, ce ne peut êre que sa nouveauté. Les documents démotiques, sur lesquels j'ai surtout travaillé, ont tous été traduits pour la première fois par moi. Jusque-là, ils gisaient dans les diverses collections publiques : au Louvre, à la Bibliothèque Nationale, au British Museum et dans les Musées de Berlin, Vienne, Turin, Florence, Rome, Bologne, Leide, Bruxelles, Dublin, Marseille, Saint-Pétersbourg, New-York, Boulaq, etc. Je les ai rapprochés des papyrus grecs, concernant les mêmes familles et les mêmes affaires, qui proviennent également des cartulaires ptolémaïques de Thèbes et de Memphis. J'ai essayé d'en tirer tout le parti possible et de rétablir le droit égyptien d'après les données innombrables qui m'étaient ainsi fournies. A d'autres il appartient de dire si j'ai réussi.

Je dois expliquer brièvement le plan de cet ouvrage. Il sera divisé en trois volumes. Le premier comprendra deux fascicules : 1° l'*État des personnes* ; 2° le *Mariage*. Dans le second tome, je traiterai du *Droit des choses*. Dans le troisième, des *Obligations et Actions*. J'ai laissé à ces diverses parties la forme oratoire dont je m'étais servi à l'École du Louvre pendant les deux années de mon cours de droit égyptien. Seulement, j'ai cru bon de réunir les leçons concernant un seul chapitre.

En ce qui touche le premier fascicule, je dois aussi faire observer que les deux leçons d'ouverture ont été imprimées il y a deux ans, au moment où elles venaient d'être prononcées. Je n'ai donc pu y faire aucune retouche, et cependant certaines questions y sont maintenant un peu en retard.

Je terminerai comme les auteurs du xvi° siècle, en demandant l'indulgence de « l'ami lecteur. » Il faut en effet un regard *ami* pour un livre de droit fait par un égyptologue, qui a pu seulement s'inspirer de temps à autre des conseils de son frère, un vieux juriste devenu médecin.

DISCOURS D'OUVERTURE

DE

L'ÉCOLE DU LOUVRE

Messieurs,

Bien qu'étant l'un des plus jeunes professeurs de cette
Ecole, par les hasards de l'horaire, je me trouve aujourd'hui
ouvrir les nouveaux cours que M. le Ministre vient d'instituer
au Louvre, sur la proposition de notre éminent directeur,
M. de Ronchaud. C'est pour moi un bien vif plaisir, puisque
je suis l'un des premiers qui aient *recommencé*, d'abord,
l'année passée, d'une façon libre, cet enseignement des Musées Nationaux. Je dis *recommencé*. En effet, Messieurs, il ne
faut pas oublier que le projet de M. de Ronchaud — soutenu
aussi depuis longtemps par M. Bertrand, de l'Institut, le savant conservateur du musée de St-Germain, dont vous enten-
drez ici les leçons à partir de vendredi prochain, — n'est pas
tout à fait nouveau. Lorsque le 15 mai 1826, le Musée égyptien fut établi au Louvre, l'ordonnance de fondation spécifiait
en même temps que des cours d'égyptien seraient annexés à
ce Musée, et c'est là que notre immortel Champollion inau-
gura ses fonctions d'initiateur et pour ainsi dire de hiéro-

1

phante, pendant six ans, de mai 1826 à mai 1832. N'était-il pas bien naturel d'apprendre à lire les inscriptions des monuments en face des monuments eux-mêmes? La place n'était-elle pas indiquée d'avance? On le pensait alors et j'avoue le penser encore aujourd'hui. Mais si la question est, à la rigueur, discutable pour des écritures monumentales, tracées, comme les hiéroglyphes, en caractères parfaitement réguliers et distincts, elle me semble tranchée pour les écritures cursives comme le hiératique, et plus encore pour la langue démotique dont la paléographie est si variée, si changeante et si difficile. Un enseignement de ce genre exige sans cesse la présence des originaux des différentes périodes. C'est seulement ainsi que l'on habitue l'œil à déchiffrer tandis que l'esprit s'exerce à traduire.

Messieurs, le cours de démotique est une chose nouvelle en Europe. On n'a songé qu'une seule fois à établir cette chaire, c'était en 1867, en France, en faveur de l'illustre égyptologue Brugsch-Pacha. On devait lui donner pour cela la grande naturalisation; mais des circonstances imprévues empêchèrent cette fondation et depuis ce temps le savant maître, absorbé par d'autres travaux, travaux immenses, a peu à peu porté presque toute son attention et tous ses efforts sur les textes hiéroglyphiques. Cependant je dois dire que personne plus que lui ne s'intéresse à mes études et ne m'en a donné des marques plus touchantes. C'est pour moi un plaisir bien doux que d'offrir ici l'hommage de ma gratitude à celui qui fut véritablement le Champollion du démotique (1).

En effet, ce que Champollion a été pour la langue sacrée, Brugsch l'a été pour la langue vulgaire des anciens Égyptiens. Avant Brugsch, les quelques travaux qui ont été faits sur le démotique appartiennent à peine à la période scientifique. On peut mentionner cependant, aussitôt après la découverte du décret trilingue de Rosette, la lettre de M. de Sacy à M. Chaptal, lettre dans laquelle le savant orientaliste

---

1. Le manque de méthode scientifique empêche de décerner ce titre à Young, comme j'étais d'abord tenté de le faire.

détermina les groupes de caractères démotiques répondant
aux noms propres grecs de Ptolémée, Arsinoë, Alexandre et
Alexandrie ; le travail où M. Akerblad déduisit de ces noms
propres un court alphabet démotique ; les admirables études de
Young, qui, après avoir reconnu, avant Champollion, les premiers éléments alphabétiques des hiéroglyphes, appliqua avec
succès au démotique son rare esprit de divination, malheureusement privé de la méthode philologique, de la suite d'idées et
de la patience indispensables ; — enfin les estimables recherches de MM. Kosegarten, Hincks et de Saulcy. Mais tous les
savants dont je viens de parler n'avaient pas même une idée
nette de la langue dont ils déterminaient quelques éléments,
scripturaux ou autres. C'est à Brugsch — avec la collabora-
tion de notre regretté maître M. de Rougé, — qu'il appartint
d'en apercevoir l'ensemble et de poser, dans son admirable
Grammaire démotique, les premiers jalons du chemin qui restait à parcourir. Nous n'avons plus qu'à suivre ses traces et
à achever son œuvre ; mais ce complément qu'il nous laisse
à accomplir est considérable. Presque tout le syllabaire est
encore à dresser, le dictionnaire à rédiger, la grammaire à
terminer. Voilà pour la philologie pure. — Et quant aux textes, en dehors de deux ou trois qu'avait traduits M. Brugsch,
un fragment sur lequel était revenu M. Maspero, et un essai,
partiel également, de M. Pierret, on peut dire que le terrain
était complètement vierge et que tout restait à faire. Depuis
plusieurs années je travaille à ces *desiderata* de la science.
Nous travaillerons ensemble, et tout me fait espérer que nous
pourrons recueillir une moisson abondante.

Qu'est le démotique, messieurs ? Est-ce une langue ? Est-ce
une écriture seulement ? Quels sont les rapports du démotique
avec la langue sacrée ? A quelle famille de langues l'égyptien
des différentes périodes appartient-il ? Voici bien des questions qui se posent à notre esprit, questions qui ont été résolues
de plusieurs manières. Me permettrez-vous de commencer
par la dernière, qui est la plus générale ?

On a successivement essayé de rapprocher l'égyptien de

plusieurs familles de langues. Des savants estimables en ont
fait une langue arienne, d'autres une langue sémitique, d'autres enfin, sous le nom de famille chamétique, ont réuni à
l'égyptien divers dialectes de l'Afrique. Aucun de ces systèmes ne me satisfait complètement.

L'égyptien n'est point une langue arienne, et, à mon avis,
il serait puéril de vouloir rattacher ses procédés de dérivation de mots, de suppression de certaines consonnes, et
même les affinités particulières de ses diverses articulations,
à ce qui existe sous ce rapport dans les langues ariennes.
C'est un grand péril que de vouloir ainsi trop généraliser.
Même dans un groupe linguistique étroitement uni par la
grammaire comme par les racines, la règle phonétique ou de
dérivation qui est vraie dans un dialecte ne l'est souvent pas
entièrement dans le dialecte voisin. A plus forte raison faut-
il être prudent quand la parenté n'est pas bien évidente.
L'école de Bopp a rendu d'immenses services pour la philologie indo-germanique, c'est-à-dire pour les langues étroitement unies au sanscrit. Mais il ne faut pas pousser trop loin
les analogies, sous peine de s'exposer au paradoxe; car il
existe plusieurs, et non une seule, phonétiques, de même que,
de l'aveu de tous, il existe plusieurs, et non une seule, familles
de langues. Quant à l'égyptien, tout esprit impartial doit reconnaître que sa nature est essentiellement différente de celle
des langues à flexions et à désinences grammaticales, et que
les racines communes entre l'égyptien et les langues ariennes
ne sont ni plus fréquentes, ni plus rares que celles qu'on peut
également trouver en comparant à l'égyptien toute autre
famille de langues : la famille chinoise par exemple. On n'est
donc point en droit d'appliquer les méthodes particulières de
Bopp à l'égyptien. Ce serait un rêve et un rêve dangereux.

J'en dirai autant des comparaisons si nombreuses qu'on a
faites avec les langues sémitiques. En réalité il n'y a qu'une
chose vraiment comparable entre les langues sémitiques et
l'égyptien, c'est le pronom personnel. Lorsqu'on sort du pronom personnel tout le reste de la grammaire est dissemblable,

tout l'esprit de la langue est différent, et il est clair que nous
avons affaire à une toute autre famille. Quant aux mots fournis à l'égyptien par les langues sémitiques, ils paraissent presque tous postérieurs aux expéditions des Pharaons en Syrie, —
ou au moins à l'occupation des Pasteurs — et ne sont que des
emprunts purs et simples, comme le culte d'Astarté, de Qa-
dèsh, de Baal, de Seth, etc. C'est absolument comme en français où les mots anglais sont fréquents et où, sans cesse, nous
en adoptons de nouveaux.

En égyptien également on constate de nouveaux apports à
toutes les périodes de l'histoire. Notons même une particularité remarquable, c'est qu'en démotique, par exemple, tous les
noms de monnaies, presque tous ceux qui sont relatifs au
commerce et aux transactions, aux prêts, aux locations et aux
affaires de toute sorte se rapportant au numéraire, sont d'importation sémitique. Cela était naturel dans un pays où les
Phéniciens avaient si longtemps négocié et où les Juifs
avaient fini par se compter par millions.

Reste la famille dite chamétique. Je n'ai pas d'objection
à faire contre cette intéressante famille si on la restreint à
l'égyptien.

Quel inconvénient y aurait-il à appeler l'égyptien une
langue chamétique? Aucun. Mais qu'y réunira-t-on ? Là commence la difficulté. Penserait-on aux diverses langues des
nègres ? Non, sans doute. Au berbère ? Je ne nie pas la possibilité de la parenté. Mais rien ne la prouve. Les analogies qu'on
a cru trouver sont lointaines, fugitives et peu nettes.

D'ailleurs il est impossible de comparer utilement une langue
vivante qui n'a pas d'histoire avec une langue qui s'écrivait il
y a quatre mille ans. Croit-on qu'il eût été facile de voir la
parenté existant entre le sanscrit et le français, si l'on n'avait
pas possédé les intermédiaires du grec, du latin, etc. Dans l'état
actuel on peut tout au plus faire la supposition d'une famille
chamétique dont l'égyptien ferait partie, mais on ne peut pas
la prouver. Peut-être le démotique spécial de la Nubie, qui semble devoir recouvrir une langue berbère, pourra-t-il, quand on

l'aura déchiffré, nous fournir, avec le touareg et les inscriptions libyques de l'Algérie, un nouveau terme de comparaison. Ce n'est pas impossible ; mais il ne faut pas beaucoup compter sur l'apport ainsi fourni ; car tous ces documents sont encore assez récents et de peu d'étendue. L'égyptien, au contraire, nous ouvre une mine presque inépuisable de recherches : c'est en lui-même qu'il faut l'étudier.

D'ailleurs, messieurs, ne vous y trompez pas, l'égyptien ne constitue pas seulement une langue, mais toute une famille de langues. Je dis famille dans le sens le plus étroit ; car toutes ces langues sortent des entrailles les unes des autres. C'est peut-être le seul pays au monde où nous puissions suivre le développement de l'esprit humain dans toutes ses manifestations successives pendant plusieurs milliers d'années. Il en est de l'égyptien comme du sol qui nous porte et dont les savants étudient successivement les diverses couches géologiques. Partout ailleurs, ces couches de la pensée et de la parole humaine ont disparu, volages et fugitives comme l'esprit et comme la vie même de l'homme dont elles émanent. Ici l'écriture a tout fixé et le climat lui-même a voulu tout respecter. Si un cataclysme arrive pour notre civilisation, que restera-t-il de nous ? Rien ou peu de chose. Les livres que nous imprimons seront rongés par l'humidité, quand bien même ils auraient été épargnés pas la main des hommes. En Égypte tout ce que les hommes n'ont pas détruit, tout ce qu'ils ne détruisent pas, hélas ! chaque jour, demeure éternellement. La lettre dont l'utilité semble restreinte à l'heure qui passe, comme l'ouvrage destiné par son auteur à l'immortalité, tout subsiste intact, sur une légère feuille de papyrus que notre sol rongerait demain. Aussi pouvons-nous voir encore en Égypte quelque chose de toutes les périodes de l'histoire et surtout de toutes les périodes de la langue, ou plutôt de toutes les langues qui ont été en usage dans la vallée du Nil.

A ce propos permettez-moi de vous faire part d'une réflexion qui me paraît importante pour nos études. J'entends parler souvent de la langue égyptienne, de la mythologie égyptienne, etc., comme si l'Égypte n'avait eu qu'une langue et une mythologie. On fait de gros livres pour ou contre telle idée dominante, tel ou tel système de grammaire. Chacun a ses arguments, ses preuves, ses exemples. Quelques-uns même, voyant que rien n'est fixe pendant tant de siècles, en ont conclu que les Égyptiens n'avaient pas, à proprement parler, de grammaire, comme pas, à proprement parler, de mythologie. Un esprit fort distingué, mais trop sceptique, en est même presque arrivé à la fois à ces deux conclusions. Les miennes seraient toutes différentes. Je crois qu'il faut distinguer chaque grammaire, chaque langue, et chaque doctrine suivant l'époque où elle florissait, et que, — pour rester dans le terrain linguistique, — il y a eu bien des Égyptiens. Je pense donc qu'on a eu généralement tort de vouloir tout confondre en rédigeant, chacun selon ses idées, une seule grammaire égyptienne applicable à tous les temps. Ce n'est pas ainsi, messieurs, qu'il faut procéder. Mais il est nécessaire de compulser patiemment toutes les formes grammaticales employées à chaque époque, et d'en dresser isolément les diverses listes, qu'on a ensuite à comparer entre elles. C'est par cette méthode lente du *dépouillement complet*, et non par des idées primesautières et superficielles, que l'on fait avancer la science. Je dirai même que, quelque lente qu'elle paraisse, c'est encore de beaucoup la plus rapide et qu'on perd son temps en procédant d'une autre manière. Ajoutons du reste que cette méthode, qui a de tout temps été la mienne, est aussi celle qu'emploie bien fructueusement un de mes bons amis, M. Erman de Berlin. C'est d'après ces principes qu'il a rédigé son excellente grammaire du nouvel égyptien, c'est-à-dire de l'égyptien immédiatement antérieur à la création de la langue vulgaire, ou démotique. Cette grammaire nous sera souvent fort utile comme terme de comparaison et elle sera, j'espère, bientôt imitée pour les diverses périodes de la langue égyptienne. Nous-même nous ne procéderons pas autrement dans nos études et particulièrement dans la rédaction des grammaires démotiques successives.

Mais qu'est devenue notre seconde question sur les rapports
du démotique avec la langue sacrée ? — Il me semble qu'au
point où nous en sommes, poser une semblable question, c'est
la résoudre. Le démotique est le fils de la langue sacrée dans
sa forme la plus vulgaire et la plus vivante, le nouvel égyptien.

En effet, nous venons de voir que la langue hiéroglyphique ne formait pas une langue immobile et toujours la même,
mais qu'elle avait varié selon les époques en se rapprochant
de plus en plus de la forme la plus récente de la langue parlée.
Cependant, en qualité de langue écrite et littéraire, elle avait
ses traditions, ses archaïsmes classiques, qui la séparaient
toujours du peuple, même du peuple intelligent qui n'avait
pas fait les longues études du sanctuaire.

D'ailleurs, pendant les guerres qui signalèrent les luttes des
Éthiopiens et des Assyriens et dont l'Égypte fut très habituellement le théâtre et la victime, les études des antiques univer-
sités sacerdotales s'étaient ralenties, comme, plus tard, sous les
invasions persanes suivant le témoignage formel des textes de
la statue naophore du Vatican. Dans ces conditions, la langue
vulgaire s'était rapidement affranchie du joug académique ; et
la langue hiéroglyphique, langue officielle des Éthiopiens eux-
mêmes, qui cependant en parlaient une autre, était devenue
pour tous ce que le latin est pour nous. C'est alors, sous le roi
éthiopien Tahraka, que nous trouvons les premiers documents
démotiques égyptiens, et c'est peut-être alors aussi que débuta
le démotique éthiopien dont nous parlions tout à l'heure.

Le démotique fut avant tout une simplification, simplification d'autant plus nécessaire qu'en même temps le droit contractuel, dépendant sur beaucoup de points de la volonté des
parties, se substituait à l'ancien droit, purement hiératique où
tout était fixé par la loi. Diodore de Sicile nous a appris que
la forme définitive du Code des contrats était due à Bocchoris,
un des rois de Memphis révoltés contre les Éthiopiens et tué
par eux, et notre illustre maître M. Birch insistait encore
dernièrement auprès de nous sur ce témoignage, en nous faisant observer que, jusqu'à cette époque, on trouvait, il est vrai,

en hiératique, bien des papyrus judiciaires, requêtes ou procès, mais rien qui ressemblât à un contrat. On comprend que pour les contrats, rédigés au nom de toutes sortes de personnes, il fallait une langue écrite se rapprochant autant que possible de la langue parlée, et d'une étude peu difficile pour des Égyptiens de race. Vous connaissez, messieurs, la nature de l'écriture hiéroglyphique. Elle comprend également des caractères représentant une lettre, un alphabet, — avec cette particularité que chaque lettre est figurée par plus d'un signe ; — des caractères syllabiques très nombreux, — représentant soit une consonne suivie ou précédée de sa voyelle, soit plusieurs consonnes ; — des caractères qui, à eux seuls, représentaient une idée — comme l'image de l'homme désignant un homme et qu'on a prononcée *ret* ou *rem* suivant les époques ; — et des déterminatifs, également figuratifs ou symboliques, placés après les caractères formant un mot, et en déterminant le sens, — comme, par exemple, un homme après tous les noms de métier, un vase après les sons désignant cet ustensile, un bras armé après tous les termes exprimant l'idée de force ou s'y rapportant, un homme ayant la main à la bouche après tous les verbes se rapportant à la parole, à la pensée, etc. Le déterminatif était souvent double ou triple, générique et spécifique, et serrait de plus en plus le sens du mot précédemment exprimé. Ce système était, comme on le voit, assez compliqué. Le démotique eut donc pour principe de rendre l'étude plus facile en s'attachant avant tout au son des mots. Sans repousser les signes idéographiques, on les simplifia, en ne gardant que les déterminatifs génériques au lieu d'y joindre les déterminatifs spécifiques. Les autres signes, primitivement idéographiques, ne furent généralement acceptés qu'avec leur valeur phonétique. Cette transformation était d'autant plus facile que sous la forme cursive de l'écriture hiératique à laquelle on les emprunta et qu'on rendit encore plus cursive, l'image des objets avait pour ainsi dire disparu. De même qu'on avait fait un choix parmi les déterminatifs on fit également un choix parmi les signes phonétiques. Tous les syllabiques ne furent pas adoptés, tant s'en faut, mais seulement un certain nombre, — nombre d'ailleurs encore considérable. Nous avons ainsi, à côté des mots répondant signe à signe aux mots hiéroglyphiques, un grand nombre de mots dont les correspondants phonétiques sont exprimés d'une toute autre manière dans la langue sacrée. La nécessité de se rapprocher de la langue parlée transforma aussi certains mots, en fit naître d'autres et surtout modifia d'une façon très remarquable la grammaire et la syntaxe. La syntaxe du démotique, qui a ses racines dans la syntaxe du nouvel égyptien, se rapproche d'une façon tellement frappante de la syntaxe copte, — c'est-à-dire de la langue de l'Égypte à l'époque chrétienne, — que, quand on lit surtout des documents démotiques de la dernière période, c'est, à ce point de vue, du copte que l'on croit lire sous un alphabet plus compliqué.

Le démotique est donc bien une langue, — langue vivante et se modifiant elle-même sans cesse, — et non pas seulement une nouvelle écriture d'une langue déjà morte. Cette vitalité indépendante se montre jusque dans la manière différente dont l'écriture du démotique a été comprise suivant les époques.

Nous parlions tout à l'heure de la complication de l'écriture démotique à la dernière période. Cette complication des caractères est beaucoup plus grande dans les papyrus gnostiques ou philosophiques de la période romaine que dans tout autre genre de documents démotiques et spécialement dans le démotique darique ou ptolémaïque. Il semble que plus la langue sacrée tombait dans l'oubli, plus on voulait en sauver d'éléments dans la langue populaire écrite. Les papyrus magiques de Leide, Londres et Paris, sont là pour nous servir d'exemples. On y trouve sans cesse des caractères et des mots purement hiératiques, — dont on avait cependant en démotique les correspondants exacts, — et un grand nombre de déterminatifs spécifiques complètement hiéroglyphiques et dans lesquels l'image de l'objet est aussi parfaite que possible. Le même phénomène se remarque dans le papyrus contenant les entretiens philosophiques de la chatte éthiopienne et du chacal koufi. Quel document curieux que celui-là !

Mais ceci nous amène à cette nouvelle question : Que peut nous apprendre le démotique ?

Nous venons de voir, messieurs, que le démotique était indispensable à qui veut saisir les rapports réels de l'égyptien antique et du copte, que sans cet intermédiaire nécessaire, la grammaire comparée de l'égyptien était impossible, que tout égyptologue privé de cette connaissance ne serait jamais philologue ; car la lumière lui manquerait sans cesse, et, de tâtonnements en tâtonnements, il arriverait forcément aux erreurs les plus bizarres, comme cela est arrivé effectivement à plusieurs, qui ont voulu voir dans le temps hiéroglyphique en *n* l'origine de l'imparfait copte en *naf* du futur en *na*, etc., etc., qu'en un mot la vraie méthode d'enseignement, au point de vue grammatical surtout, consistait à remonter du connu à l'imparfaitement connu, c'est-à-dire de la langue parlée et du copte à la langue écrite qui en est la plus rapprochée, et ainsi de suite, de proche en proche, jusqu'à l'époque la plus ancienne, comme faisaient les Égyptiens eux-mêmes du temps de Clément d'Alexandrie.

Mais la linguistique n'est pas le seul côté par lequel le démotique s'impose à nos études. Il faut étudier aussi la langue vulgaire pour elle-même, si l'on veut savoir comment vivait le peuple égyptien aux périodes peut-être les plus intéressantes de son histoire.

Sans doute je m'intéresse au plus haut degré à ces documents du premier empire égyptien qui nous font remonter aux premiers âges de l'humanité. Pour moi aussi c'est une passion que de les parcourir : mais ce n'est certes pas au point de vue de l'histoire générale ; car les peuples dont ils parlent parfois nous sont généralement inconnus ou restent à préciser. Notre cher maître et ami M. Brugsch-Pacha est en train de le faire dans la *Revue égyptologique,* qu'il dirige avec moi ; mais il serait le premier à vous dire que plus on remonte haut, plus la besogne est difficile ou même impossible, et que

sans cesse on voit se dresser devant soi des inconnues et des
difficultés insurmontables. Et d'ailleurs nous ne savons d'ordinaire rien sur ces peuples à cette époque que ce qu'en disent les documents hiéroglyphiques. Et quand je dis « à
cette époque » je n'en veux préciser aucune, puisque, selon
l'enseignement très exact de M. de Rougé, antérieurement au
vII⁰ siècle avant Jésus-Christ, où commencent nos papyrus
démotiques, la chronologie égyptienne est de plus en plus
vague, au point de devenir une énigme s'il s'agit de l'Ancien
Empire.

Rassurez-vous, messieurs, je ne veux pas vous faire entrer
ici dans la grosse discussion de la chronologie égyptienne, des
dynasties successives ou parallèles, de l'année vague ou de
l'année fixe, des systèmes de MM. Lepsius, Lieblein, etc., et
des *desiderata* de la science sous ce rapport, — *desiderata* si
bien mis en lumière par notre illustre et bien regretté maître
Mariette, dans le dernier travail qu'il a lu à l'Institut de France.
Mais ne suis-je pas en droit de conclure que les monuments
de l'Ancien Empire ne sont guère utiles qu'au point de vue
de l'économie politique de l'Égypte, — point de vue sous lequel
nous aurons, dans notre autre cours, à les comparer, en
temps et lieu, avec les documents plus récents, — et que l'histoire proprement dite, débutant au Moyen Empire, avec les
luttes de l'Égypte et de l'Asie, ne devient constamment intéressante et instructive pour nous que quand nous voyons entrer
en scène les Assyriens, les Éthiopiens, les Perses, et surtout
nos ancêtres les Grecs, en un mot tout notre monde classique.

Cette époque-là est celle du démotique ; et l'on peut affirmer que nos papyrus ont fait faire à notre histoire ancienne,
dans le sens ordinaire du mot, les pas les plus décisifs ;
toute la chronologie est à refaire, ou, du moins, à préciser
définitivement d'après nos sources : la succession des rois,
leur filiation, les années de leurs règnes, leur manière de
dater depuis leur avènement à la couronne, les associations
au trône, les associations au culte, les apothéoses complètes,
les compétitions, les révoltes, les révolutions, la durée, les

succès et les revers de celles-ci, etc., etc. Je ne puis énu-
mérer, dans ce rapide coup d'œil, tous les résultats obte-
nus. Il me faudrait un volume. Mais parmi les choses les plus
inattendues il faut signaler la filiation de Ptolémée Soter,
fils d'un autre Ptolémée, selon ses protocoles officiels, et
non d'un certain Lagus, comme le prétendaient les historiens, qui ont certainement pris un surnom pour un nom
propre. Les Lagides disparaissent donc et reprennent leur
nom de Ptolémées.

Mais nous ignorions encore à quel point leur autorité avait
été contestée en Égypte même. Le siège de Lycopolis, dont
nous parlaient l'inscription de Rosette et un des fragments de
Polybe, ne fut qu'un épisode isolé d'une longue lutte, dont
les papyrus démotiques nous apprennent les phases diverses.

Nous savons ainsi que l'Égypte, presque entière, a secoué
le joug grec, durant vingt ans, à partir de la mort de Philopator, et que Thèbes a eu, pendant ce temps, deux rois, égyptiens de race, se rattachant par leurs formules comme par
leurs coutumes aux Ramessides : Anchmachis et Hormachis,
qui l'un et l'autre semblent avoir joui assez paisiblement du
trône, s'il faut en croire leurs protocoles officiels. Le reste de
la vallée du Nil appartenait à de nombreux « dynastes » auxquels Polybe faisait expressément allusion dans un fragment
incompris jusqu'ici. Il fallut faire venir des troupes de Grèce
pour en finir enfin avec ces courageux prédécesseurs d'A-
rabi.

C'est à ce moment de révolte générale que paraît avoir été
rédigée la curieuse chronique démotique que nous avons
publiée dans notre *Revue égyptologique*. L'auteur, appartenant
au sanctuaire de la ville de Memphis, — qui cependant était
encore politiquement soumise à Épiphane, — y recherche
soigneusement les antécédents et les modèles des diverses
luttes patriotiques. Dans les fractions de l'ouvrage qui nous
sont parvenues, il nous décrit chaleureusement les abus de pouvoir et les déportements du roi Amasis amenant la première

invasion perse, puis, après la glorieuse révolte du roi Xabash (1)
dont le nom se trouve sur le bord d'une colonne détruite, la
nouvelle insurrection qui délivra l'Égypte et lui donna les
rois des 28e, 29e et 30e dynasties jusqu'à la deuxième invasion
persane, sitôt suivie de celle des Grecs. Nous n'avions guère
sur cette époque que les rares renseignements fournis par les
historiens classiques et quelques protocoles contemporains.
Mais rien de franchement historique n'était venu éclairer jusqu'ici les froides listes de Manéthon. Amyrtée lui-même, celui
dont les Grecs parlaient le plus souvent, semblait un mythe :
et chacun le recherchait sous un cartouche différent. Aucune
de ces hypothèses n'était exacte et nous savons maintenant à
quoi nous en tenir sur Amen-her, ainsi que sur ses non moins
problématiques successeurs. — Notre chronique confirme, du
reste, d'une façon vraiment très remarquable, les données de
Manéthon comme celles d'Hérodote, et elle renferme des passages d'une véritable éloquence. Il faut voir, par exemple, la
partie exégétique où elle commente d'anciennes prophéties
éthiopiennes relatives à la chute de l'Égypte et où elle pleure
la patrie perdue du temps de Nechtaneb II :

« Je me suis revêtu de la tête aux pieds. » — C'est ce que tu dis à savoir : J'ai fait resplendir le basilique d'or, on ne l'écartera pas de ma tête.
— Il dit cela le roi Nechtaneb.

« Ma pourpre est sur mon dos, » — c'est-à-dire mes vêtements resplendis-
sent sur mon dos. On ne les écartera pas !

« Le sceptre est en ma main. » — C'est ce que le prophète dit à savoir:
Est-ce que, par hasard, tu n'as pas dit en ton cœur : la puissance suprême
est en ma main, on ne l'écartera pas de moi ? — Le sceptre de la puissance
suprême qui resplendit sur toi c'est le Xopesh splendide qu'on l'appelle.

« Il agit si tu agis. Il vainc si tu vaincs, » — c'est-à-dire le dieu fera pour
toi comme les choses que tu feras. Tu donnes la victoire à ton cœur. Il vaincra
encore plus !

« Apis ! Apis ! Apis ! » — c'est-à-dire Ptah, Pra, Horsièsi qui sont les maîtres de la puissance suprême, tu les oublies ! tu comptes acquérir encore des

1. Voir sur ce roi la stèle historique, si intéressante, du règne d'Alexandre II, publiée par M. Brugsch et les stèles contemporaines du Sérapéum,
signalées par M. Mariette.

biens ! Ce sont ces trois dieux cités plus haut qui ont endurci ton cœur, à savoir : Apis-Ptah, Apis-Pra, Apis-Hor-si-èsi.

« Les navires des étrangers ont pris pied en Égypte, » — c'est-à-dire les nations qui sont de l'orient à l'occident du monde ont pris pied en Egypte. Ce sont les Mèdes, ceux-là !

« Les génies les ont apportés. » — Ce qu'il dit c'est : Dieu les a apportés aux lieux où ils viennent. Il parle des nations, c'est-à-dire des Mèdes.

« Le jardin où sont tes plants, » — c'est-à-dire où sont tes plantations, ô roi ! il dit au roi Nechtaneb que ses plants sont foulés.

« Que sur le jardin se rétablisse ta clôture ! » — Il lui dit encore cela, le reste des paroles, pour que se rétablisse la clôture à l'extérieur de ses possessions, c'est-à-dire de son royaume.

Avec quelle espérance il s'écrie :

« Le grand fleuve grandit sa tête à Eléphantine, mais les restes vivent ! » — Il dit cela au roi Nechtaneb à savoir : Ils ont fait venir les nations pour être maîtres de l'Égypte après vous. Mais les restes vivent au jour nommé !

« Réjouissez-vous, jeunes gens qui savez patienter ! » — c'est-à-dire : les jeunes gens qui seront au jour de la délivrance ne seront pas malheureux comme ceux qui sont en ton jour.

« Les jeunes guerriers qui viennent des mers ont établi la rive du Nil dans le partage de leurs mains, — c'est-à-dire : il arrivera en ce jour que les Grecs qui viendront en Égypte subjugueront l'Égypte dans un temps court.

« Vivent les chiens ! Le grand chien sait patienter. » — Il établira les Égyptiens dans la paix au temps nommé ! »

Et ailleurs d'une façon plus explicite encore :

« Salut pour vous ! Il renverse la fermeture ! » — c'est-à-dire que le chef qui sera en Égypte (Harmachis) rompra la fermeture de la captivité pour l'ouvrir.

« Deux fois salut ! Il a ouvert ! » — c'est-à-dire que le second chef qui sera (Anchmachis) l'ouvrira.

« [Trois] fois salut ! Il a ouvert devant la couronne Uræus » (la couronne royale d'Egypte), — c'est-à-dire que le troisième chef qui sera (le successeur attendu d'Anchmachis) on se réjouira de son avènement. Les trois chefs qui seront parmi les nations, il y aura réjouissance, de la part des dieux, de leur avènement.

« La libératrice vient. Elle amène l'Éthiopien à sa destinée ! » — La libératrice, qui est la couronne Uræus, vient. Elle amène l'Éthiopien. Elle rend paisible la destinée qu'elle réserve à la maison royale. « C'est le dieu Harshefi (le dieu de la guerre) qui créera le chef qui sera. » — Il est dit que c'est un homme d'Éthiopie qui sera chef après les nations, les Grecs ! »

Malheureusement pour les Égyptiens, ce temps ne vint jamais. Les espérances qu'ils fondaient sur la révolte, s'éten-

dant de plus en plus et appuyée par les Éthiopiens, furent
vaines. Les rois de Thèbes eurent le sort que devait avoir plus
tard Arabi; et, à partir de ce jour, l'Égypte ne connut plus l'indépendance. Après les Perses, les Grecs; après les Grecs, les
Romains; après les Romains, les Arabes; après les Arabes,
les Anglais. Tel fut le sort de ce malheureux pays. La cause
de tout le mal en est-elle à Amasis, comme le pense notre
chroniqueur? Selon lui, Amasis avait renversé toutes les
pieuses coutumes de l'Égypte. Il avait, par un vol sacrilège
(mentionné aussi par Hérodote), spolié les temples de Memphis, d'Héliopolis et de Bubastis pour en donner presque tous
les revenus à ses mercenaires grecs; et ce nouvel usage fut
suivi par ses successeurs étrangers ou même égyptiens qui
maintinrent toujours des garnisaires dans ces sanctuaires,
comme nous le prouvent en effet nos contrats memphites.
C'était, nous prédit quelque part notre auteur, au Messie
éthiopien qu'il appartenait de faire cesser cet abus, — qui
vouait l'Égypte au malheur, — en rouvrant toutes les portes
des temples et en rendant pleinement aux dieux leurs domaines sacrés. Mais, en attendant, il estime soigneusement,
dans la monnaie de l'époque, le tort qu'Amasis avait fait ainsi
aux sanctuaires les plus vénérés. Ce *larron* devenu roi ne s'é-
tait pas borné là. Il avait violé toutes les autres lois sacrées,
et, contrairement à leurs préceptes formels pour les souverains, il avait bu du vin en abondance et s'était livré à l'ivrognerie. Cette dernière infraction scandalisait surtout les Égyptiens, qui n'avaient jamais entendu parler de rois ivres, et qui
prodiguèrent à Amasis leurs plaintes et leurs observations.
Hérodote et notre chronique démotique sont encore complètement d'accord sur ce point. Commençons par Hérodote, selon
la naïve traduction de Salliat: « De là en avant, il mania ses
« affaires en cette sorte : il donnait toute la matinée à dépes-
« cher promptement les négoces qui s'offraient jusqu'à l'heure
« où l'agora se trouve pleine de monde. Adonque il allait se
« mettre à table et là se moquait et gaudissait de tous les
« assistants, en faisant le gosseur, dont ses amis furent mar-

« ris et avisèrent de lui faire telle remonstrance : Sire, il nous
« semble que ne vous maintenez selon le du de vostre estat,
« en vous rabattant ainsi à la façon qui n'est belle ni honneste ;
« car vous devez entendre qu'à vous, qui seez en trosne de
« majesté, appartient vous monstrer grave, auguste et véné-
« rable, en vaquant le long du jour aux affaires du royaume.
« C'est le moyen pour faire cognoistre aux Égyptiens qu'ils
« sont réglés et gouvernés par un grand personnage et pour
« leur donner meilleure opinion de vous qu'ils n'ont eue jus-
« qu'ici. Mais vous maintenant ainsi que vous faictes aujour-
« d'huy, croyez que vous n'exercez aucunement l'office de
« roy. »

Les faits se passent à peu près de même dans l'anecdote que
nous raconte notre chronique ; seulement l'auteur, qui n'avait
pour le philhellène Amasis aucune sympathie, donne toujours
le beau rôle aux Égyptiens. Voici comment il raconte sem_
blable aventure :

« Ce fut du temps du roi Amasis.

« — Le roi dit à ses grands : Je veux boire du kelebi d'É-
« gypte.

« — Ils lui dirent : Notre grand maître, cela est dur de
« boire du kelebi d'Égypte.

« — Il leur dit : Ne répliquez pas à ce que je dis.

« — Ils dirent : Notre grand maître, le désir du roi qu'il
« l'accomplisse !

« — Le roi dit : Qu'on porte le vin sur le lac.

« — Ils firent selon l'ordre du roi.

« Le roi se purifia avec ses fils.

« Il n'y eut pas d'autre vin devant eux que du kelebi d'É-
gypte.

« Il parut bon au roi et à ses fils.

« Il but, en naviguant, beaucoup de ce vin, à cause de l'amour
qu'il avait pour le kelebi d'Égypte.

« Le roi coucha sur le lac, pendant la nuit, ce jour-là.

« Il fit naviguer vers une vigne qui était sur le rivage.

« Le matin arriva.

2

« Le roi ne put se lever, à cause de l'excès de l'ivresse dans laquelle il était.

« On navigua.

« Au moment où le roi ne put se lever, les officiers se lamentèrent en disant :

« Est-ce une parole ou chose qui peut être, celle-là ?

« — Il arriva que le roi écarta quiconque.

« Personne au monde ne put aller parler au roi

« Les officiers, en corps, allèrent au lieu où était le roi.

« Ils lui dirent : notre grand maître, est arrivée la barque dans laquelle est le roi.

« — Le roi dit : je veux me divertir...

« N'y a-t-il personne de vous qui puisse causer avec moi ?

« — Il y avait une personne sage parmi les officiers dont le nom était...

« Il se présenta devant le roi.

« Il dit : notre grand maître, est-ce que point est parvenu au roi ce qui est arrivé au jeune matelot ? »

Vient ensuite un apologue relatif à l'ivrognerie et à ses inconvénients. Mais ce serait abuser de votre temps et de votre patience que de vous citer plus longuement notre curieuse chronique.

Rien de plus varié, du reste, que la littérature démotique. Nous sommes en train de la traduire au jour le jour, et pour vous en donner une idée nous ne pourrons mieux faire que d'emprunter quelques morceaux à nos dernières publications.

Je ne puis résister, par exemple, à la tentation de vous citer un passage d'un livre démotique plus considérable et plus intéressant encore que la chronique. Je veux parler des entretiens philosophiques du chacal koufi et de la chatte éthiopienne, auxquels j'ai déjà fait allusion précédemment, et que je publie par fragments dans ma *Revue Egyptologique*. J'y disais à propos du dernier extrait fait par moi : « Il ne s'agit plus seulement, comme dans les pages précédentes, de l'exposé d'un fatalisme quelque peu panthéiste qu'on rencontre souvent dans les doctrines orientales, mais de ces grandes questions tout à fait vitales pour l'humanité qui ont préoccupé l'esprit de Job et qu'il dramatise dans son livre : le bien, le mal, la responsabilité humaine, la rétribution finale.

Ici le cadre de la dispute s'est encore élargi. Job et ses amis croyaient également à Dieu et à la Providence. Ils discutaient seulement sur la manière dont s'exerçait cette Providence, ainsi que la juste rétribution du bien et du mal qui en est la conséquence forcée, soit dans cette vie, soit dans l'autre. C'était, sous une autre forme, l'objet des préoccupations de Socrate au moment de sa mort, préoccupations se rattachant toujours, comme à leur racine, au principe d'une divinité paternelle, présidant aux destinées du monde.

Dans notre livre démotique c'est ce principe même qui est attaqué. Pour trouver dans l'histoire philosophique quelque chose de vraiment analogue aux théories que le chacal koufi explique à la chatte éthiopienne, il faut descendre jusqu'à notre temps et consulter les livres d'un illustre savant anglais, M. Darwin.

Struggle for life, tel paraît être la devise de notre chacal, et c'est cette devise qu'il commente pour ainsi dire dans les pages qui vont suivre, en en cherchant les causes ou en déduisant les conséquences avec une logique impitoyable.

Selon son système il n'y a ni divinité protectrice, ni rétribution finale. Le mal, les violences qui se passent sur la terre sont voulus par la divine nature. Tous les vivants sont faits pour s'entremanger. Le plus fort opprime le plus faible : c'est la loi même de son être. Il faut que les plus faibles disparaissent pour entretenir la vie des autres. Ventre affamé n'a pas d'oreilles et c'est bouder contre son estomac que d'avoir des idées de justice, de douceur, d'honnêteté, de rétribution divine. Le mal est le souverain bien.

Notre chacal est un érudit et d'ailleurs, il a pour lui la grande autorité du vautour, — le vautour, symbole de Maut, mère des dieux ! — Il raconte à ce sujet comment Isis fut un jour scandalisée des procédés brutaux de cet oiseau divin. Isis, l'épouse de l'*Être bon*, fit des reproches au vautour sur sa conduite.

Mais le vautour lui répondit que, lui aussi, il avait eu des scrupules sous ce rapport, et que, dégoûté des excès dont le monde était plein, il avait alors résolu d'étudier cette question, et — en attendant la solution — de s'abstenir de tout massacre. Il tint parole jusqu'au soir, mais le soir sa gorge était desséchée, et dans l'intervalle — l'estomac aidant — il avait réfléchi.

Ce fut comme une vision : une révélation des secrets de Ra, le maître des dieux : et cette révélation était celle que certains esprits devaient chercher plus tard sous ces mots de Darwin : *la lutte pour la vie*.

On verra le détail des preuves dans le discours de notre chacal, auquel nous voulons conserver intacts ses droits d'auteur. Qu'il nous suffise de dire que la chatte éthiopienne, imbue des vieilles traditions religieuses, ne voulut pas se rendre à ses arguments, qu'il étayait pourtant de nombreuses citations, quelque peu transformées, des textes sacrés de l'É-gypte. Elle défendit même avec un certain talent des idées se rapprochant beaucoup, peut-être inconsciemment, des doctrines chrétiennes, qui tendaient alors à se répandre partout dans la vallée du Nil. Le chacal fut donc obligé de revenir à la charge. Cette fois, voulant en finir, il fit tête et s'attaqua directement, bien qu'en paraboles, à cet axiome chrétien qu'on chercherait en vain dans la morale égyptienne, déjà si pure pourtant : *Fais le bien pour le mal*, ou, sous la forme citée par lui : *On complote contre toi, tu arriveras, tu feras le bien*.

L'apologue qu'il nous raconte a pour but de nous montrer que cette maxime n'est qu'une ruse de guerre des forts qui sont habiles et qui veulent persuader aux faibles de se laisser manger. On se souvient sans doute de la fable du lion malade et du renard. L'apologue du lion et des chacals représente la même donnée.

Il nous reste à dire que cette doctrine du chacal paraît avoir été fort goûtée des incantateurs qui ont rédigé les infâmes livres de sorcellerie contenus dans les papyrus gnostiques de Leide, Paris et Londres. Ces industriels qui exploitaient la cré-

dulité publique et lui offraient des moyens faciles pour em-
poisonner, pour séduire, bref pour exécuter tous les crimes,
ces misérables que les lois romaines frappaient avec raison
des plus cruels supplices, estimaient cette philosophie, que
soutenait naguère encore, dans une conférence publique, un
célèbre criminel, savant distingué, Lebiez, après avoir assas-
siné une pauvre femme. Nous avons la preuve positive de cette
prédilection des sorciers; car la main qui a écrit les livres
d'incantations dont nous avons parlé précédemment, a aussi
tracé plusieurs de ses formules magiques sur la partie blan-
che de notre papyrus, conservé par cet homme avec soin et
qu'il relisait sans doute de temps en temps pour étouffer la
voix de sa conscience.

Nous allons maintenant en arriver à notre texte. C'est le
chacal koufi qui parle :

« Vois l'oiseau ! Écoute l'oiseau ! Il dit : Ce que le voisin me
« fait, moi aussi je le lui fais.

« — Le vautour dévorait les oiseaux *abu* sur la montagne.
« Isis vit cet oiseau qui n'épargnait nul autre. Il arriva un jour
« qu'Isis lui dit : Voyons ! oiseau, mon œil est choqué de tes
« actions et ma vue de tes méfaits. — L'oiseau dit : Il en est
« ainsi parce qu'il m'est arrivé ce qui n'est arrivé à aucun oiseau
« volant, en dehors de moi. — Isis lui dit : Oiseau, qu'est cela ?
« — L'oiseau dit : C'est quand j'ai vu jusqu'au mauvais prin-
« cipe du monde, quand j'ai connu l'univers jusqu'à l'abîme. —
« Isis lui dit : Oiseau, comment cela t'est-il arrivé ? — L'oiseau
« reprit : Cela m'est arrivé parce que j'ai eu faim, quand je me
« suis attardé à la maison, quand j'ai laissé mon repas en
« disant : Grande est la vision que je ferai : je méditerai à cela
« et je resterai dans ma maison. En conséquence je n'ai pas
« mangé, après cela, parce que, de même que ton œil était cho-
« qué, mon œil aussi était choqué en voyant ces choses. Mais
« ce qui m'est arrivé à moi n'est arrivé à aucun autre oiseau
« volant, en dehors de moi. Cela m'a été donné quand j'ai
« enchanté le ciel pour voir les choses qui s'y passent, quand
« j'ai entendu ce que Ra, le disque sublime, père des Dieux,

« établit pour le monde chaque jour dans la nuit. — Isis dit :
« Voyons, oiseau, ce qui t'est arrivé et pourquoi. — Il lui dit :
« Cela m'est arrivé parce que je n'ai point porté ma nourriture
« à ma bouche pendant la journée et que je n'ai pas mangé
« après que le disque du soleil s'en est allé à l'horizon ; car
« quand je reste ainsi jusqu'au soir mon palais est desséché.

    « — Voilà qu'Isis vit l'oiseau et les paroles qui étaient dans
« son cœur. Il passa un moment à rire. L'oiseau comprit
« qu'Isis avait vu pourquoi il riait. — L'oiseau lui dit : C'est
« une parole vraie, c'est l'audition d'un oiseau à Dieu, celle qui
« fut à moi, audition divine venant du ciel sur la terre. Le rep-
« tile fait aussi annonce de cela devant moi et je fais de même
« pour lui, reptile. L'insecte ciron, qui est à l'arrière de Dieu
« par sa misère, le lézard le mange. Et ce qu'il fait on le lui
« fait. La chauve-souris mange le lézard. Le serpent mange la
« chauve-souris. Le faucon mange le serpent sur la mer, car
« l'oiseau entend cela.

    « — Isis regarda l'oiseau pour savoir si cela était vrai. Isis
« vit dans la mer, elle vit ce qui se passe dans l'eau et ce qui
« était arrivé au serpent et au faucon. — Isis dit : Vois, oiseau,
« c'est vérité complète que toutes les paroles que tu as dites.
« Pendant que tu parlais je les ai prises en considération.
« Elles se sont toutes trouvées vraies devant moi.

    « — L'oiseau poursuivit :
« On a fait que le serpent et le faucon tombent dans la mer.
« Mange cela le poisson *at* qui y habite — Ils ont fait cela
« (les dieux !) — Le gryphon dévore le poisson *at* — Ils ont fait
« cela ! — Le poisson *at* dévore aussi les poissons nommés
« *nar*. Il reste dans les cavernes, ils en font un lion dans la
« mer. Il saisit le poisson *nar* dans les coins. — Ils ont fait
« cela ! — Un serref (le roch des Arabes) les flaire. Il les saisit
« dans ses griffes à l'instant. Il les emporte, en les ravissant,
« vers les terres célestes — Ils ont fait cela ! — Voilà qu'il les
« dépose, en les déchirant, sur la montagne, devant lui. Il en
« fait sa nourriture — Si je dis une parole fausse, viens avec
« moi à la montagne supérieure ! Je te les ferai voir, ô Isis, dé-

« chirés et palpitants devant lui tandis qu'il en fait sa nour-
« riture.

« — A ces mots le vautour emporta Isis à la montagne.
« Toutes les paroles qu'avait dites Maut étaient des paroles
« vraies. Isis vit et entendit l'oiseau crier :

« — Il n'y a rien sur la terre que ce que fait le Dieu, la pa-
« role qu'il prononce dans la nuit. Celui qui fait une chose
« bonne la voit se retourner pour lui en chose mauvaise.
« Celle-ci après celle-là !

« Écoute l'oiseau ! Qu'en sera-t-il pour le meurtre ! Le lion !
« le *serref* lui fait violence ! Ou le laisse les supplier (supplier
« les dieux). Entends l'oiseau ! Vois l'oiseau ! C'est la vérité.

« Est-ce que tu ne sais pas que le *serref* est le plus fort
« animal du monde entier, celui-là ! le roi terrible de quicon-
« que est sur la terre, celui-là ! La rétribution, il n'y a pas de
« rétributeur pour la lui rétribuer ! Son nez est celui de l'aigle,
« son œil celui de l'homme, ses flancs ceux du lion, ses
« oreilles celles des... ses écailles celles de la tortue de mer,
« sa queue celle du serpent. Quel souffle (quel être animé) sur
« la terre pourra être de cette sorte quand il frappe ? Qui donc
« au monde est semblable ?

« Sa rétribution, c'est la mort, ce roi terrible de quiconque
« est encore au monde ! Tu sais cela : *Celui qui tue, on le*
« *tuera. Celui qui ordonne de tuer, on le tuera lui-même.*

« Il vaut mieux que je te dise ces paroles, pour faire entrer
« ceci dans ton cœur, qu'il n'y a pas de moyen d'écarter le
« dieu, le soleil, le disque sublime, la rétribution venant de
« Dieu.

« Les dieux prennent soin de qui donc sur la terre, depuis
« l'insecte ciron qui n'a personne plus petit que lui et qui
« puisse parvenir à son ignominie, jusqu'au *serref* qui n'a
« personne plus grand que lui ?

« Le bien, le mal que l'on fait sur la terre, c'est Ra qui le
« fait recevoir en disant : — Que cela arrive !

« On dit : — *Je suis petit de taille devant le soleil, et il me*
« *voit. De même qu'est sa vue, de même son flair, son audition.*

« *Qui donc au monde lui échappe ? Il voit ce qui est dans l'œuf.*

« — Il en est ainsi : et celui qui mange un œuf est comme
« celui qui tue !

« Leur prière (la prière des victimes du meurtre) ne reste
« pas après eux encore. Si je pénètre dans la bonne demeure
« (le tombeau) pour les y voir, la prière pour leur protection,
« pour le sang des victimes qu'on a tuées, on ne la fait pas par-
« venir devant Ra !

« On dit : — *Ils meurent. Mais on recherchera leurs os. On*
« *les satisfera après leur mort. Ils prient, en implorant la pro-*
« *tection des Dieux et des hommes pour leur sang...*

« — C'est pour calmer leur cœur ! car si je parle de la
« rétribution de leurs luttes, de cette rétribution qui accom-
« plit leur demande de protection pour leur donner paix, je
« ne dis pas la vérité ; car la prière ne tue pas le coupable,
« jamais ! Il sera après : il vivra : il mourra : il n'écartera pas
« cela aussi !

« Que je te fasse même savoir, ô chatte, que toi-même tu
« n'es pas celle que la rétribution ne frappera point. Je t'ap-
« prendrai que la chatte meurt, cette autre immortelle, toi à
« qui on donne la rétribution et le salut ; car fille du soleil on
« appelle la chatte. On bavarde de cela du moins : et celle qui
« bavarde à nos oreilles, c'est... — le monde.

« — La chatte éthiopienne rit : son cœur fut doux pour les
« paroles qu'avait prononcées le chacal koufi. Elle lui redit
« cette parole : — Je ne te tuerai point. Je ne te ferai point
« tuer. La honte rend témoignage au mal comme aux bons
« commandements qui t'ont été donnés. Pourquoi ma face te
« serait-elle hostile quand tu n'as fait aucun mal après tous ces
« bons commandements ? Tu as écarté le gémissement de mon
« cœur et tu l'as fait revenir à la joie.

« Elle lui dit encore : — Quand le faible est violenté, la ré-
« tribution approche. Le meurtrier n'arrive pas au but, car
« *l'homme puissant ne chassera pas le Seigneur de sa maison.*

« Elle dit encore : — Il ne donne pas la chair pour nourri-
« ture à la bête féroce, car ce n'est pas lui qui fait faire vio-

« lence. *Le fort qui inflige de la peine, est plus fort que lui*
« *celui qui la supporte.*

« Le ciel porte un orage. La tempête enlève la lumière un
« instant. Les nuées s'interposent devant les apparitions du
« soleil du matin. Il fera resplendir la lumière en ses lieux
« avec la joie, ses rayons avec la vie... »

Ici les mots effacés et les lacunes deviennent tellement nombreux que je ne puis saisir la suite du texte pendant sept
lignes. Puis c'est de nouveau le chacal qui prend la parole et
qui dit :

« — Vivat ! — Écoute l'histoire qu'on m'a racontée :

« Il y avait des chacals sur la montagne. Ils se disputaient
« sur la vérité de ce qu'on avait dit, à savoir : *On complote*
« *contre toi, tu arriveras, tu feras le bien.* On ne fut pas d'ac-
« cord. Chaque chacal parlait avec son compagnon. Ils bu-
« vaient, mangeaient... s'excitaient l'un l'autre dans un bois
« de la montagne. Ils aperçurent un lion qui souvent les
« avait frappés, chassant et se dirigeant vers eux. — Ils
« s'arrêtèrent. — Ils s'enfuirent. — Le lion fit arrêter deux
« chacals et leur dit : Malheur à vous ! Est-ce que vous ne me
« voyez pas ? Je veux aller vers vous. Qu'est-ce que la fuite
« devant moi que vous faites ? — Ils dirent cette parole véri-
« dique : Notre Seigneur ! Nous t'avons vu les frapper. Nous
« avons fait nos réflexions : à savoir que nous ne fuirions pas
« devant toi, si tu nous épargnais et ne nous mangeais pas.
« Notre peau est sur nous. Nous ne voulons pas la perdre,
« à plus forte raison que tu nous manges. Tu peines pour
« faire proie. C'est la mort mauvaise qui arrive. Rugit la bête
« féroce qui me prendra. Il faut que je fuie loin de sa bouche.
« — Le lion entendit la grande voix, la voix des chacals. —
« — Mais vraiment c'est comme si les grands ne pouvaient
« jamais rencontrer la vérité. — Il s'en alla. — Et voilà pour-
« quoi je repousse au loin cette parole, aujourd'hui, Madame :
« *On complote contre toi, tu arriveras, tu feras le bien.* »

Dans les livres de sorcellerie gnostique auxquels je faisais
allusion tout à l'heure, il y a également bien des parties

curieuses à consulter, non seulement au point de vue philologique, mais aux points de vue historique, littéraire, religieux ou
même médical. Beaucoup des formules de la médecine grecque
nous sont venues ainsi des sorciers, qui pratiquaient l'art de
guérir aussi bien que l'art de tuer et de séduire. Souvent une
page entière du mythe si intéressant d'Horus nous est conservée avec une foule de renseignements nouveaux sur cette
légende sacrée. Et puis quel singulier état d'aberration intel-
lectuelle et morale nous trahit, par exemple, ce passage dans
lequel le sorcier fait du grand dieu Anubis son valet de
chambre !

« O Anubis, viens, toi l'élevé, le fort, le préposé aux mys-
« tères de l'abyme, le roi des choses de l'Occident, le bon en-
« sevelisseur d'Osiris, le fort dont la face est parmi les dieux !
« tu resplendis dans l'abyme du *tiaou* devant Osiris ! tu pro-
« tèges les âmes d'Abydos ; car elles vivent par toi, ces âmes
« du *Tiaou* et de *Teser* ; viens sur terre, apparais pour que je
« fasse mon interrogatoire aujourd'hui. Sors de devant le
« grand serpent Shaï (dieu cosmique des sorciers), le père
« de tous les dieux. Viens à l'ouverture de mon vase de con -
« juration aujourd'hui. Dis-moi des paroles vraies pour toutes
« les choses sur lesquelles je t'interrogerai : sans y ajouter
« de mensonges ; car c'est moi Isis, la savante, qui parle de
« ma propre bouche. (— Dire ces paroles sept fois.)

« Tu diras ensuite au petit enfant (qui servait de *médium*
« ou de *sujet* magnétique) : Que je dise ceci à Anubis, à sa-
« voir : Viens amener les dieux à l'intérieur. — Il ira les
« chercher pour les amener à l'intérieur. — Tu interrogeras
« l'enfant en disant : — Les dieux viennent-ils à l'intérieur ? —
« Il dira : Oui, ils sortent, vois-les ! — Tu leur donneras des
« ordres. — Dis ces paroles : — Réveille-toi, dieu Shai ! Ré-
« veille-toi, Mera, Poer, Didiou, Teut'iou, pour que je voie !
« pour que je... Que je fasse la création de l'essence du monde
« de lumière ! Ibis à face vénérable, vénérable ! Entre au cœur !
« Que soit faite existante la vérité du dieu grand, dont le nom
« est grand. » (— Dire sept fois.)

« Tu dis au petit enfant: Que je dise ceci à Anubis à savoir :
« Amène-moi une barque à l'intérieur, pour les dieux, afin
« qu'ils se réunissent ! — Ils se réunissent. — Tu dis : Ap-
« porte du vin à l'intérieur. Montre-le aux dieux. Apporte
« des pains à l'intérieur pour qu'ils mangent et boivent. Qu'ils
« mangent ! Qu'ils boivent ! Qu'ils fassent un bon jour ! (un
« jour heureux). — Ils le font. — Tu dis à Anubis : Qui
« interrogeras-tu pour moi ? — Il dit : Le Principe. — Tu
« lui dis : Le dieu qui me fait ma réponse aujourd'hui, qu'il se
« tienne debout ! — Il dit : Il se tient debout ! — Tu lui dis :
« Que je dise ceci à Anubis : Porte des pains devant. Tu crieras
« devant lui à cet instant : — Divin *Shaï* du soleil ! Seigneur
« du soleil ! Toi qui es en lui en ces heures. — Tu feras dire
« ces paroles à Anubis ; car c'est le dieu qui me répond au-
« jourd'hui. Qu'il lui fasse dire ces choses, en son nom, en
« étant debout ! Qu'il parle en son nom ! Qu'il parle en son
« nom ! Tu l'interrogeras sur toutes les choses que tu désires. »

On voit qu'à cette époque, comme à la nôtre, les supersti-
tions les plus absurdes se substituaient aux idées religieuses. Il
ne faudrait pourtant pas juger trop mal les Égyptiens, d'a-
près de semblables passages. Au moment où les sorciers —
alors mille fois plus répugnants que ceux des anciens papyrus
hiératiques, — écrivaient ces choses, l'Égypte gisait sous le
joug le plus abrutissant qu'elle ait eu à subir : le joug des
Romains. Les malheureux habitants de la vallée du Nil étaient
traités en bêtes de somme : et il n'y a rien qui abaisse comme
la tyrannie. Mais déjà, à côté des désespérés de la vie, surgis-
saient ces chrétiens coptes dont la foi devait illuminer l'É-
gypte et exercer une influence si capitale sur notre Occident
lui-même depuis saint Athanase jusqu'à Dioscore.

D'ailleurs en dehors de ces livres abjects, nous en trouvons
de plus anciens, d'un tout autre genre, et dont le niveau moral
nous étonne. Il est tel livre démotique de sentences qui peut
soutenir la comparaison avec les admirables livres sapientiaux
de la Bible. Voici quelques extraits de deux fragments de cette
espèce, dont l'un avait été en partie traduit par M. Pierret, et

l'a été de nouveau, d'une façon très sensiblement différente, par moi-même, et dont l'autre était complètement inédit jusqu'à ma publication dans la *Revue* :

« Ne pas aimer du tout au monde l'élévation de cœur (l'orgueil).

« Écoute toute parole de reproche, — tu sais ce qu'elle dit « de bon.

« Point belle du tout l'aventure de celui qu'on n'a su rendre « ferme.

« Le bonheur ne vient pas du tout à celui qui a dans son « cœur des pensées coupables.

« Il n'y a pas à quereller qui a perdu le respect de soi-même.

« Celui qui dit : Je ne puis recevoir d'observation, — qu'on « le laisse !

« Celui qui dit : Je ne puis édifier, — qu'on l'abandonne à « Ra ! (au dieu soleil).

« Celui qui coupe sa barbe ne peut se connaître (1). — Qu'on enlève donc un enfant loin de lui !

« N'établis pas ta personne devant ton frère — en le laissant « derrière.

« Enlève, de l'homme vil, ta femme de devant lui.

« Fais honte au querelleur.

« Le trompeur, le pervers, le cœur corrompu, n'en fais pas « tes compagnons — de peur qu'ils ne te tuent.

« Le chef du pervers c'est tout homme puissant.

« C'est un homme qui court à la mort, celui qui va près « d'une femme qui a un mari.

« Pour faire une bonne maison, ouvre ce qui est dans ta « main (sois généreux).

« Rends juste ton fils — : je ferai le monde l'aimer.

« Ne tue pas, — pour qu'on ne te tue pas.

« Ne fais pas ton compagnon d'un méchant homme.

« Ne te précipite pas derrière un sot.

---

1. Dans le livre copte des *Gnomes* publié par moi on lit de même : « L'homme qui rase sa barbe veut ressembler aux enfants sans connaissance. « Ceux donc qui n'ont pas la connaissance, qu'on ne les connaisse pas ! »

« Ne bâtis pas la maison à l'aide de tes exactions.

« Ne châtie pas tes enfants jusqu'à user de violence, — pour
« qu'ils grandissent en âge et en force.

« Ne maltraite pas ta femme, — elle a péché — qu'elle
« emporte son bien !

« Ne maudis pas ton supérieur devant Dieu.

« Ne maudis pas celui que tu ne connais pas.

« Ne maltraite pas ton fils avec violence. — Prends sa
« main (aide-le) !

« Ne fais prendre à ton fils une femme que selon son cœur à
« lui.

« Ne laisse pas ton fils se lier avec une femme qui a un
« mari.

« Ne bâtis pas ta maison près de ton tombeau.

« Ne bâtis pas ta maison contre les temples.

« Ne marche pas avec un sot. — Ne t'arrête pas à écouter
« sa parole.

« N'afflige pas le cœur de ton compagnon.

« Ne prends pas un air superbe.

« Ne te joue pas de l'homme vénérable, ton supérieur. »

Un autre ouvrage de ce genre se trouve à Vienne. Mais
nous n'avons pu en avoir communication lors de notre mission.
A ce que nous a dit M. Brugsch, il renferme, entre autres
choses de fort curieuses traductions du célèbre papyrus
Prisse — le plus ancien livre du monde — que possède la
Bibliothèque nationale.

Et puis dans la littérature courante que d'intéressants volumes ! Le roman démotique de Setna est certainement, par
exemple, le récit romanesque le plus appréciable par nous que
possède l'égyptien. Quoi de plus charmant, de plus biblique
d'allures que le récit du mariage de Ptahneferka, avec sa
sœur, suivant la coutume égyptienne pratiquée depuis la plus
ancienne époque, comme plus tard par les Ptolémées, et imitée
de l'union d'Osiris et d'Isis.

Ptahneferka et Ahura étaient les uniques enfants d'un roi et
d'une reine dont les noms nous font défaut. Ils s'aimaient dès

leur enfance et ils avaient projeté de se marier ensemble pour ne se quitter jamais ; mais ils n'en avaient parlé à personne.

Quand vint pour la jeune fille l'âge nubile, ses parents donnèrent, selon la coutume, une grande fête. Le papyrus 15 du British Museum nous apprend qu'il en était ainsi à l'époque lagide. C'était alors qu'on lui constituait sa dot, comme nous verrons bientôt les parents d'Ahura le faire pour leur fille, et qu'on lui choisissait un époux. Mais au moment où, pour la jeune princesse, on débattait en famille cette grave affaire, une discussion assez chaude éclata entre le roi et la reine.

Il paraît en effet qu'Ahura, en femme fine qu'elle était, avait fait ses confidences à sa mère, et que celle-ci s'était chargée de défendre sa cause sans ébruiter pourtant la confession de la jeune fille.

Le roi, lui, était très opposé à ce projet. Il avait déjà jeté les yeux sur un de ses officiers auquel il destinait Ahura, tandis qu'il destinait à Ptahneferka la fille d'un autre officier. Ces alliances avec les familles des principaux chefs de troupes avaient une grande importance politique. Elles rattachaient définitivement au monarque des généraux qui pouvaient songer à se révolter à la première guerre et peut-être, comme Amasis, à se proclamer rois à leur tour. La discussion est donc très vive au moment où débute notre récit. Laissons maintenant parler notre romancier lui-même.

La reine dit : « — C'est toi qui m'as fait tort si je n'ai pas eu « d'enfants après ces deux enfants-là. N'est-il pas de droit (ou « de justice) de les unir l'un avec l'autre ?

« — J'unirai, répond le roi, Ptahneferka avec la fille d'un « chef de troupes et Ahura avec le fils d'un autre chef de « troupes. Il en est beaucoup de notre parenté.

« — Arriva le moment d'organiser le divertissement devant « le roi. Voici qu'on vint me chercher. On m'amena au diver- « tissement. J'étais très émue et je n'avais pas mon air de la « veille. — Le roi ne me dit-il pas : N'est-ce pas toi qui as

« envoyé vers moi (ta mère) pour ces paroles de discorde :
« Que je me marie avec Ptahneferka mon frère aîné ?

« — Je lui répondis : Que je me marie avec le fils d'un chef
« de troupes ! Qu'on le marie avec la fille d'un autre chef de
« troupes ! Il en est beaucoup de notre parenté. — Je ris. Le
« roi rit aussi.

« — Le roi dit au chef de la maison royale : — Qu'on
« emmène Ahura à la maison de Ptahneferka de nuit. Qu'on
« emporte tous les plus beaux objets mobiliers avec elle.

« — Ils m'emmenèrent comme épouse à la maison de Ptah-
« neferka. Le roi et la reine avaient ordonné de m'apporter un
« don nuptial en or et en argent, et leur maison royale me
« fit envoyer toutes ces choses.

« Ptahneferka passa un jour heureux avec moi. Il reçut tous
« les objets de la maison royale. Il s'endormit avec moi pen-
« dant la nuit. Il ne me reconnut pas. — Que nous restait-il à
« faire sinon de nous aimer l'un l'autre ? »

Au contraire, quoi de plus semblable à nos romans modernes
que l'aventure du prince Setna et de la prêtresse de Bast ?
Mais la présence de dames m'empêche vraiment de vous en
donner des extraits ; car Zola n'eut pas compris autrement le
sujet.

Et puis à côté des livres que de documents de tout genre :
les contrats, les comptes, les papiers d'affaires, les requêtes, les
lettres, toute la vie intime des Égyptiens dévoilée à travers les
siècles par l'indiscrétion de ce climat qui conserve tout. Nous
n'insisterons pas en ce moment sur ces pièces si nombreuses,
si diverses et si riches en renseignements de toute nature,
parce qu'elles rentrent plutôt dans notre cours de droit et d'é-
conomie politique. Nous n'en mentionnerons qu'une, que l'on
peut classer aussi parmi les documents littéraires, bien qu'elle
ait été rédigée dans un intérêt particulier. Je veux parler des
anathèmes d'une mère payenne contre son fils devenu chrétien, récemment communiquée par moi, dans un mémoire
spécial, à la Société d'Archéologie biblique de Londres.

Il s'agit d'un nommé Pe-tu-osor (Petosor), fils de Nespmèté,

fils de Pé-tu-ari-èse, fils de Psé-pa-nofre. Ce Petosor s'était
converti au christianisme; et, au baptême, il avait, suivant une
coutume assez répandue, changé son nom païen qui signifie
le don d'Osiris contre un nom chrétien, celui de Pierre, Petros, qu'avait porté le prince des Apôtres. Il ne s'était pas
borné à abandonner ainsi la vieille religion de l'Égypte pour
embrasser la nouvelle doctrine de l'Évangile; mais il paraît
que son zèle de nouveau converti l'avait entraîné très loin et
qu'il avait souvent proféré des menaces contre le paganisme,
encore dominant, au lieu de pratiquer l'admirable doctrine de
charité chrétienne que le chacal koufi attaquait dans le mor-
ceau cité tout à l'heure. Jamais, du reste, la tolérance n'a été
très en faveur dans la vallée du Nil. Les violents s'y font toujours une haute situation par leur violence même, et tel est le
rôle que Petosor ou Pierre s'était donné. Je serais fort porté
à croire que notre héros occupait, malgré cela, une place
importante dans le clergé. Sa mère lui reproche, depuis qu'il
s'est converti, de vivre avec d'autres dans l'abondance et d'a-
voir abandonné sa famille restée païenne. Elle parle de ses
constructions nouvelles et de ses menaces proférées alors
contre les temples, de ses parodies sacrilèges des rites divins,
etc. Elle le représente toujours comme une sorte de chef de
parti, et c'est même là un des principaux motifs de sa co-
lère.

Elle veut, par ses malédictions, venger la cause des dieux
outragés et attaqués par son fils, et c'est pour cela que, tant
en son propre nom qu'en celui de son défunt mari, elle a écrit
la protestation solennelle dont nous allons donner lecture. Remarquons seulement, pour l'intelligence de ce qui suit, que la
pieuse païenne ne veut plus conserver à Petosor le nom sacré
qu'elle lui avait attribué à sa naissance et qu'elle répugne également à accepter le nom profane pris par ce nouveau converti.
De son ancien nom Petu-osor, le don d'Osiris, elle supprime
donc, dans l'usage ordinaire, l'élément mythologique *Osor*,
Osiris, et se borne à l'appeler *Petu* ou *Tu*, le don, abréviation
dont nous avions déjà des exemples à l'époque ptolémaïque.

Écoutons maintenant Naïchrat, mère de Petosor, qui parle, en exposant d'abord elle-même le sujet :

« Choïak 24. — Dit Naïchrat : J'ai enfanté Tu, fils de Nesp-« mèté, fils de Petu-ari-èsé, fils de Psé-pa-nofré. Je suis à la « porte d'Osiris et d'Isis Hathor. Je me tiens debout près de « celle qu'on aime, près de celui qu'on reconnaît. — Le misé-« rable ! Ils me donneront ceci en main à savoir de le mau-« dire.

Ici elle s'arrête et fait d'abord intervenir l'ombre vénérée du père de famille :

« Moi, Osiris Nespmèté, fils d'Isis, j'ai dit ceci : Pétros Psé-« poer ! Je ne te nommerai pas de ton nom, du nom que t'a « donné ta mère. On appelle ton nom Pétros (Pierre) fils de « Petu-ari-èsé, fils de Psé-pa-nofré. C'est ton nom ! ! Fais-« moi connaître ton cœur : — je t'ai donné du pain et tu as « dépouillé ta mère au désespoir. — Le dieu que tu t'es fabri-« qué tue. — Va mourir loin de ce dromos d'Isis ; car je ne « reconnais pas mon œuvre. — Tu t'es fait connaître : tu as « bu le vin de la nécropole dans le lieu funèbre où l'on prie le « roi Osiris Ounnofré ; et là tu as fait honte à Isis ! Tu as bu « le vin des periples des dieux : pendant que tes enfants dans « la détresse appelaient ta femme. ».

« — Il a dit (Petosor) : — Hathor a fini sa domination sur le « pays ! Frappez-la sur le ventre et sur les seins ! — Tu as « chanté, — les hommes chantent, — tu verras, — ils vont « passer, — tu ressusciteras (ou tu te réveilleras) avec Osiris, « quand il se réveillera de son sommeil ! »

Après cette objurgation pathétique et vraiment éloquente, la mère continue d'une façon douce et plus attendrie :

« Tu as chassé les malheureux pour la libation du commen-« cement de l'année ! et toi, tu as bu avec les impurs !

« — Maintenant le soir de la vie est venu pour moi. Je suis « obligée de passer. Le moment de la supplication est sur moi, « c'est-à-dire la mort. Réunissez-moi à ma mère !

« — Mais il est pour toi, Osiris ! — Tu passeras en un ins-« tant dans ses demeures funèbres, — en la main de ses has-

3

« seurs d'âmes. — Tu es ivre ; mais ils te réveilleront. Ce sont
« leurs agents qui font arriver l'homme au feu.

« Je pénètre près d'eux, en disant : Venez (l') amener à
« purification ! Ouvrez-moi la porte pour que je fasse supplica-
« tion. Je parle sur votre tête. Je vous prie... — Mais toi, tu
« leur as ordonné (par tes crimes) de ne pas m'écouter... »

La mère peint ensuite le jugement qui attend son fils pé-
cheur, les supplications qu'il adresse à Osiris Ounnofré et
aux monstres mangeurs d'hommes qui sont chargés de tuer
les pécheurs ; enfin la sentence du juge suprême.

Elle renouvela ses avertissements à quelque temps de là
dans une seconde sommation, peut-être plus émouvante encore, et où elle insiste sur ces expressions de la première : —
« Je t'ai donné du pain et tu as dépouillé ta mère » — en
ajoutant immédiatement :

« — Ruine-moi, toi qui t'es bâti tes maisons (sic). Ils ont
« abondance en ces maisons que (sic) toi misérable en elles !
« Tu désires détruire par leur moyen les fondations du tem-
« ple, les statues divines. — Avant qu'ils le fassent (dit le
« dieu), je ferai aller vers toi. Je viendrai à toi. Je te ferai
« démolir toi-même. Je te ferai ouvrir les yeux sur ces choses.
« Avant qu'ils le fassent, tu mourras, le plus mauvais des
« pires !

« — J'ai prié. J'ai parlé. — Celui-là (le dieu) m'a fait t'im-
« moler à lui avant qu'ils le fassent...

« — Voilà ce que j'ai dit à Pamonth fils d'Horsiési : — Écris
« ces paroles. Qu'on leur donne accomplissement.

« — Reconnais-toi, malheureux ! — Si tu ne lis pas ces
« choses devant eux (les dieux), eux, ils te reconnaîtront bien,
« méchant ! »

Ces appels lamentables furent vains, ainsi que Naïchrat l'af-
firme expressément dans sa troisième sommation rédigée plusieurs mois après et où elle conclut en disant :

« — Il ne m'a pas écoutée, quand j'ai prié, quand j'ai parlé.
« — Petros Psépoer, je ne t'appellerai plus de ton nom, du nom
« que t'a donné ta mère ! »

Singulier retour des choses humaines ! Cette païenne si pieuse, si mystique, si profondément imbue des idées de moralité et de rétribution finale, était probablement la cause première de la conversion de son fils au christianisme. Le terrain moral était tout préparé, et, comme la mythologie égyptienne était bien inférieure à la doctrine chrétienne, Petosor en avait tiré une conclusion facile à prévoir, — et voilà sa mère qui l'accable d'anathèmes.

Mais il ne faudrait pas voir dans tous les païens de ce temps, des mystiques. Le haut sacerdoce égyptien contenait alors bien des libres penseurs. La famille du souverain pontife de l'Égypte, le grand-prêtre du temple de Memphis, était ainsi, à la fin des Ptolémées et au commencement de l'époque romaine, tout à fait ralliée aux idées nouvelles, qu'elle affichait d'une façon véritablement scandaleuse. Nous avons, la concernant, toute une série de stèles hiéroglyphiques et démotiques, fort intéressantes à consulter, dont les deux premières ont été successivement étudiées par MM. Birch, Brugsch et Maspero, et les autres publiées par moi pour la première fois dans la *Revue égyptologique*. Dans l'une d'elles le grand-prêtre Pshèré-nptah, aumônier du roi Ptolémée Aulète, se vante d'avoir, contrairement aux lois sacerdotales, un sérail de jolies femmes, — fait inouï jusqu'ici dans l'épigraphie ptolémaïque — et de mener avec son souverain la vie la plus licencieuse. Dans une autre il se fait dire par sa femme favorite, qu'il venait de perdre (1).

« O frère, mari, oncle, grand-prêtre de Memphis, ne t'arrête
« point de boire, de manger, de t'enivrer, de pratiquer l'amour,
« de faire un heureux jour, de suivre ton cœur jour et nuit ;
« ne mets pas le chagrin en ton cœur ; qu'est-ce que les années,
« si nombreuses fussent-elles, qu'on passe sur terre ? L'A-
« ment est une terre de sommeil, et de ténèbres lourdes ; une

---

1. Je suis ici surtout la bonne traduction de M. Maspero, à peine modifiée par moi.

« place où restent ceux qui y sont ! Dormant en leurs formes
« de momies, ils ne s'éveillent pas pour voir leurs frères, ils
« n'aperçoivent plus leur père, leur mère ; leur cœur oublie
« leurs femmes et leurs enfants... Celui dont le nom est : *la*
« *mort complète vient*, quand il a mandé tout le monde auprès
« de lui, ils viennent à lui, effarant leur cœur de sa crainte ;
« il n'est personne qui ose le regarder en face parmi les
« dieux et les hommes ; et les grands sont pour lui comme les
« petits ; il n'épargne pas qui l'aime, il enlève l'enfant à sa mère
« et aussi le vieillard ; qui le rencontre sur sa route a peur,
« et tout le monde supplie devant lui, mais lui ne tourne pas
« sa face vers eux. On ne vient point le supplier, car il n'écoute
« point qui l'implore, il ne voit point qui lui donne des pré-
« sents de toute sorte de gâteaux. »

Les épicuriens sont logiques. Aussi le fils bâtard de
Pshèré-nptah et son successeur devint-il, d'après deux autres
stèles, *l'année même de l'invasion*, prophète d'Auguste, « le
grand dieu, fils de dieu, l'autocrate César ». Il reçut, comme
tel, une couronne d'or et de nombreux présents et dut, à ce
prix, employer toute son influence pour anéantir tout ce qu'il
pouvait rester d'ardeur généreuse et patriotique dans les cœurs
des malheureux Égyptiens. Ses services furent, du reste,
si appréciés, que, quand il mourut, six ans plus tard, l'empereur lui fit faire à ses frais de magnifiques funérailles et un
monument dont bénéficièrent également sa femme décédée
vers cette époque, et son frère, déjà enseveli depuis plusieurs
années, ce qui, d'après ses principes, devait lui être assez indif-
férent. On peut voir à ce sujet ce que j'ai dit en publiant sa
stèle et celle de son frère Imouth dans la *Revue égyptologique*.

Ce fait de scepticisme sacerdotal n'était pas isolé. Ce que
nous venons de trouver à Memphis, nous le trouvons à la
même époque à Thèbes et à Hermonthis, comme le prouve
le papyrus funéraire démotique du prophète de Month qui
mourut en l'an 21 de César-Auguste. Ce prophète, lui aussi,
nous déclare qu'il a passé sa vie à boire, à manger, à se gor-

ger de parfums et de bonnes choses, sans nul souci du mal à venir, jusqu'au jour fixé par le destin et qui lui a ouvert les portes de l'abîme. Tout autre est l'esprit du papyrus démotique, fort mystique, écrit du temps de Néron et que possède la Bibliothèque nationale ; car, comme certaines églises protestante, le sacerdoce égyptien s'était divisé en deux grands partis, celui des croyants et celui des libres penseurs. Cette lutte dura en Égypte plus longtemps qu'on ne pense. En effet, le paganisme égyptien ne disparut entièrement qu'au viie siècle de notre ère, lors de l'arrivée des Arabes. A ce moment même on pouvait encore lire le démotique ; un passage de la vie de l'évêque Pesunthius, récemment publiée par moi, semble complètement l'établir. Il est en effet assez naturel que les païens aient conservé longtemps l'usage, ou au moins la connaissance, de l'écriture ancienne de leurs pères, et que cette écriture se soit ainsi trouvée longtemps parallèle de l'écriture copte, alors que la langue parlée était la même. Nous avons de nombreux exemplaires de la formule « vit ton âme... » qui paraissent appartenir paléographiquement à une période très récente, peut-être le ve siècle ou le vi^e siècle. Quoi qu'il en soit, les écrivains coptes nous parlent sans cesse des païens, de leurs temples, — dont l'un fut détruit à main armée lors du concile de Chalcédoine, tandis que le grand prêtre était brûlé lui-même, — et des doctrines opposées que professaient les deux partis cités plus haut. Il faut surtout à ce point de vue lire les œuvres de celui que les coptes nomment le *prophète Senuti*. Il consacra une grande partie de son existence à lutter contre les païens et il nous donne à ce sujet des détails fort curieux.

C'est qu'en effet, messieurs, il nous est impossible de séparer l'étude du démotique de celle du copte. Ce n'est au fond qu'une seule langue, comme les populations païennes et chrétiennes, qui s'en servaient parallèlement, ne formaient qu'un seul peuple. Je vous disais tout à l'heure, qu'à toutes les époques, depuis le papyrus Prisse, qu'on a nommé avec raison le plus ancien livre du monde, et les Maximes d'Ani,

jusqu'à nos livres de sentences écrits en démotique, — le
style sapiential avait admirablement réussi aux Égyptiens. En
voulez-vous une preuve pour la période copte ? Permettez-moi
de vous citer en terminant quelques passages, pris au hasard,
de l'admirable livre des *Gnomes* publié et traduit par moi.

En voici un sur la femme, par exemple :

« Une femme est aimée de Dieu et des hommes à cause de
« sa sagesse et de la bonne administration de sa maison ; —
« car la beauté vaine, il y a une vengeance qui la pour-
« suit.

« Orne-toi pour ton mari par les œuvres de tes mains et par
« la sagesse de ta bouche. — Les saintes appellent leur mari
« mon Seigneur.

« N'aime pas à te parer, ô femme, mais souviens-toi de
« toutes les belles qui sont dans le sépulcre. — Celles même
« qui sont sur le lit de la maladie, la beauté cesse en elles.

« Orne ton âme par l'amour de Dieu et donne ton cœur à
« la parole de Dieu. — Ecoute-le.

« Un homme sage ne s'attachera pas à une femme insen-
« sée. — Or celle qui n'obéit pas à son père et à son mari est
« une insensée.

« Mon fils, éloigne-toi d'une femme qui aime la parure, —
« car ce sont signaux d'adultère que les étalages d'anneaux et
« de clochettes.

« Tu reconnaîtras la femme qui hait le péché à la pureté de
« son visage ; — quant à celle qui met du noir à ses yeux, elle
« montre par là sa futilité.

« Le soin du corps n'a pas besoin de ces choses. — C'est
« vanité que de les porter.

« A quoi sert le noir des yeux ? — On gâte une belle image
« avec la fumée des lampes. »

Et cet autre sur la charité :

« Etonnante est l'audace de ceux qui vont vers le corps du
« Christ, pleins d'envie et de haine. — Dieu aime l'homme, et
« ceux qui haïssent les hommes n'ont pas honte !

« Ceux qui se haïssent mutuellement haïssent Dieu et le re-

« poussent en lui disant : Ne nous aimez pas. — Malheur à
« celui qui hait l'image de Dieu !

« Celui qui aime son prochain aime Dieu ; celui qui aime
« Dieu, Dieu l'aime, — et celui que Dieu aime est un enfant
« de Dieu.

« Il n'y a pas de péché qui soit pire devant Dieu que la
« haine, — car c'est elle qui tue. Celui qui suit la voie du péché
« contre nature est le frère de celui qui hait.

« La charité lave de tous les crimes — et la haine, elle, dis-
« sipe toutes les vertus.

« La charité convient aux chrétiens. — Celui qui reçoit le
« Christ, il faut encore qu'il reçoive sa volonté.

« La charité n'a pas de méconnaissance, — car la charité
« nous lie à tous les hommes.

« La consommation de la charité, c'est de faire le bien à
« tous les hommes. — Celui qui fait le bien à ceux qui le
« haïssent ressemble à Dieu.

« Aucun homme sans charité ne recevra de récompense. —
« Quant à celui qui fait le bien à ses ennemis, il recevra une
« récompense incorruptible.

« C'est une honte pour un chrétien qui a deux vêtements
« que d'oublier celui qui n'en a pas.

« Si dans la vie, nous avons une communauté les uns avec
« les autres, combien plus encore devant la mort.

« O homme ! sois aimant envers l'homme — puisque tous
« nous sommes dans une terre de passage et que rien dans
« l'homme ne peut sauver du châtiment comme la charité.

« Sois aimant envers l'homme, tandis que tu es — tu ne
« tarderas pas.

« Combien doit durer encore ta vie sur la terre ? — Ne la dis-
« perse pas dans la vanité.

« Il est pour le sage un jour meilleur, — et il se réjouit sur
« l'utilité d'un seul jour.

« L'insensé, lui, disperse sa vie en un jour, — et après
« cela vient la fin pour lui sans qu'il trouve rien en ses mains. »

Mais je m'aperçois, messieurs, que je sors du sujet précis de ce cours. Il me faut réserver les questions coptes pour les leçons que je consacrerai bientôt, j'espère, à cette langue, comme je le faisais l'année passée. Je termine donc cet entretien, peut-être déjà trop long, en vous priant d'excuser mon peu d'éloquence. Ce sont les choses qui peuvent vous attirer ici et non les paroles. Je ne suis qu'un homme de travail sans prétention et j'aurai toujours pour devise ce mot qu'un empereur romain prononçait avant de mourir et que répétait encore en pareille circonstance notre grand Velpeau : *Laboremus !*

COURS DE DROIT ÉGYPTIEN

PREMIÈRE LEÇON

Messieurs,

Diodore de Sicile, qui, le dernier des historiens grecs, visita l'Égypte encore relativement florissante et autonome sous la dynastie macédonienne, — avant son asservissement complet et sa déchéance absolue sous la domination des Césars, — nous parle avec une admiration enthousiaste et éloquente de ses vieilles lois nationales, de ses règlements de conduite, de sa morale traditionnelle et de son organisation sociale antérieure à toute conquête.

Cette admiration était chez les Grecs un sentiment presque général, une impression des plus persistantes, dont témoigne, pour ainsi dire, toute l'antiquité classique. Non seulement elle se traduit, dans maint passage, en termes formels, mais elle inspira des légendes et des traditions plus ou moins fondées, qui sont plus probantes encore peut-être.

La reine des cités de la Grèce, au moins en ce qui touche les connaissances humaines, la recherche du vrai et la notion du beau, Athènes se faisait gloire d'être fille de l'Égypte, d'avoir été fondée par l'Égyptien Cécrops, de posséder une législation que Solon avait imitée, sur un très grand nombre de points, de celle de la mère patrie. Cette législation de Solon était très fameuse dans l'antiquité ; et des Romains tels que Cicéron firent à Athènes le même honneur qu'elle-même avait fait à l'Égypte, en prétendant que les Décemvirs s'en étaient inspirés dans la loi des Douze-Tables.

Mais Athènes n'est pas la seule ville qui se targuait ainsi de liens avec l'Égypte dans son origine ou dans ses lois. Argos, la cité d'Agamemnon, le roi des rois célébré dans l'Iliade, devait, disait-on, sa naissance à Danaüs, fils d'un roi d'Égypte. Lycurgue, avant de créer pour Sparte cette réglementation étrange, mais puissante, qui en fit la rivale d'Athènes au point de vue militaire, et sa rivale heureuse, était allé, d'abord, étudier en Égypte la philosophie et les lois. Pythagore, qu'on considérait plutôt comme un législateur que comme un simple philosophe, Platon, qui fit aussi des lois, sans pouvoir les faire appliquer, tous ceux en un mot, qui se distinguèrent, en pratique ou en théorie, dans l'art de régler la vie des hommes et le gouvernement des peuples, passaient pour s'être allé former à la même école de sagesse et avoir fixé des reflets de la science des Égyptiens.

Comme les œuvres de tous ces hommes sont essentiellement différentes les unes des autres, ce n'est pas d'après ce qu'on en sait que l'on pourrait juger des lois véritables de l'Égypte. Mais quel hommage pour celles-ci que cette conviction populaire de la nécessité d'un voyage en Égpyte avant d'agir en législateur !

Diodore de Sicile donne quelques détails sur les vieilles lois égyptiennes. Il était à même de les bien connaître, car toutes ces lois, encore appliquées dans les tribunaux égyptiens sous la domination macédonienne, ainsi que nous le verrons bientôt, avaient été traduites nécessairement en grec ; et la plus célèbre des bibliothèques d'Alexandrie, celle du Musée, à laquelle les Ptolémées avaient consacré tant d'argent et tant de soins, fonctionnait encore, parfaitement intacte, à l'époque où il prit ses notes. Elle ne fut brûlée qu'un peu plus tard, lors du soulèvement des Alexandrins contre Jules - César, maître du monde.

Aussi les témoignages de Diodore de Sicile en ce qui concerne les lois égyptiennes, ont-ils tous été confirmés par l'étude des documents, d'une certitude absolue, que nous possédons aujourd'hui. Ils avaient pourtant été mis en doute par la critique des modernes : c'est un de ces cas, si nombreux, où cette critique a fait fausse route.

Diodore de Sicile nous indique que les lois égyptiennes antérieures à la conquête d'Alexandre,— sans y comprendre les *prostagma* ou ordonnances postérieures des rois grecs,— formaient un code divisé en huit livres. Ce code, les juges égyptiens de race, les *juges du peuple*, seuls prévus par ces lois, devaient toujours l'avoir sous les yeux quand ils siégeaient pour rendre la justice. Ils avaient aussi sous les yeux l'image de la déesse *Vérité* — cette déesse Vérité si honorée chez les Égyptiens, qui dans le suprême jugement des âmes, devant Osiris et les autres juges de l'Amenti, devait prendre place sur la balance en face du cœur du défunt et décider sa condamnation s'il ne lui faisait pas équilibre.

Ainsi, dans le droit égyptien, l'idée religieuse et les règles écrites formaient un tout inséparable. Le tribunal prononçait à la fois au nom du code et au nom des dieux.

Nous n'aurions pas besoin, du reste, pour le savoir, du texte de Diodore, car, même dans les contrats de vente d'une époque relativement basse, — contrats dont les originaux nous sont parvenus sur papyrus avec leurs enregistrements, leurs listes de témoins, etc., et se lisent aujourd'hui en entier, sans lacunes, — on voit encore figurer la mention d'une formalité toute religieuse, d'un serment, qui vient s'ajouter aux formalités purement civiles. Nous le verrons aussi, les études de notaires, études dont nous connaissons l'histoire à partir du viiie siècle avant Jésus-Christ, furent presque jusqu'au bout tenues au nom du collège sacerdotal dans la ville de Thèbes, dans le bourg de Djeme, etc.

Les Ptolémées n'avaient pas d'abord entièrement dépouillé

les temples de leurs privilèges traditionnels. Or, au nombre de
ces privilèges figuraient bien certainement la connaissance
et l'application des règles du droit. Telle était d'ailleurs la
donnée des Grecs, car, quand la tradition fait aller en Égypte
un de leurs anciens législateurs, c'est pour s'instruire auprès
des prêtres dans les sanctuaires vénérés.

La composition même du tribunal suprême, telle que nous
la trouvons dans Diodore, nous montre bien une origine toute
sacerdotale. Ce tribunal renfermait trente juges, dont dix élus à
Héliopolis, la ville du soleil, le sanctuaire illustre du dieu Ra ;
dix autres à Memphis, le sanctuaire de Ptah Apis ; dix autres à
Thèbes, le sanctuaire d'Ammon-ra-Sonter, Ammon roi des
dieux. Ces trente juges, nous les retrouvons aux époques les
plus anciennes. Ils portent sur les monuments le titre de
souten, comme les rois d'Égypte. On a donc, par honneur, dit
d'eux, comme on a dit du sénat romain, que c'était une
assemblée de rois.

En effet, à l'ancienne époque, toute religieuse et féodale,
en Égypte le sacerdoce comptait bien à l'égal du roi.

Le sol était partagé, paraît-il, comme domaine seigneurial,
en trois parts, dont l'une appartenait au roi, une autre aux
prêtres, une autre à la caste des guerriers. Dans les documents
originaux, dont les données seront la base solide de ce cours,
on trouve encore fréquemment la trace de cette division primitive. Par exemple, dans des contrats en langue démotique,
des terrains sis dans le voisinage de Thèbes et qui sont l'objet
de locations ou de ventes entre particuliers, sont désignés
comme faisant partie du *neter hotep*, c'est-à-dire du domaine
sacré d'Ammon. Dans une circulaire administrative écrite en
grec et dans d'autres pièces, il est question des terres des
soldats et des terres du roi. Des règlements précis et minutieux organisèrent la mise en valeur des unes et des autres, et
là encore on voit intervenir, comme garantie exigée, le serment.

Ce serment, cet appel à la Divinité, reste du vieux droit
sacerdotal, jouait également un très grand rôle dans les

procès portés devant les laocrites ou autres juges égyptiens. Nous le savons non seulement par Diodore de Sicile, mais par les contrats qui parlent du serment, de l'adjuration à faire dans le lieu de justice, à propos d'une transmission de propriété par exemple.

Cependant ce n'était guère là que des souvenirs d'un droit hiératique, qui avait fait place à un autre droit.

Ici se pose une question grave.

Jusqu'à quelle date faut-il faire remonter le droit civil dans ce code en huit tomes cité par Diodore, ce droit que les contrats nous montrent en vigueur, ces livres de la loi qui, suivant Clément d'Alexandrie, étaient solennellement portés par le prophète dans les processions religieuses ?

Un recueil de ce genre ne se fait pas de soi. Même quand c'est une compilation, comme le digeste de Tribonien, le code de Théodose et celui de Justinien, etc., pour le disposer il faut un homme, et le droit ainsi rajeuni par cette œuvre prend une date.

L'étude des contrats peut-elle nous éclairer sur cette date ? Un fait certain, c'est que jusqu'ici nous n'avons de contrats qu'en langue démotique, et que les plus anciens documents qui nous soient parvenus dans le démotique le plus archaïque se trouvent justement être des contrats.

Des actes du règne de Tahraka, le roi éthiopien, actes conservés au Musée du Louvre, d'autres de Psammétique Ier conservés au Musée de Turin, etc., présentent des caractères tout à fait analogues à d'autres actes des règnes de Darius II, d'Alexandre le Grand, de Ptolémée Soter et de son fils. Ils ont été rédigés comme ceux-ci dans des études de notaire et ils portent également un certain nombre de témoignages qui ne sont pas de simples signatures ou listes de témoins, mais des reproductions, plus ou moins abrégées dans la rédaction, des conventions faites, reproductions écrites d'un bout à l'autre chacune par un de ceux qui s'engageaient ainsi à en attester au besoin.

Quelques-uns même, parmi lesquels je citerai ceux de l'an

30 et de l'an 45 de Psammétique Ier, sont revêtus de la mention
d'une formalité postérieure à la confection du contrat, d'une
sorte d'enregistrement. Cet enregistrement était alors déjà
probablement connexe avec le payement de l'impôt. En effet
nous trouvons la mention d'un impôt, d'un droit du dixième
sur les ventes, dans des contrats du règne de Darius Ier. Le
taux de cet impôt varia par la suite. Après la révolte de
l'Égypte, il fut momentanément réduit au vingtième sous
Épiphane ; puis il fut ramené au dixième sous Évergète II. Le
nombre des témoins exigés et la manière dont ils interve-
naient varièrent également à plusieurs reprises. La mention
du payement de l'impôt ne se fit pas toujours sur l'acte. Quand
elle y devint définitivement obligatoire, il s'y joignit bientôt
des enregistrements d'une autre sorte, une véritable trans-
cription pour les aliénations d'immeubles, un enregistrement
au greffe. La bureaucratie ptolémaïque multiplia indéfiniment
ses rouages et des formalités plus ou moins utiles. Nous
développerons cette histoire dans nos leçons sur l'économie
politique chez les Égyptiens, et nous verrons que c'est à peine
si maintenant, seulement depuis quelques années, nous en
sommes arrivés en France au même point où ils en étaient
au moment où survint la conquête romaine.

Mais dès le huitième siècle avant l'ère chrétienne, cette
partie si importante du droit civil qu'on peut nommer le droit
contractuel, était admirablement réglée. Les engagements
pris par les contractants ne manquaient ni de publicité ni d'au-
thenticité. Les garanties étaient suffisantes contre la mauvaise
foi possible, non seulement des parties ou du notaire, mais
même des témoins. Il eût été impossible à ceux-ci de préten-
dre ne pas connaître ce qu'ils avaient analysé ou reproduit
scripturalement.

Par les mentions d'actes antérieurs faites dans les contrats,
on arrive à remonter encore plus haut que Tahraka, jusqu'à
Sabaka, le roi éthiopien qui réduisit l'Égypte en province
après avoir vaincu Bocchoris et l'avoir mis à mort. Suivant
Diodore de Sicile, Bocchoris, en égyptien Bok-en-ranf,

aurait été précisément le grand législateur de l'Égypte, qui aurait édicté les lois des actes et réglé les droits de l'État, c'est-à-dire des rois. Ce personnage, qu'il connaît bien, dont il est le seul, parmi les auteurs grecs, à nommer le père, le Tafnecht de la fameuse stèle de Pianchi, aurait modifié le droit ancien dans un sens populaire, protégeant les pauvres contre leurs puissants créanciers, s'en fiant au serment du débiteur en l'absence de preuves écrites, interdisant d'emprisonner les hommes en vertu de leurs dettes, de laisser accroître les créances, au-delà d'une certaine limite, par les intérêts accumulés, s'attachant à développer le commerce, à faciliter les transactions et par conséquent à faire grandir une classe moyenne, riche et prospère, à côté des castes guerrières et sacerdotales.

Ce devait être aussi une mesure populaire que de procéder à la codification du droit contractuel, de le rendre accessible à tous en le rédigeant en entier, et en rassemblant en quelques livres les coutumes consacrées, enseignées dans les temples, du moins celles qu'il conservait, avec les réformes nouvelles.

Le droit n'étant plus un monopole pour la caste sacerdotale, rien n'empêchait de confier à d'autres, à des hommes de loi qui ne fussent pas prêtres, le soin de rédiger les actes entre particuliers. Ces hommes spéciaux, ces notaires, et les témoins qu'ils convoquaient n'avaient pas à se servir de la langue sacrée, des caractères hiéroglyphiques ou hiératiques. Dès lors se développait une langue *laïque*, si je puis m'exprimer ainsi, la langue populaire ou démotique, dans laquelle furent écrits non seulement des contrats, mais des ouvrages de toute nature, et qui, n'étant pas asservie par un respect superstitieux pour de vieilles formes consacrées, devint de plus en plus maniable et précise, de plus en plus élégante et riche.

Tout Égyptien avait intérêt à l'apprendre; car c'était pour lui le moyen de pouvoir consulter des écrits qui formaient ses titres de propriété ou de créance.

L'écriture démotique et la langue démotique constituèrent dès lors le premier degré de l'enseignement donné dans les écoles publiques, Clément d'Alexandrie le dit formellement.

Le hiératique, les hiéroglyphes, les éléments de la langue sacrée, indispensables pour aborder l'étude des mythes et celle des monuments, ne venaient plus qu'en second lieu, comme un enseignement supérieur que ne demandait pas le plus grand nombre.

Ainsi les réformes de Bocchoris eurent des résultats considérables ; elles furent pour la plèbe égyptienne ce que devait être plus tard, pour la plèbe romaine, la divulgation des formules de l'ancien droit patricien et sacré. Celui qui les ayant apprises, quoique plébéien, comme secrétaire d'un patricien, publia à Rome ces formules, fut élevé, lui fils d'affranchi, à une dignité toute patricienne par la reconnaissance du peuple.

En effet, c'était un commencement de vie légale pour ceux qui n'appartenaient pas à la caste noble, pour ceux qui étaient restés jusqu'alors étrangers à toute connaissance du droit comme à toute fonction religieuse. Dans la vieille Rome comme en Égypte, la religion et le droit n'avaient d'abord fait qu'un. C'étaient les mêmes qui conservaient les rites religieux et les rites juridiques. Ce Fabius Dorso qui, durant le siège de Rome par les Gaulois, préféra se faire massacrer, s'il le fallait, que de ne pas accomplir au lieu voulu et au jour donné un sacrifice propre à sa *gens*, remplissait bien alors un office sacerdotal à proprement parler ; et c'était au nom de la religion qu'à cette époque primitive on mettait à mort, comme sacrilège, tout héritier commettant quelque erreur dans la cérémonie au moyen de laquelle il se faisait admettre à entrer en possession de son héritage.

On comprend toute l'importance que pouvait avoir, dans de semblables conditions, la publication de la procédure, de ses formules et de ses rites.

Mais ce n'est pas surtout à cette publication qu'il faut comparer le code égyptien : c'est à l'œuvre des Décemvirs, à la loi des Douze-Tables.

En effet la loi des Douze-Tables fut la loi romaine par excellence, comme le code égyptien en huit livres resta jusqu'au bout la loi nationale, la loi du pays et du peuple.

Conservé à ce titre, malgré toutes les conquêtes qui se succédèrent en Égypte, il y était encore vénéré à l'époque romaine du temps de Clément d'Alexandrie.

Les Égyptiens prirent goût à l'étude du droit, au style notarial, à la netteté dans les expressions, à la prévision minutieuse de toutes les interprétations qu'ils voulaient écarter
d'avance. A ce point de vue les contrats de Thèbes sont on ne
saurait plus remarquables.

Peut-être est-ce principalement à cette cause que la langue
de ce peuple, sous ses formes démotique et copte, doit cette
élégante clarté qui la rapproche du français.

Mais toute médaille a son revers. Habitués à peser les termes, les Égyptiens, devenus Romains et complètement affranchis sous le bas empire, passaient pour les plus processifs de
tous les hommes. Il n'y avait place que pour eux devant les
tribunaux supérieurs de Constantinople. Il fallut prendre
des mesures pour faire cesser cet accaparement de la justice.

Ce n'était plus alors le temps où l'on se servait du démotique, et où l'on gardait avec soin dans les archives de famille
tous les contrats écrits en cette langue, coutume qui nous a
permis de connaître la filiation, les mariages, les héritages,
les partages de succession, les acquisitions, ventes, locations,
fermages, prêts de blé ou d'argent, en un mot, toute l'histoire
civile de gens du peuple durant des centaines d'années.

Je le répète, il est certain qu'on n'a jusqu'ici trouvé aucun
acte proprement dit qui soit antérieur à Bocchoris, qui soit
écrit en hiéroglyphes ou en hiératique, comme tant d'autres
pièces étrangères à la religion, telles que des lettres, des documents judiciaires, des requêtes, etc. C'est mon illustre maître et ami, M. Birch, qui a fait le premier cette remarque et
qui me l'a communiquée. Sa conclusion, à laquelle, pour ma
part, je me rallie entièrement, c'est que les contrats égyptiens,
sous leur forme écrite et notariée, ont commencé à peu près
en même temps que le démotique, à l'époque du roi Bocchoris
ou Bok-en-ranf.

4

Les lois et les réformes de ce roi subsistèrent, mais il eut lui-même un triste sort.

Son père Tafnecht avait dû prêter serment d'allégeance au conquérant éthiopien Pianchi.

Lui, Bocchoris, il avait repris son indépendance et vraiment régné durant quelque temps. Mais, à la fin, accusé d'impiété, abandonné par le parti sacerdotal et peut-être par les guerriers de la caste noble, après une défaite complète il était tombé entre les mains du successeur de Pianchi. Il fut brûlé vif, comme un rebelle et comme un parjure, à cause du serment de son père.

Sabaka, maître de l'Égypte, fut naturellement censé y avoir régné depuis son avènement en Éthiopie ; et — comme nous le verrons plus tard pour les contrats écrits à Thèbes du temps de Ptolémée Épiphane, sous les rois égyptiens révoltés contre lui et indépendants dans la Thébaïde — sans doute, dans des actes postérieurs, les notaires ne purent citer des contrats datés de Bocchoris qu'en en changeant le protocole et en le rapportant au règne de Sabaka.

Le droit des actes, celui dont nous pouvons traiter avec certitude absolue, ne commença donc qu'à Bocchoris. Mais tout n'y était pas nouveau, et, avec un peu de prudence, on peut y trouver de précieuses indications sur ce qu'était le droit antérieur. De même, après la conquête romaine, une partie du droit égyptien fut conservée comme coutume.

L'Égypte eut d'abord un régime à part. Auguste se l'était gardée comme une sorte d'apanage, et il la faisait gouverner par un préfet qui, avec le titre d'Augustal, tenait la place des anciens rois. Ces préfets avaient tout pouvoir; leur domination fut souvent très dure, car on leur donnait pour mission de contenir le peuple et de fournir du blé. Tandis que les autres provinciaux parvenaient facilement à la cité romaine, les Égyptiens ne le pouvaient pas, s'ils n'étaient d'abord citoyens d'Alexandrie. En effet la ville d'Alexandrie, ville surtout grecque, avait seule été exceptée de l'esclavage général. Mais ce titre de citoyen d'Alexandrie pour un originaire des nomes était une faveur si rare, que l'empereur lui-même hésitait à la demander à l'Augustal pour le protégé d'un de ses amis. L'empereur Trajan le dit à Pline le jeune dans une de ses lettres, si instructives.

Le droit égyptien ne se perdit donc que peu à peu, modifié sur tel ou tel point, par le caprice d'un Augustal.

Puis vint le moment où l'Égypte fut une province comme une autre. Une loi de Caracalla avait conféré le titre de citoyen romain à tous les sujets de l'empire. Les lois locales ne furent plus dès lorsque des coutumes, sauf cependant celles qui étaient nécessitées par des causes locales. C'est ainsi que l'irrigation étant indispensable à la vallée du Nil, les lois qui protégaient les digues et les canaux et que suppose déjà le chapitre cxxv du *Livre des Morts* ne cessèrent point d'être appliquées. Elles figurent encore dans le *Corpus juris* de l'empereur Justinien.

Mais un résultat, bien plus intéressant pour nous, de l'émancipation de l'Égypte, c'est que les Égyptiens, devenus Romains et parcourant librement l'empire, y portèrent partout les souvenirs de leurs anciennes institutions.

Le notaire actuel n'a aucun rapport avec l'*actor civitatis*, avec les esclaves publics qui furent chargés de prendre des notes dans certains cas déterminés ; c'est bien le notaire égyptien qui nous est venu, par l'intermédiaire du notaire libre d'Italie et de Gaule, fonctionnant avant l'invasion barbare, comme on peut le voir dans les *papyri diplomatici* de Marini, de ce *tabellio* rédigeant les contrats et les testaments que Constantin avait permis de faire entrer dans la curie, — *tabellio* qu'il faudrait se garder de confondre avec un *tabularius* ou *actuarius*, teneur de livres du municipe — puis du tabellion du moyen âge et de l'ancien régime. Je pourrais citer bien d'autres exemples de ces traditions renaissantes après l'unification romaine.

Nous étudierons dans ce cours principalement le droit que nous trouvons dans les actes, droit qui a duré depuis Bocchoris jusqu'à l'adoption du droit romain. Mais toutes les fois que nous pourrons soit remonter plus haut, soit descendre plus bas, nous ne manquerons pas de le faire.

C'est ainsi qu'en ce qui concerne l'état social de la femme en Égypte, état social si essentiellement différent de ce qu'il était à la même époque dans tout le reste de l'Orient, et même peut-être du monde, non seulement les renseignements qui nous sont fournis par les contrats sont d'une richesse surabondante, mais, par le moyen d'autres monuments, nous pouvons nous faire une idée très sûre de ce qui avait existé auparavant durant des siècles, et de ce qui exista plus tard, jusqu'à l'époque de la conquête arabe.

Sous la dynastie éthiopienne, sous Psammétique et ses successeurs, sous la première domination perse, sous les dynasties nationales qui se succédèrent depuis Amyrtée jusqu'à Nechtaneb, sous Darius II, Alexandre le Grand, les premiers Ptolémées, la femme égyptienne apparaît toujours comme étant au moins l'égale de l'homme.

Qu'elle soit fille ou veuve, ou qu'elle ait un époux, elle peut contracter, acquérir ou vendre, conclure tous les marchés possibles sans autorisation quelconque.

Le mariage se fait à l'aide d'un contrat débattu entre les parties. Les jeunes filles d'Égypte passaient pour être extrêmement séduisantes, — ce sont des Grecs qui nous le disent, — et elles savaient très bien profiter de leurs avantages naturels pour faire pencher la balance de leur côté plutôt que de l'autre.

Tous les régimes matrimoniaux prévus par notre code, et quelques autres, plus favorables à la femme que tous ceux-là, se trouvent réalisés dans les actes que nous passerons en revue.

Dans un très grand nombre, une hypothèque générale s'étendant aux biens à venir comme aux biens présents grève la fortune du mari au profit de la femme.

Dans à peu près tous, il est stipulé que si le mari prend une autre femme, tout ce qu'il possède et possédera passera aussitôt entre les mains du fils aîné de la première, qui en deviendra le *maître*, c'est-à-dire l'administrateur et le représentant par rapport aux tiers.

Je suis obligé de faire ces réserves, car nous verrons que le fils aîné, remplaçant le père, devait partager les biens entre soi et ses frères, comme le père lui-même l'aurait fait.

Cette hypothèse du mari prenant une autre femme du vivant de la première, indique que la polygamie n'avait jamais été abolie par la loi.

La polygamie existait chez tous les peuples voisins de l'É-gypte. Elle avait été pratiquée surtout par de hauts personnages ; mais les précautions prises dans les contrats finirent par la rendre impossible quand le premier mariage avait été fécond.

Se figure-t-on la situation d'un homme qui non seulement était dépouillé de ses biens, mais ne pouvait plus par la suite rien gagner et rien acquérir sans en être aussitôt privé de par ses conventions matrimoniales ?

Nous ne dirons rien aujourd'hui de toutes les autres conditions qui étaient devenues de style, pour ainsi dire, et que nous étudierons dans la suite de ce cours.

Elles faisaient aux femmes la partie belle, et ce n'était pas tout encore.

A la différence de notre code, le droit égyptien permettait aux femmes de contracter durant le mariage avec leur maris. Elles ne risquaient rien, car leurs reprises à la cessation de la vie commune étaient assurées par une hypothèque, que le notaire, à leur défaut) n'eût jamais manqué d'introduire ; mais de la part du mari toute stipulation, toute convention était valable. Aussi souvent en profitaient-elles, nous le verrons dans des séries d'actes, pour se faire céder par les maris leurs propriétés, abandonnées en payement de prétendues dettes, que l'on faisait d'abord doubler par le jeu de l'intérêt légal. Le code de Bocchoris fait, comme nous l'avons vu, tout en faveur des débiteurs, ne permettait pas d'aller plus loin que cette duplication avant règlement ; il ne permettait pas non plus de demander les intérêts des intérêts. C'était un grand adoucissement par rapport au passé ; mais l'intérêt permis par la loi s'élevait encore à trente pour cent.

Ce taux énorme ne doit pas surprendre, car pour abaisser l'intérêt à douze pour cent dans la ville de Rome, il fallut une révolution qui ne profita du reste qu'aux citoyens romains. Dans ses lettres à Atticus, Cicéron parle du taux de quarante-huit pour cent, taux auquel le vertueux Brutus avait prêté au sénat de Syracuse. Une inscription de Naples nous prouve qu'en Italie du temps des Césars l'intérêt de vingt-cinq pour cent paraissait d'une modération très exceptionnelle. A Athènes, Eschine, le disciple de Socrate, n'avait pu trouver de l'argent qu'à trente-six pour cent avant que l'orateur Lysias, par considération pour l'école de philosophie où il s'était formé, lui en fournît à dix-huit pour cent.

A trente pour cent, il suffisait d'un peu plus de trois ans pour doubler une créance fictive de la femme, et en définitive, on voit de pauvres maris en être réduits à stipuler que leurs femmes, mises en possession de tout, les nourriraient pendant leur vie et payeraient pour eux les frais funéraires après leur mort.

Ce furent de tels abus, sans doute, qui amenèrent les Ptolémées à restreindre les droits des femmes. Même pour contracter avec des tiers, elles durent recevoir l'autorisation du mari. Nous avons précisé l'époque où cette réforme se produisit par une ordonnance royale. Dès lors cette autorisation ne cessa plus d'être exigée, même sous la domination romaine, jusqu'au moment où le droit romain devint le droit commun de l'Égypte.

Ainsi depuis le code de Bocchoris jusqu'à la conquête arabe cette question nous est bien connue.

Mais quelle avait été la situation de la femme avant ce code qu'on voit appliqué dans les contrats?

Dès les temps du Premier Empire, dans ces vieilles familles féodales dont les inscriptions sur leurs tombeaux nous laissent entrevoir les richesses, la femme légitime siège aux côtés et à l'égal de son mari; elle porte le titre de *Nebt pa*, maîtresse de maison. Les filles de roi succèdent au trône, et y siègent comme *rois régnants*. Il est vrai que pour se donner un air imposant, elles s'affublent en pareil cas d'une barbe postiche. Les femmes légitimes, maîtresses de maison, peuvent avoir une autorité et un prestige devant lesquels s'incline le mari lui-même, comme le montre bien un texte hiératique traduit par Chabas.

Pour lui conférer cette dignité, intervenait-il donc alors une cérémonie religieuse ? C'est très probable. Car presque partout où le mariage fut un lien religieux puissant, consacré par des rites, la femme, par cela même, fut élevée au niveau de l'homme.

Les générations qui grandissent tiennent en effet de la mère tout autant que du père ; c'est elle qui a veillé sur elles au moment où se formait l'âme ; c'est par elle qu'elles sont légitimes et que la filiation est certaine.

Aussi à l'époque sacerdotale, dans la vieille Rome patricienne, quand les époux étaient unis solennellement par la cérémonie du pain sacré, rompu et mangé en commun, de la confarréation accomplie dans le temple, cette communauté de droits et d'honneurs entre les époux était complète.

Qu'elle est éloquente et vraiment belle dans sa simplicité touchante, cette formule que prononçait la nouvelle épouse : « *Ubi tu Gaïus et ego Gaïa.* Où tu es, toi, le maître, je suis, moi, la maîtresse ; je porte le même nom que toi, au même titre ; je suis ton double, unie à toi par un nœud divin ! »

Peut-être était-ce à une cérémonie religieuse du même genre usitée autrefois au moins dans les castes nobles et sacerdotales que font allusion les expressions : « je t'établirai pour femme, » si fréquentes dans nos contrats de mariage égyptien et qui sont toujours au futur : en parallélisme d'opposition avec les mots : « je t'ai prise pour femme » à l'aoriste, présent ou passé.

Il est bien évident que dans le droit actuel le contrat écrit suffisait pour former l'union au point de vue légal ; mais cela ne contentait pas toujours complètement la femme, et par cette formule, le mari lui promettait encore autre chose.

A Rome aussi, sous le régime établi par la loi des Douze-

Tables, le mariage légitime, avec tous ses effets légaux, pouvait se contracter très simplement, sans cérémonie religieuse. Mais l'antique confarréation subsistait toujours, facultative pour les patriciens attachés aux vieux usages, indispensable pour faire souche de flamines. Cette dernière considération et ce qui restait de piété publique avait permis aux décemvirs de conserver ce vieil usage dans leur œuvre, toute populaire, d'unification complète du droit.

Parmi les peuples qui ne vivent que pour le commerce et chez lesquels existe l'esclavage, la femme est souvent un objet de transactions ; on la vend, on l'achète, on la prend, on la laisse ; si on n'a pas la polygamie, on a pour le moins le divorce, qui permet aussi d'en changer.

Dans ce ramassis de réfugiés et de gens de toute provenance qui formait la plèbe de Rome, on acquérait la femme par une vente ; on se saisissait d'elle avec la main, on la cédait avec la main. C'était sans doute un peu plus qu'une chose, un peu plus qu'un meuble, un peu plus peut-être qu'un esclave, bien que l'esclave *mancipium* dût son nom à cette même mancipation qui constituait tout le mariage. Mais comme l'esclave, la femme ne pouvait disposer de quoique ce fût sans l'aveu du maître, elle ne possédait rien en propre, et le maître pouvait la vendre ou la céder, elle et son pécule. Le code romain des Douze-Tables lui donna rang de fille : c'était faire beaucoup pour elle ; mais les fils et filles à cette époque se trouvaient dans la main du père, comme les esclaves dans celles du maître.

Celui de Bocchoris en Égypte, s'inspirant des mêmes préoccupations de relèvement pour le bas peuple, put faire davantage pour la femme par l'établissement du contrat notarial complètement écrit.

Dans le droit romain, les stipulations et conventions prévues par la loi des Douze-Tables étaient uniquement verbales. On comptait beaucoup sur la mémoire de ces guerriers et de ces laboureurs qui n'avaient pas surmené leur cerveau. Leur esprit à peine entr'ouvert, recevant peu, ne devait rien laisser perdre. Mais les stipulations verbales n'équivalent jamais à des contrats écrits. Elles ne peuvent avoir aucun développement, aucune ampleur. Elles sont de leur nature fugitives et prêtent au doute,—sinon par le défaut de mémoire,—par la mauvaise foi possible des témoins ; tandis que les questions se développent et que le droit progresse par l'usage des contrats écrits. Les formules qui deviennent de style constituent une jurisprudence aussi précieuse que les commentaires des légistes de profession sur tel ou tel point de détail.

Nous étudierons le droit des contrats avec tout le soin qu'il mérite et nous serons souvent frappés de ses analogies avec le nôtre.

Mais, Messieurs, l'objet de ce cours ne sera pas seulement le droit égyptien proprement dit. En dehors des contrats et des pièces juridiques,— qui viennent se compléter les unes les autres si heureusement en grec et en démotique et concernent ordinairement les mêmes familles, les mêmes propriétés ou les mêmes affaires,—nous aurons à étudier un grand nombre d'autres pièces, également parallèles en grec et en démotique, et qui rentreraient plutôt dans le droit administratif et commercial ou, tranchons le mot, dans l'économie politique.

En effet, messieurs, la science de l'économie politique ne peut pas se séparer de celle du droit. L'une et l'autre reposent sur les mœurs publiques qui en sont l'origine et pour ainsi dire la sanction, puisque quand les mœurs changent les lois changent également. En effet, s'il est vrai de dire dans une certaine limite que les lois font les mœurs — comme Sparte le prouve,—il est encore plus vrai de dire que les mœurs font et défont les lois : et l'économie politique, qu'est-ce autre chose que l'étude de la vie intime d'un peuple, de ses institutions et de son gouvernement ?

Homo sum et nil humani a me alienum puto : telle devrait être la devise de cette science, science universelle par excellence, car elle comprend et résume toutes les autres. Aussi rien de ce qui concerne l'homme ne lui est-il étranger : religion, croyances, morale, législation, administration, finances, commerce, cultures, organisation des biens, des terres et des familles, poids, mesures et monnaies, prix des terrains, des denrées, des choses de la vie, valeur réelle ou conventionnelle de l'argent, étalons monétaires, simple, double ou triple, intérêts de l'argent, prêts, fermage, industrie, métiers, sciences, arts, littérature, etc., tout doit être recherché et pesé avec soin, examiné scrupuleusement, et, pour cet examen approfondi, les lettres, les requêtes les plus particulières et les plus fugitives, les comptes et les papiers de toute sorte ont presque autant d'intérêt que les réglements officiels et les circulaires des ministres.

On trouve tout cela, messieurs, — et plus encore — dans nos papyrus grecs et démotiques. Nous avons essayé d'utiliser ces sources à différents points de vue, spécialement en ce qui concerne les questions de métrologie, de numismatique, etc., que notre savant ami M. Poole, l'éminent conservateur du cabinet des médailles du British Museum, égyptologue et orientaliste distingué, avait déjà si fructueusement étudiées. Je crois que les données positives de nos papyrus démotiques en ont définitivement éclairci quelques-unes des plus importantes, jusqu'ici considérées comme insolubles. Vous en jugerez, messieurs, et permettez-moi d'ajouter qu'un horizon presque illimité s'ouvre encore de ce côté à nos recherches, en dépit d'excellents travaux antérieurs, parmi lesquels je mentionnerai surtout ceux des Peyron, Leemans, Lumbroso et Lenormant. Ces savants distingués n'avaient pas entre les mains le secours du démotique et c'est de ce côté que nous viendra surtout la lumière.

Je vous ai parlé précédemment de la netteté d'esprit que les Égyptiens de cette époque apportaient en toute chose. C'est grâce à elle, et grâce aux habitudes de clarté qui en sont la conséquence, que les difficultés les plus ardues de l'économie politique égyptienne se trouvent résolues. Les papyrus grecs supposent toujours connues bien des choses que la postérité doit nécessairement ignorer. Les papyrus démotiques, au contraire, ayant en vue les chicanes et les procès possibles, veulent toujours tout préciser, même pour les contemporains. C'est ainsi, par exemple, que pour toutes les indications de mesures et de monnaies, nous trouvons toujours un double ou un triple calcul. On nous dit combien la somme dont on parle contient de sékels (ou tétradrachmes), combien d'argenteus de Ptah valent 20 drachmes, ce qu'elle fait en talents, et, s'il s'agit de l'étalon de cuivre, en quel rapport de valeur cet étalon de cuivre se trouve par rapport à l'étalon d'argent. Plus de suppositions remplissant des volumes, plus de doutes et d'hypothèses! Nous n'avons désormais que de la science à faire.

L'ESCLAVAGE ET LA LIBERTÉ

Messieurs,

Dans la recherche du droit égyptien, nous allons commencer par le régime des personnes, avant de nous occuper du régime des choses, des biens, réels ou de convention, qui se rattachent à ces personnes.

C'est là un ordre naturel, qui peut être également suivi pour toutes les époques et pour tous les peuples.

En effet, c'est la race humaine qui est nécessairement toujours et partout la base unique, la cause et le but de tout droit. C'est en vue d'hommes qu'est établi même ce qui regarde les choses, selon l'observation judicieuse de Justinien dans ses Institutes.

Il convient donc d'examiner en premier lieu ce qui touche directement la race humaine, ou, pour ne pas faire d'anachronisme, les êtres humains.

Je dis les êtres humains, car si dans nos sociétés modernes, filles du christianisme, tous les hommes sont ramenés à une commune origine et considérés comme ayant entre eux des liens de famille, il n'en était nullement ainsi dans les nations de l'antiquité, ou du moins dans la plupart d'entre elles.

Par exemple à Rome et chez presque tous les peuples grecs, on distinguait parmi les hommes ceux qui, au point de vue légal, comptaient et ceux qui ne comptaient en rien.

Pour être quelqu'un aux yeux de la loi, pour exister en tant que personne, il fallait d'abord être libre. Les esclaves

5

étaient classés, avec les bêtes et avec les choses dénuées de vie, au nombre des biens.

Du reste, en pratique, dans la servitude, non moins que dans la liberté, il y avait des degrés nombreux.

Ces degrés, il est bon de s'en faire une idée dans le monde classique, avec lequel on est depuis longtemps familiarisé, avant d'en venir à une étude où ce seront des questions nouvelles.

Voyons d'abord sur quels principes l'institution même reposait.

Ainsi que l'a fort bien montré M. Wallon dans son ouvrage si remarquable sur l'esclavage dans l'antiquité, l'esclavage était considéré par les jurisconsultes et par les philosophes comme un produit direct et forcé de la guerre. C'est encore l'excuse qu'on en donne, au vi[e] siècle de l'ère chrétienne, dans les recueils de Justinien. Et c'est aussi l'idée principale que l'on trouve déjà représentée sur les monuments égyptiens du haut empire, où l'on voit le Pharaon, d'une grandeur surhumaine, rassembler sous sa main et menacer de son arme une foule de captifs suppliants.

Le droit de la guerre, c'était pour les anciens le droit illimité de la force brutale. Le vainqueur pouvait tout sur ce qu'il avait pris. Il pouvait tuer ce qui avait vie et détruire ce qui ne vivait pas. S'il épargnait, c'était un acte de clémence dont il lui appartenait de fixer les limites. Il pouvait donc s'approprier ce qui était naguère un homme libre et en faire désormais sa chose. Devant la vie à son caprice et maintenu à sa merci, le vaincu ne vivrait que par lui et pour lui, tant qu'il lui plairait de le conserver, et s'il en disposait, comme d'un bien quelconque, il transmettrait à son ayant cause, avec le souvenir de la vie sauve qu'il lui avait gardée jusqu'alors, le droit de se raviser le jour où il le voudrait et, en attendant, des pouvoirs sans bornes. Telle est la théorie, captieuse en son apparente équité.

Elle convenait à tous les cas : à l'asservissement collectif d'un peuple, conservé à l'état de peuple et travaillant sous le bâton, condition des Juifs en Égypte, comme à l'esclavage individuel, plus ou moins durement compris.

Parmi ceux qui la développèrent et l'appliquèrent avec la logique la plus rigoureuse, de la manière la plus impitoyable, il faut mentionner surtout les Romains.

C'était sous la lance, pour eux symbole de la puissance militaire, qu'ils faisaient vendre, non seulement les prisonniers de guerre proprement dits, mais des femmes et des enfants qui n'auraient jamais pu songer à se défendre.

Tout cela, quel que fût le sexe, recevait un même nom, *mancipium*, c'est-à-dire « chose prise avec la main » : *chose*, *mancipium* est un mot neutre. Ce n'étaient plus des hommes ou des femmes, ce n'était plus rien, qu'à l'état de bien dans le patrimoine de leur maître. Leur personnalité avait été détruite le jour de leur *prise avec la main*, prise avec la main qui se perpétuait jusque sur *les fruits*, *les produits*, ce sont là les termes du droit, de la malheureuse femme esclave. C'est pourquoi les jurisconsultes, qui se refusent toujours à compter les esclaves au nombre des personnes vivantes, ont pu les comparer plutôt à des personnes mortes, se souvenant sans doute que certains d'entre eux avaient été libres, et par conséquent, avaient vécu. Mais la mort civile par esclavage allait en cruauté plus loin que la mort réelle elle-même, car elle supprimait la filiation, que celle-ci eût laissée intacte. L'esclave ne pouvait se dire ni le fils, ni le père, ni le frère de personne. Sans passé légal, sans affection, sans famille possible, ce n'était vraiment plus un homme. Oubliant les entrailles qui l'avaient enfanté, il ne se rattachait qu'à son maître, comme un animal domestique.

Aussi ce même Caton l'Ancien qui poussait à détruire Carthage, Caton le censeur, le juriste, conseillait-il de ne plus nourrir des esclaves impotents ou devenus trop vieux pour faire un bon service. La loi les rangeait dans les biens ; et il n'est pas sage de garder un bien qui ne rapporte rien et dont l'entretien coûte. Il est difficile d'aller plus loin dans les conséquences dernières d'une fiction légale, aussi complètement contre nature. Mais Caton avait les mœurs rudes du plébéien de Rome : c'était un parvenu, le premier de sa race qui fût arrivé aux hautes dignités. Il ne représentait à aucun degré les traditions et les sentiments de ces vieilles familles patriciennes qui avaient d'abord gouverné Rome.

Il nous paraît probable qu'à cette même époque où la femme mariée par confarréation était l'égale de son mari, où les fils de famille, ainsi que Tite-Live nous l'apprend pour les enfants de Cincinnatus, pouvaient jouer un rôle politique et se distinguer par un train de vie indépendant de celui de leur père, (ils purent toujours en tant que magistrats commander à leur père et en exiger le respect, ce qui prouve qu'à l'origine ils ne devaient pas être en sa main), où tout le droit était basé sur la religion, non sur la force, la servitude devait être plus douce que sous ce code de soldats qui fut promulgué par les Décemvirs.

Rome ne s'est-elle pas agrandie par l'annexion de populations, transportées libres dans son sein, au lieu d'être vendues à l'encan sous la lance?

Chaque *gens*, parmi celles qui formaient tout un peuple, telles que cette gens Fabia, reconstituée si vite, après avoir été complètement massacrée, sauf un seul Fabius encore enfant, ne s'enrichissait-elle pas aussi par l'absorption d'éléments nombreux qui lui étaient venus du dehors?

Vers la fin de la république, par un souvenir lointain de ce qui s'était fait à cette antique période, ceux des nobles qui, en ayant reçu le pouvoir en qualité d'*imperator*, de proconsul, ou à d'autres titres, conféraient la Romanité à des hommes libres, sujets de Rome, parfois à des cités, à des nations entières, leur donnaient encore en même temps leur nom de *gens*. Ils les avaient fait naître à la vie romaine, tout comme les esclaves qu'ils avaient affranchis. Et c'était ainsi qu'autour des nobles, par une sorte de filiation, la vieille *gens* s'était formée. Ils y représentaient la paternité, la suite des pères, les *patricii;* et l'autorité paternelle ne paraît pas avoir eu dès lors la cruauté qu'elle eut sous la loi des Douze Tables, quand le fils, la femme et l'esclave furent à la merci du père de famille, qui les avait ensemble sous sa main. La *gens* ressemblait beaucoup à ces clans des hautes terres de l'Écosse que Walter Scott a si bien décrits et dont les membres les plus pauvres prenaient orgueilleusement leur part de la noblesse de leur chef. Dans les esclaves du jour, on y devait prévoir les affranchis du lendemain et ces descendants d'affranchis, qui plus tard, devenus clients, accroîtraient la force de la *gens*.

Les patriciens donc, aux nombreux ancêtres, si fiers de leur nom de gentilité et qui par l'affranchissement le communiquaient à leur esclave, n'avaient pas sans doute pour cet homme le même regard que Caton le plébéien. La communauté de sacrifices, base religieuse de la *gens* et n'existant pas en dehors d'elle, ne rattachait-elle pas toute sa race à leur race? Ne créait-elle pas à jamais des liens étroits, analogues à ceux de la famille, comportant la défense mutuelle affectionnée, la protection attentive et puissante d'une part, et d'une autre part le dévouement, le zèle, la déférence?

Chez les plébéiens, au contraire, le descendant de l'affranchi, dès la seconde génération, en naissant ingénu, devenait un étranger pour les descendants de son ancien maître, et, sous le régime pur de la loi des Douze Tables, l'affranchi lui-même, égal à tout autre plébéien, capable d'être adopté par un ingénu, pouvait ne tenir aucun compte du patron et de sa famille.

Même dans cette nouvelle noblesse, créée par les magistratures, qui pullula dans les derniers siècles de la république et sous l'empire, chez ces parvenus, les Cicéron, les Pompée devenus parfois les chefs du parti aristocratique, rien ne put jamais remplacer la vieille *gens* des patriciens, avec son cadre religieux. L'homme puissant ne manquait jamais de clients volontaires, qui venaient se presser autour de lui pour participer à sa protection. Ils affluaient à son lever, ils lui faisaient le même cortège dans les occasions solennelles que faisaient autrefois les membres de la *gens* au chef de leur maison. Mais, attirés par l'intérêt seul, ils pouvaient toujours manifester, en cas de désastre, par l'ingratitude, leur indépendance de fait et de cœur.

Cette fausse clientèle, toute d'apparat, eut même un résultat qu'on n'avait pas prévu ; elle diminua la fidélité des affranchis qui, bien que tenus alors, de par la loi, à ces offices d'obséquiosité et, pour ainsi dire, de vasselage que des hommes libres de naissance accomplissaient de leur plein gré, imitèrent trop souvent ceux-ci quand le malheur frappa leur ancien maître. Il fallut, sous l'empire, une série de mesures pour maintenir les affranchis dans le devoir et mettre fin à cette contagion du mauvais exemple.

Du reste, il ne faudrait pas croire que la législation impériale fût absolument favorable aux affranchis et aux esclaves. C'est là une question qui a divers aspects.

Dans les familles des empereurs, on conserva bien à leur endroit les vieilles traditions patriciennes. Se partageant les diverses charges domestiques et formant toute une hiérarchie, ils y furent, les uns et les autres, relativement heureux. On recueillait la cendre des esclaves après leur mort, les traitant ainsi vraiment en hommes. Dans le columbarium de la maison de Livie, femme d'Auguste, on voit, par exemple, figurer à la fois affranchis et esclaves, avec la mention des offices qu'ils remplissaient dans le palais. Ces dignitaires, aux femmes qu'ils prenaient parmi leurs compagnes d'esclavage, osaient donner le nom d'épouse ; ils osaient parler des liens naturels, des liens du sang qui existaient entre eux. Ce n'étaient donc pas des esclaves, tels que Caton les comprenait. Parmi eux, il en est qui portent des indications d'origine, un nom formé sur celui du noble chez lequel ils avaient d'abord exercé semblables offices.

Les hommes libres, les affranchis se distinguent fort peu des esclaves dans cette foule de serviteurs qui se trouvent ainsi réunis dans une dernière demeure commune. Ils y figurent les uns auprès des autres, dans une sorte de revue funèbre.

Sur des tombeaux égyptiens datés des premières dynasties, on voit groupés pareillement autour d'un seigneur féodal les gens nombreux qui le servaient. Là aussi, chacun avait sa tâche. Là aussi il y avait des chefs qui distribuaient l'ouvrage à d'autres et leur commandaient, de même que les décurions des séries diverses dans le columbarium de Livie. Là aussi le titre domestique, la charge remplie, le rôle joué auprès du maître était indiqué avec soin; la condition, libre ou servile, paraissait plus indifférente.

Mais nous ne devons encore signaler qu'en passant cette ressemblance frappante. Nous aurons à parler bientôt de ces monuments de l'ancienne Égypte.

Si la maison de Livie était montée ainsi, ce ne devait pas être seulement parce qu'elle était la femme de l'empereur Auguste.

Auguste s'était bien gardé de prendre les dehors du despotisme et le faste des monarchies. Il affectait pour lui et pour les siens une simplicité relative. A des magistrats plébéiens, aux tribuns du peuple, il avait emprunté leur puissance indéterminée, indéfinie, leur caractère sacré, inviolable. Mais il était en même temps le *princeps*, le premier des sénateurs, et autant que possible il se bornait à vivre comme le premier des patriciens. Ce n'était pas encore le moment où l'on formula la théorie de la servitude commune de tous les hommes par rapport au César. La maison d'Auguste était de bon ton : les esclaves et les affranchis y étaient appréciés suivant leurs mérites. Cicéron, revenu de Grèce et tout imprégné des mœurs grecques, n'avait-il pas apprécié Tiron, son esclave, puis son affranchi? Le patricien Scipion n'avait-il pas accueilli l'affranchi Térence?

Antérieures de beaucoup à la loi des Douze Tables, les vieilles légendes nationales ne racontaient-elles pas qu'un roi célèbre, aimé du peuple, Servius Tullius, avait été l'esclave, puis l'affranchi de Tarquin l'Ancien, et malgré cela était devenu son gendre, son ministre, son successeur?

On ne s'en souvint que trop, plus tard, dans l'entourage des Claude et des Néron, quand l'empire fut gouverné par leurs affranchis et leurs domestiques.

Chose étrange, ces hauts personnages qui avaient passé par la servitude, n'usèrent pas de leur influence pour améliorer la condition des esclaves de particuliers.

Au contraire, ce fut justement sous Claude et par
de l'affranchi Pallas que fut portée une des lois
atteignant le plus cruellement l'esclave en tant qi
dans ses espérances et ses affections les plus légitime

Ici nous sommes obligés d'entrer dans quelques dé
bien qu'étrangers à l'Égypte, auront du moins l'avar
montrer d'une façon plus nette les rôles possibles de l'
alors qu'on le trouvait partout, quand les jurisconsult
laient de l'esclavage comme d'une institution, contre
sans doute, mais du droit commun des nations.

Sous l'empire, ce droit des nations avait singulière
déteint sur la jurisprudence. Des combinaisons s'étaient :
entre les durs principes de la loi des Douze Tables et les l
tudes étrangères, qui s'insinuaient davantage chaque jour

La législation des décemvirs reposait essentiellement
l'omnipotence sans contrôle du chef de famille et les dr
absolus du maître. L'annihilation de l'esclave allait aussi l
que possible, et ce qui la faisait paraître moins choquan
c'était celle, déjà très grande, du citoyen fils de famille. Le *p*
ter familias, en effet, pouvait tout — tant sur les uns que su
les autres — et ce fut tardivement, sous l'empire, que l'on e
vint à mettre un frein aux abus les plus excessifs de ce despo
tisme sans borne.

Mais, grâce aux exemples du monde oriental et de quelques-
uns des peuples grecs, on avait d'abord, rendu beaucoup plus
tolérable le sort des esclaves sur lesquels aucun particulier
n'exerçait les droits du maître.

Nous venons de voir comment l'esclave pouvait dans certaines grandes maisons avoir une sorte de famille.

Il le pouvait aussi quand il appartenait soit à l'État, soit
peut-être même à une ville déterminée, et quand, en qualité
d'esclave public du peuple romain (ou de la cité) il était chargé
de quelque rôle subalterne, de quelque emploi peu élevé tou-
chant à l'administration.

En cas pareil il avait le plus souvent femme et enfants, et il
lui était permis de disposer par testament d'une partie des

économies qu'il avait faites et qui constituaient son pécule.

Par la nature des choses, l'esclavage devenait moins dur quand il n'y avait pas pour le faire subir un *pater familias* de la plèbe romaine ou quelque homme de semblable trempe.

Les esclaves des dieux, attachés à des temples, jouissaient naturellement d'une grande indépendance dans ces pays où il n'existait plus de véritable caste sacerdotale, en dehors du collège si restreint des Flamines. Ils étaient parfois prêtres eux-mêmes, accomplissant tous les sacrifices — par exemple les Martiaux de Lavinium — et dans ce cas leur condition différait si peu de la liberté qu'après quelques générations leur question d'état devenait incertaine. Partout, du reste, dans l'antiquité, la servitude des dieux passait pour être douce. Nous la retrouverons en Égypte.

Or, à côté de ces catégories privilégiées d'esclaves qui, en dépit de la loi romaine, vivaient comme des hommes, il en était d'autres qui vivaient aussi dans une apparence de liberté et qui possédaient un pécule, souvent considérable. L'avidité du maître avait fait pour ceux-là plus peut-être que n'eût rêvé la bienveillance de propriétaires moins intéressés.

En simplifiant le plus possible l'organisation familiale, en n'y voulant voir qu'un seul maître, le *pater familias*, dont l'autorité fût illimitée sur ses enfants, ses petits-enfants, ses arrière-petits-enfants et sur sa femme et sur ses esclaves, les juristes auteurs et premiers interprètes de la loi des Douze Tables avaient bien prévu que ce chef de famille ne pourrait pas toujours faire tout par lui-même.

Ils lui avaient permis de se faire suppléer, quand il s'agissait d'acquérir, par un de ceux qu'il avait en main. Jugeant même qu'il n'y avait jamais d'inconvénient à acquérir, ils avaient donné indifféremment à tous ceux qui lui étaient soumis, fils, femme, esclave, la faculté d'acquérir pour lui, sans autorisation formelle.

Tous le représentaient pleinement, se revêtaient de sa personne quand il s'agissait de prendre possession de quelque chose ou d'obliger quelqu'un envers lui, de l'enrichir en un mot.

Ils ne pouvaient pas, au contraire, le dépouiller d'un droit ou l'obliger envers quelqu'un sans son intervention expresse : ils ne pouvaient jamais l'appauvrir.

Ils avaient donc pour les actes qui s'accomplissaient sans l'intervention du magistrat l'usage des formules légales, des formalités sacramentelles, seulement dans un sens et non dans l'autre.

Tant que les obligations furent unilatérales, comme nous verrons qu'en Égypte elles le furent aussi dans les contrats, la distinction était facile à faire.

Puis vint le moment où le droit commun des nations, le *jus gentium*, introduit d'abord pour les étrangers et par le préteur pérégrin, fut employé entre les citoyens concurremment avec le droit spécial de Rome, *jus civile*. Il comportait tous les contrats dits de bonne foi, la vente, le louage, etc., où dans l'intention des parties et la réalité des choses, les obligations sont réciproques, bilatérales.

Le commerce repose en entier sur ces contrats bilatéraux, que n'avait pas prévus la loi des Douze Tables.

Il est vrai que la loi des Douze Tables était faite en vue d'un peuple de guerriers, qui, pour acquérir, devait avoir recours à la conquête plutôt qu'au commerce.

Mais quand la conquête eut atteint des bornes qu'elle ne devait plus dépasser, longtemps avant pour ceux qui ne prenaient pas place dans les légions, le commerce parut un moyen de gagner qui avait bien ses avantages.

Le Romain scrupuleux, le *pater familias* taillé sur le modèle de Caton, ne voulait pas s'y livrer lui-même. C'eût été pour lui une déchéance; et d'ailleurs il avait en vue les peines prononcées par la loi des Douze Tables contre les débiteurs qui ne payeraient pas leurs dettes. Il aurait au moins risqué l'infamie. Dans le commerce tout est aléatoire : si l'on peut gagner, on peut perdre.

Heureusement l'esclave était là, et rien n'empêchait qu'il commerçât d'un pécule qu'on lui fournirait.

Le commerce rentrait dans le droit des nations, et en dehors du droit de la cité, de ce droit tout artificiel et tout d'une pièce, l'esclave redevenait un homme.

Il pouvait obliger autrui et s'obliger envers autrui, faire les contrats de bonne foi qu'aurait pu faire un homme libre. Le préteur et les jurisconsultes régularisèrent cette situation avec l'habileté la plus grande.

Ils s'accommodèrent aux scrupules, plus ou moins sincères, de ces bons Romains. Ils leur permirent de paraître étrangers, s'ils le voulaient, à ce commerce dont ils attendaient la fortune.

Du moment où même le droit strict, le droit des Douze Tables, avait revêtu les esclaves d'une personnalité d'emprunt, sans l'autorisation de leur maître, lorsqu'il s'agissait d'acquérir pour celui-ci au moyen de certaines formules et de certains actes, il leur parut aussi naturel d'accorder à ceux qui avaient un pécule, en vertu de ce pécule constitué par le maître, une sorte de personnalité inférieure et fragile, nécessaire pour le faire valoir le plus fructueusement possible.

Le maître pouvait donc rester en dehors de tout, s'il était censé avoir laissé faire et ne pas s'en être autrement mêlé.

Cette fiction était bien commode. On vit des sénateurs en profiter pour grossir leurs biens par les bénéfices d'industries de telle nature qu'elles les auraient fait taxer d'infamie et chasser du Sénat, s'il les avaient exploitées en personne. Ils n'en perdaient rien de l'estime publique, car c'était pour eux affaires d'esclaves qui ne pouvaient pas les atteindre.

Quel que fût le genre d'industrie ou de commerce exercé par l'esclave, quand le maître s'abstenait ainsi en apparence, les créanciers n'avaient d'action et de recours que sur le pécule. Mais ce pécule était leur gage. Le maître n'avait rien à y voir, en cas de liquidation, sauf pour récupérer les sommes qu'il avait remises à son esclave et rapporter celles dont il avait personnellement tiré profit après les avoir touchées.

Si, au contraire, il avait fait lui-même acte de commerce, si, par exemple, il avait aménagé lui-même la boutique où il installait son esclave à titre de simple gérant ou de commis ; si, en qualité d'armateur, il lui avait confié un navire, il était entièrement responsable de tout, et sur l'ensemble de ses biens.

Nous ne pouvons entrer plus avant dans le détail de ces combinaisons prévues par les jurisconsultes dans des décisions qui, bien que l'esclavage n'existe plus chez nous, ont pourtant servi de fondement à notre code de commerce.

En effet dans le droit commercial, de bonne foi, peu importe que le commanditaire soit un maître ou un bailleur de fonds étranger, peu importe que le gérant soit un homme libre ou un esclave, l'équité conduit à formuler de même les garanties accordées aux tiers.

C'est dire que ces esclaves chargés d'affaires souvent considérables, les obligeant à avoir sous leurs ordres un monde de commis et de serviteurs, libres ou non, ressemblaient dans leur genre de vie à des hommes libres.

Ils avaient le légitime espoir d'être affranchis quand ils auraient enrichi leur maître. Ils pouvaient songer à la famille qu'ils auraient alors autour d'eux, et, devançant le moment espéré, vouloir la préparer pour ainsi dire d'avance. Choisissant une femme libre de condition modeste, s'en faisant aimer, ils pouvaient la prendre pour leur compagne, pour la mère des enfants qu'ils se proposaient d'adopter quand ils auraient gagné la liberté prévue, enfants qui seraient nés ingénus et libres comme naissant d'une femme libre, car, ainsi que le dit Ulpien dans un passage que le Digeste a reproduit, « c'est une loi de nature que l'enfant né hors du mariage légal suive la condition de sa mère. » Le mariage légal avec une citoyenne n'existait pas pour quiconque n'avait pas reçu le droit de *connubium*. La plupart des sujets de Rome étaient dans ce cas, et il en était peu qui eussent autant de chances de devenir citoyens romains que l'esclave nourrissant très justement l'espoir d'être affranchi en récompense de ses bons services. Ce jour-là, il aurait pour épouse, légitime aux yeux de chacun, la mère de ses enfants, et ceux-ci n'en seraient pas moins aimés pour n'être pas tombés dès leur naissance à la merci de ses caprices, sous sa puissance quiritaire, à la façon d'un fils de Romain.

Eh bien, cette satisfaction, une loi (c'est-à-dire un sénatus-consulte ayant force de loi) inspirée par un affranchi des plus puissants sur l'esprit de l'empereur Claude, par Pallas, la fit refuser à cette classe d'hommes, si digne d'intérêt. Elle déclara que la femme libre qui s'unirait à un esclave deviendrait elle-même esclave du maître à la troisième sommation, à moins que le maître ne préférât, par une transaction honteuse, s'assurer comme esclaves soit la totalité, soit une partie des enfants à naître en laissant la mère en liberté. Certes ! cette permission de conclure un marché sur l'état des enfants à naître était contraire autant que possible aux principes traditionnels du droit romain, ainsi que le jugea plus tard l'empereur Adrien, qui la supprima, et elle montre bien que le but n'était nullement de relever la dignité de la femme libre et de l'empêcher de s'avilir avec un esclave. Il ne s'agissait que de renforcer les pouvoirs du maître, sauf à faire disparaître dans l'âme de cette femme jusqu'à la moindre trace de conscience et de moralité.

On ne laissait plus l'affranchi futur se ménager une famille, une épouse digne de respect.

C'était atteindre non seulement les commerçants, mais tous les esclaves de confiance, tous ceux qui, ayant le maniement des fonds et l'espoir de la liberté, si du moins leur maître était juste, en sentaient déjà l'avant-goût, pour ainsi dire, dans la large part d'initiative dont ils jouissaient.

L'intendant des grandes maisons, l'*actor*, pleinement comparable au *raïté* des textes égyptiens, était du nombre de ceux-là, ainsi que le *villicus* (1), chef d'exploitation agricole, dont on retrouve aussi le prototype en Égypte.

---

1. De même que les commerçants, le *villicus* et l'*actor* pouvaient avoir pour employés, pour mercenaires, pour domestiques, des hommes libres, des citoyens romains. Le cas était extrêmement fréquent : pour s'en assurer il suffit de parcourir les textes du Digeste. On peut donc dire qu'il existait en fait des hautes classes et des basses classes dans l'esclavage romain de l'époque impériale, et la coutume de laisser leur pécule aux esclaves qu'on affranchissait, coutume qui était passée en règle de jurisprudence, suivie du moment où le maître n'avait pas déclaré une intention contraire, perpétuait cette distinction et en accroissait l'importance. Les privilèges de l'ingénuité s'effaçaient dans les classes pauvres, dans le bas peuple. Tous les petits

Mais juridiquement parlant, la situation de l'esclave égyptien était généralement très supérieure à celle de l'esclave

métiers étaient représentés par des esclaves et des affranchis aussi bien que par des ingénus, libres de naissance. Leurs corps de métiers, leurs collèges, comprenaient les uns et les autres.

Mais, je le répète, ce n'était pas là un résultat direct et prévu de la législation des Douze Tables. Au contraire, c'était la suite de la substitution graduelle au droit des Quirites d'un droit moulé sur les mœurs des peuples qui étaient entrés dans l'empire romain. Pour bien comprendre le droit romain de l'empire dans ses modifications successives, dans ses fluctuations en divers sens, il est nécessaire de se rendre compte du droit antérieur des nations soumises.

Le sénatus-consulte Claudien, dont nous venons de parler, fut un mouvement de recul, une réaction, motivée peut-être non seulement par le rôle de plus en plus important que prenaient les esclaves, mais en partie par une loi récente qui leur avait été extrêmement favorable, par la loi Junia Norbana, portée sous Tibère.

Or la loi Junia Norbana eut sa raison d'être dans des exemples pris hors de Rome. En dépit d'une adaptation fort habile au monde romain, c'était un reflet du droit d'Athènes.

En effet, en ce qui touchait les affranchis, le droit athénien différait fondamentalement du droit quiritaire des Douze Tables. Cela tenait à ce qu'Athènes ayant toujours gardé son organisation religieuse en *phratries* (phratries répondant aux *curiæ* ou plutôt encore aux *gentes*) n'avait jamais admis parmi les citoyens les nouveaux venus, les étrangers établis dans la ville et y commerçant, les *métèques*; tandis qu'à Rome ces métèques, les *plébéiens*, avaient conquis l'égalité par rapport aux anciennes *gentes*, tout en se trouvant en dehors d'elles. La cité athénienne était restée une cité fermée, à tel point que pour être admis à en faire partie, il fallait, soit pour l'étranger habitant ailleurs, soit pour le métèque, soit pour l'affranchi, soit pour l'esclave, un décret rendu sous forme de loi, sur l'avis du sénat des Cinq-Cents, à la majorité, par l'assemblée du peuple comptant un nombre de votants déterminé. Et encore ce décret était-il attaquable par une action en illégalité devant le tribunal des héliastes contre celui qui l'avait proposé. Le fameux orateur Lysias perdit ainsi, à la suite d'un procès, le titre de citoyen d'Athènes qu'il avait obtenu du peuple comme récompense méritée. L'affranchissement ordinaire consenti par un particulier ne pouvait donc, dans aucun cas, créer un citoyen. L'esclave de la veille, habitant Athènes, y devenait métèque du moment où son maître avait renoncé à ses droits sur lui. Pour l'affranchir, il n'était pas besoin de formalité solennelle, de recourir à un magistrat; c'était affaire purement privée, qui ne conférait aucun droit dans la cité et n'entraînait aucune conséquence politique. Il suffisait, pour que cet esclave cessât de l'être, que son maître exprimât d'une façon quelconque sa volonté à ce sujet, en le disant devant les siens, par exemple, à l'occasion de sa mort prochaine. Tout s'était passé en famille. Et souvent la preuve était difficile, on le voit par un des procès qu'eut à soutenir Démosthène. Il s'agissait du contre-maître qui dirigeait depuis des années l'atelier de fabrication d'armes dont Démosthène avait hérité de son père. Durant la vie de celui-ci, le nommé Milyas avait incontestablement exercé romain. Et c'est surtout pour faire contraste que nous avons examiné jusqu'ici ce premier terme de comparaison.

cet office comme esclave et commandé comme tel à d'autres esclaves. Puis, sans que sa situation changeât en apparence, il avait reçu la liberté par une décision de son maître, le père de Démosthène, qui se sentait mourir ; et depuis lors, aux yeux de toute la famille, c'était un homme libre, bien qu'il restât toujours dans le même atelier, dirigeant les mêmes esclaves. Ce fut donc une proposition révoltante que fit à Démosthène son tuteur Aphobos (poursuivi par lui en reddition de comptes) de traiter Milyas en esclave, et de le mettre en cette qualité à la torture, pour le faire répondre sur ce qu'il savait relativement aux biens héréditaires. En effet, — et c'est à remarquer, car cela nous montre bien la situation misérable de l'esclave, même à Athènes, où il était traité généralement d'une manière assez douce, — les lois de Solon, qu'imitèrent en cela les mœurs romaines, ordonnaient de n'interroger un esclave que dans les tourments quand on lui demandait un témoignage. Il est sans cesse parlé dans les plaidoyers grecs d'esclaves d'une conduite irréprochable, auxquels leurs maîtres tenaient beaucoup, et qu'on leur demandait de mettre sur la roue pour les faire répondre au milieu des souffrances les plus atroces, parfois au dépens de leur vie, afin d'éclaircir le point de fait le plus futile, dans des procès, souvent dans de mauvaises chicanes, ayant en vue un intérêt fort minime en réalité. En ce qui trouche Milyas, la question d'état avait été, devant des arbitres, tranchée surtout par l'aveu d'Aphobos, qui avait reconnu lui-même la vérité. Mais, postérieurement, Aphobos prit à partie un des arbitres, en l'accusant de faux témoignage, pour remettre tout en litige. Tel est le sujet de la troisième action de Démosthène contre Aphobos.

Nous semblons peut-être nous écarter beaucoup de la loi Junia Norbana ; mais en vérité nous y sommes.

Le but principal de la loi Junia Norbana fut d'introduire dans le droit romain ces affranchissements sans formalités, *inter amicos*, dont l'affranchissement de Milyas vient de nous donner un exemple.

Rien de tel n'avait existé dans la constitution romaine que représentait la loi des Douze Tables. Sous le code des décemvirs les affranchissements ne pouvaient se faire que par certains modes solennels, où intervenait soit le peuple, soit un magistrat qui avait reçu avec l'*imperium* les pouvoirs du peuple. On pouvait affranchir ainsi par testament, parce qu'alors les testaments se faisaient soit devant le peuple tout entier assemblé spécialement à cet effet (*calatis comitiis*), soit devant l'armée rangée en bataille (*in procinctu*). On pouvait affranchir également par le cens lorsque le censeur dressait les listes des citoyens. On pouvait affranchir encore par la vindicte, c'est-à-dire par la décision d'un magistrat intervenant dans un procès fictif. Dans tous les cas l'ancien esclave devenait citoyen romain, et soit au point de vue politique, soit au point de vue des droits civils, il possédait l'égalité foncière que les plébéiens avaient conquise après cette lutte acharnée dont l'élection des décemvirs avait été le dernier mot. A cette époque, il serait oiseux de rechercher quelque différence établissant une infériorité légale entre l'affranchi entrant dans la plèbe et le plébéien d'une autre origine qui pouvait se dire ingénu. Tous, ils avaient pris part à la même victoire et ils en recueillaient ensemble les mêmes fruits. Le censeur, qui, dressant ses listes sans contrôle, dégradait à sa guise un membre du sé-

Chez les Égyptiens, comme chez les autres peuples, l'origine de l'esclavage fut le droit de la guerre, l'abus de la force.

nat, et reléguait un chevalier, malgré la plus grande fortune, au rang des pauvres sans ressources, le censeur patricien ne manquait pas sans doute de classer les affranchis dans les dernières divisions du peuple, au nombre des *humiliores* : mais il pouvait en être de même de familles libres établies à Rome depuis une époque qui se perdait dans la nuit des temps. Ils ne faisaient pas habituellement partie des légions ; mais c'était également le cas des *proletarii* qui ne possédaient pas des biens valant au moins quinze cents as, et à plus forte raison celui des *capite censi* qui ne possédaient pas au moins trois cents as. D'ailleurs, ainsi que les proletarii, ceux qui remplissaient certaines conditions y furent souvent appelés dans les époques de grand péril, longtemps avant que Marius eût le premier, à ce que dit Aulu-Gelle au livre XVI de ses *Nuits attiques*, osé enrôler des citoyens *capite censi*.

On a dernièrement prétendu qu'à la différence des ingénus, même de basse classe, les affranchis pouvaient être, comme des esclaves, mis à la torture en qualité de témoins et sans avoir été incriminés eux-mêmes. Mais cette opinion est le résultat d'une fausse interprétation d'un fragment de phrase qu'on isole et qui fait partie de la loi 1re *de Quæstionibus* au Digeste (§ 9). Or, la suite de cette même phrase (§ 10), rapprochée d'un texte qui forme le nº 21 du même titre, rend évidente l'erreur commise. Les criminels, une fois condamnés, perdant la liberté par leur condamnation et devenant esclaves de la peine, quelle qu'eût été leur condition antérieure, pouvaient être mis à la torture et interrogés de cette manière sur leurs complices. Aussi en était-on venu, pour éclaircir les affaires délicates, à condamner au hasard, sans preuves, un des accusés, afin de pouvoir le mettre à la question, au sujet tant de lui-même que des autres : l'empereur Adrien interdit que l'on procédât de la sorte. Il y avait d'ailleurs certaines restrictions au droit d'interroger ainsi dans les tourments. De même que le maître ne pouvait jamais être incriminé par son esclave, de même le patron ne pouvait l'être par son affranchi, le frère par son frère, même déjà condamné et mis à la question, pas plus d'ailleurs (ainsi que le remarque le jurisconsulte romain, en s'appuyant sur un rescrit du prince, où est invoquée cette analogie) qu'on aurait dû quand, avant leur condamnation, ils jouissaient encore de tous leurs droits, les faire témoigner, malgré eux, l'affranchi contre son patron, et l'ingénu contre son frère. Non, jamais, même tard dans l'époque impériale, quand on était allé le plus loin dans la réaction contre le popularisme de la loi des Douze Tables, dans l'avilissement des affranchis, on ne leur enleva ce dernier reste des privilèges de la liberté, et dans tous les cas ce serait faire le plus choquant des anachronismes que de supposer pareille chose au lendemain du décemvirat, alors que les affranchis pouvaient être adoptés par les ingénus. (Aulu-Gelle, V, 19.)

Quant au *connubium*, il y eut un instant où les plébéiens s'en virent privés par rapport aux vieilles *gentes*. Ce fut au moment où Appius Claudius, lorsque le peuple, enchanté de ses dix premières tables, lui eût renouvelé les pouvoirs absolus de décemvir en lui donnant des collègues de son choix, avant d'affecter ouvertement une dictature perpétuelle, changea de tactique et voulut s'appuyer sur le parti des nobles. Il introduisit dans l'une des deux tables surajoutées l'interdiction du mariage entre plébéiens et patri-

Écoutons plutôt parler, dans l'excellente traduction de M. Chabas, Amenemheb, l'un des compagnons du conquérant Touthmès III :

ciens, en même temps que, pour mieux témoigner de sa rupture avec la plèbe, dont il avait d'abord comblé les vœux, il fit revendiquer à titre d'esclave par un de ses clients et lui adjugea provisoirement la fiancée d'Icilius, un des tribuns du peuple qui avaient le plus contribué à la création des décemvirs, une jeune fille appartenant à la famille de Virginius, cet autre tribun du peuple fameux par la victoire qu'il avait remportée sur le parti des nobles en forçant à s'expatrier l'un de ses meneurs les plus actifs, Céson, fils de Cincinnatus. Le décemvirat fut renversé dans une émeute, et le tribun du peuple Canuléius fit bientôt abroger cette loi sur le *connubium* qui cadrait si mal avec le code primitif en dix tables. En resta-t-il alors quelque chose relativement aux affranchis? C'est peu probable. Le seul argument qu'on en donne est l'histoire de cette prostituée qui, par amour pour un jeune noble entretenu par elle et vivant largement du fruit de ses débauches, avait dénoncé les mystères des bacchanales. En récompense, par un sénatus-consulte, il lui fut donné le droit de sortir de sa *gens,* de se marier en dehors d'elle (« diminutio gentis, enupsio »). d'épouser un ingénu (son amant sans doute), sans qu'il en résultât pour celui-ci la moindre atteinte de préjudice ou d'ignominie (« neu quid ei, ob id, fraudi ignominiæve esset »). On insiste sur ce que c'était une affranchie rattachée à une *gens*; mais on oublie que c'était une femme qui, prostituée étant esclave, ayant sans doute payé son affranchissement au moyen des gains de la prostitution, avait continué à exercer son métier infâme une fois étant libre : Tite-Live le dit formellement. Il y avait bien là de quoi, si le sénat n'était intervenu, causer à celui qui l'épouserait ignominie et préjudice en le faisant taxer d'infamie et abaisser de classe par le censeur.

En résumé, la loi des Douze Tables fut pour les affranchis ce qu'elle fut pour la plèbe ; et, tant que la plèbe resta toute-puissante, les affranchis ne furent pas atteints dans leurs droits, au moins en principe.

En fait, il arriva bientôt qu'un grand nombre d'entre eux ne jouirent plus qu'en partie des avantages de la liberté qu'on leur accordait. Ceux-là étaient tenus envers leurs anciens maîtres par les lois religieuses, auxquelles les décemvirs n'avaient pas touché. En effet, le maître, par exemple le dur plébéien, âpre au lucre à la manière de Caton, que rien après tout ne forçait à affranchir jamais un esclave, ne lui conférait bénévolement ce bienfait qu'à des conditions acceptées, sous serment, d'avance, et parfois des plus onéreuses par les services productifs (au début même, avant que le préteur ne s'en mêlât, par les redevances soit en argent, soit en nature), qu'elles imposaient à l'affranchi pour toute la durée de sa vie. L'esclave jurait avant l'accomplissement des formalités solennelles, puis, après celles-ci, il renouvelait, en tant que Romain, dans les mêmes termes, ce serment qui l'obligeait à peine de parjure, dont les pontifes auraient été juges. Plus tard, on n'eut plus à s'adresser aux pontifes, lorsque le préteur eut promis dans son édit une action civile aux patrons dont les affranchis auraient, une fois libres, juré qu'ils accompliraient tels ou tels services; pourvu, du moins, que ces services ne leur eussent pas été imposés dans le seul but de les laisser à la merci de leur ancien maître, afin qu'il pesât sur leurs actes, même politiques, pré-

6

ι « J'ai suivi mon maître sur ses pas dans la région du nord
et du midi, comme il le voulut. J'étais en compagnon de ses

tendus libres « onerandæ libertatis causâ » cas dans lequel le préteur déclarait que le serment prononcé était nul. On donnait donc au serment les effets
d'une stipulation régulière. Mais, judiriquement, tous les serments prêtés
durant l'esclavage étaient sans valeur, et si les affranchis, une fois libérés, par
la vindicte, par exemple, se refusaient à jurer dans les mêmes termes, il n'y
avait aucun moyen de les y contraindre. Plusieurs le firent, et Cicéron raconte
que le préteur Drusus, indigné de cette mauvaise foi de la part d'un de ses
esclaves qu'il avait lui-même, en qualité de magistrat, mis en liberté par la
vindicte, n'hésita pas à déclarer que la cérémonie n'avait pas été faite selon
la loi, afin que cet homme rentrât en esclavage pour vice de forme prétendu
dans ce mode d'affranchissement. Ainsi du temps du préteur Drusus, comme
en l'an 703 de Rome, au mois de décembre, alors que Cicéron, invoquant
cet exemple dans une lettre à Atticus, se déclarait prêt à le suivre à l'égard
de deux de ses affranchis qui se montraient ingrats, la liberté ne pouvait
encore être conférée que par un des modes solennels. Seulement alors les
testaments, écrits, se validaient par mancipation, c'est-à-dire par vente fictive, et on n'assemblait plus le peuple deux fois par an pour les entendre
prononcer. Mais ce qu'y ordonnait le testateur avait toujours force de loi,
selon ces termes du code des Douze Tables : « uti legassit... ita lex esto. »
On avait aussi pris l'habitude de simplifier les formes de la vindicte en n'y
faisant plus intervenir pour engager le procès fictif un *assertor* revendiquant
la liberté pour cet esclave. Mais c'était s'écarter des termes de la loi, et
Cicéron le fait bien voir dans le passage déjà cité : « Itaque usurpavi vetus
illud Drusi, ut ferunt, prætoris in eo qui eadem liber non juraret, me istos
liberos non addixisse, præsertim quum esset nemo, a quo recte vindiceren-
tur. »
  En ce qui touche les affranchissements, la situation n'avait pas changé six
ans plus tard, à la fin de juillet de l'an de Rome 709, lorsque Cicéron écrivit
ses *Topiques* à l'âge de soixante-trois ans, avec l'autorité et le sérieux d'un
homme au comble de la gloire.
  L'illustre vieillard, en effet, voulant exposer ce qu'était une démonstration
convaincante par énumération, et ne devant, bien entendu, avoir en vue
qu'une énumération absolument complète qui ne pût donner prise à aucune
objection par l'oubli d'un ou plusieurs termes, a choisi l'exemple suivant :
« Si neque censu, neque vindictà, nec testamento liber factus est, non est
liber : neque est ulla earum rerum ; non est igitur liber. » Il n'y avait donc
alors pas eu d'innovation à ce sujet depuis la loi des Douze Tables : en dehors des modes solennels, un esclave ne pouvait pas encore cesser de l'être.
  Comment admettre après cela pour la loi Junia Norbana, qui proclamait
la liberté des esclaves qu'on affranchissait sans l'emploi d'aucun de ces
modes, une des dates qu'on a proposées, celle de l'an de Rome 670 ou 671,
qui rendrait cette loi antérieure de trente-deux ou trente-trois ans à la lettre
de Cicéron à Atticus citée plus haut, et de trente-huit ou trente-neuf ans à la
rédaction de ce passage des *Topiques*? En réalité, au lieu de l'attribuer à
C. Junius Norbanus, qui était consul à cette date conjointement avec L. Cor-
nelius Scipio Asiaticus, il faut, conformément à l'opinion de Godefroy, la
reporter au consulat de M. Junius Silanus et de T. Norbanus Flaccus. Cela

pieds et j'étais présent lorsqu'il manifestait sa force et sa valeur, le cœur intrépide.

ne peut faire l'ombre d'un doute, car il n'existe pas, à notre connaissance,
une seule loi romaine à double nom qui ait reçu ce double nom d'un seul et
même personnage. Les lois romaines sont désignées généralement d'après
leur auteur ou leurs auteurs; c'est-à-dire qu'étant présentées conjointement
par deux magistrats, elles peuvent perpétuer le souvenir de cette collabora-
tion. Vers la fin du règne d'Auguste et au commencement du règne de
Tibère, toutes les lois ont un double nom formé d'après les noms des deux
consuls en exercice quand on les promulguait. Peu importait d'ailleurs que
ces consuls fussent simplement *suffecti*. Ils pouvaient également servir pour
le classement d'actes législatifs émanés tous en réalité de l'empereur et votés
par le peuple, en attendant qu'on supprimât un vote populaire désormais sans
portée. Les lois Furia Caninia, de la 42e année du règne d'Auguste, Ælia
Sentia, de sa 47e année, Pappia Poppea, de sa 54e année, Junia Norbana, de
la 5e année de Tibère, rentrent dans une série qui paraît être la dernière des
lois romaines proprement dites.

Dans toutes, soit principalement, soit accessoirement, il est question des
affranchis; mais sous Auguste ce n'est point pour des motifs de bienveillance.

La pensée d'Auguste se trouve indiquée antérieurement à ces lois dans un
ouvrage qu'on peut considérer comme officieux, sinon officiel, les *Antiquités
romaines* de Denys d'Halicarnasse. Aussitôt après la défaite d'Antoine, l'empereur avait fait venir à Rome un compatriote d'Hérodote et l'avait chargé
d'une mission de haute importance. En effet, durant les guerres civiles les
Romains avaient accumulé dans le monde entier plus de ruines, ils avaient
plus détruit en Grèce que n'aurait pu le faire aucun des peuples réputés barbares : il faut lire dans la belle Histoire de M. Duruy le tableau de ces dévas-
tations et de ces misères. Or, il s'agissait de prouver aux Grecs que les
Romains n'étaient pas des barbares ne connaissant que la force brutale. Il
fallait opérer un rapprochement intime entre les peuples les plus policés et
ce qui restait de Romains après les massacres et les proscriptions. Il fallait
élever très haut dans l'esprit de tous les vieilles traditions qu'Auguste voulait faire renaître pour s'appuyer sur elles dans ses plans de reconstitution
et de renovation. Il fallait autant que possible faire entrevoir dans les institutions du nouvel empire l'image et le reflet d'un passé glorieux, le rétablis-
sement des anciens principes dans les limites où le permettait le malheur des
temps. En apparence ce n'est qu'un livre d'histoire ancienne, écrit patiemment pendant vingt-deux ans de séjour dans l'entourage du nouveau maître.
Mais toutes les réformes d'Auguste s'y trouvent incidemment prévues et jus-
tifiées pour ainsi dire, par une sorte d'exposé des motifs anticipé.

C'est à propos de Servius Tullius, représenté par une légende comme étant
lui-même un affranchi et qu'il avait choisi d'après cette donnée pour lui attribuer l'assimilation des affranchis aux citoyens (car d'après son système
toutes les institutions doivent être royales dans le passé, comme elles seront
impériales dans le présent et l'avenir), que Denys d'Halicarnasse soulève et
discute assez longuement la question des affranchissements, dans leurs modes,
et dans leurs effets anciens et actuels.

Il ne reconnaît encore qu'un seul genre d'affranchis, qui deviennent
citoyens romains au moment de la manumission. C'était rigoureusement
exact pour l'époque où il écrivait.

« Je fis des prises dans le pays de Nekeba. J'en ramenai trois Amou prisonniers vivants.

Il parle des maîtres qui par testament peuvent affranchir, s'ils le veulent, par ostentation, la totalité de leurs esclaves quelque indignes qu'ils puissent être, des gens flétris pour vols, pour pillages à main armée, pour prostitution, des empoisonneurs, des homicides, des sacrilèges, etc. Il représente le pouvoir du Romain, soit d'origine, soit de fortune, comme n'étant entravé par rien quand il lui convient d'introduire la lie de sa maison dans la cité romaine. A ce moment c'était très vrai. La première des lois en question, la loi Furia Caninia, qui limita le nombre des affranchissements testamentaires, fut postérieure de six ans.

Il voudrait qu'un conseil tenu par des magistrats supérieurs, par les censeurs ou mieux par les consuls, jugeât la cause des affranchis, refusant le droit de cité à ceux qui en seraient indignes et écartant à jamais de Rome ceux qui auraient commis quelque crime. La loi Ælia Sentia réalisa ce vœu onze ans après qu'il fut formulé. Nous verrons qu'elle créa la classe des *deditices*, classe d'affranchis frappés de flétrissures à qui il était interdit d'approcher de Rome à une distance de moins de cent milles : nous verrons aussi qu'elle ébaucha l'organisation d'une autre classe intermédiaire, à qui la loi Junia Norbana donna l'existence légale avec le nom de Latins Juniens.

Ce serait nous écarter de notre sujet actuel que de montrer comment Denys d'Halycarnasse prévit également les lois de morale, relatives au mariage, telles que la loi Pappia Poppea.

Cette loi Pappia Poppea, si favorable à ceux qui se marient et engendrent des enfants légitimes, appelle le patron à partager en tant qu'héritier réservataire avec les enfants de l'affranchi dans les biens de ce dernier, quand il laisse plus de cent mille sesterces et moins de trois enfants nés de lui en légitime mariage. C'était aller loin dans la réaction contre le code des décemvirs qui avait donné, sans exception, à l'affranchi tous les privilèges, tous les droits attachés au titre de citoyen romain. Sous le régime des Douze Tables, l'affranchi, comme un ingénu, en testant, faisait la loi sur son héritage; et, en outre, à défaut de liens légaux du sang en ligne ascendante ou collatérale, refusés à un ancien esclave, il pouvait, soit par l'adoption, soit par le mariage en recevant sa femme *in manu*, se créer des héritiers siens qui, *ab intestat*, excluaient tout autre. Le patron, ses enfants et descendants, et à leur défaut ses *gentiles*, n'étaient appelés qu'en dernier lieu à l'héritage de l'affranchi, par l'espèce de parenté unilatérale, pour ainsi dire, et de second ordre, résultant de ce que le patron l'avait introduit dans la cité en lui conférant le nom de la *gens*; ils se trouvaient exclus aussi bien par sa femme, par l'enfant adopté par lui que par ses enfants légitimes et surtout par un testament où sa volonté faisait loi. Mais déjà antérieurement à la loi Pappia Poppea, quand le titre de citoyen romain fût devenu l'objet des désirs de tous les peuples soumis par Rome, quand l'exemple des cités grecques qui, pour la plupart, à l'instar d'Athènes ne s'ouvraient pas pour les anciens esclaves par l'affranchissement, eût fait ressortir par le contraste et paraître excessive la libéralité de la loi des Douze Tables, on en était venu à considérer cette égalité établie entre l'ingénu et l'affranchi, cette indépendance absolue de celui-ci dans la transmission de sa fortune, comme une « iniquité du droit » : ce sont les termes de Gaïus. Le préteur donc, par son édit,

« Lorsque Sa Majesté arriva en Mésopotamie, j'amenai les hommes que j'avais pris là et les plaçai devant Sa Majesté comme prisonniers vivants.

avait changé ce point de droit, de même qu'il avait donné une valeur légale à la promesse des services envers le patron. Désormais, en l'absence d'enfants légitimes, le patron prit la moitié des biens de l'affranchi, contre son testament, et malgré la présence d'un enfant adoptif ou d'une femme *in manu*. Mais l'existence d'un enfant légitime suffisait encore pour l'exclure, jusqu'à la loi Pappia Poppæa.

Cette loi, destinée principalement à encourager la procréation et punir ce que, actuellement, on nommerait le Malthusianisme, se montre d'ailleurs plus exigeante envers les affranchies qu'envers les ingénues pour les privilèges attachés à la fécondité. On dirait que le législateur, qui pousse par tous les moyens au repeuplement de l'empire, forcé par la logique des choses à récompenser le mariage, la paternité légitime, la fécondité chez les affranchis comme chez les autres citoyens, ne s'y résigne qu'à regret. Il exempte, il est vrai, des services qu'ils auraient jurés au patron ceux d'entre eux qui auraient deux enfants en puissance, les ayant procréés dans une union légale; mais encore fait-il des réserves sur les faits et gestes de ces enfants.

Ce n'est évidemment pas là le genre de citoyens romains qu'il voudrait voir pulluler partout. Aussi met-il les affranchies, avec les prostituées, au nombre des personnes que ne pourra pas épouser valablement un sénateur ou un descendant de sénateur jusqu'à la troisième génération. Si le mari d'une affranchie devient sénateur, son union sera aussitôt rompue par ce fait. Ainsi se trouvait constituée une sorte de noblesse impériale, héréditaire jusqu'à un certain point; une caste de citoyens placés au-dessus des autres citoyens et séparés par un abîme des affranchis, relégués très bas dans une dernière division. Quiconque n'était pas sénateur ou descendant de sénateur, pouvait épouser une affranchie, d'après la loi Páppia Poppæa : mais à la condition expresse que le patron de cette affranchie ne l'eût pas épousée lui-même ou qu'il consentît au divorce. Cette loi portait en effet : « divortii faciendi potestas libertæ quæ nupta est patrono ne esto » et cela troubla singulièrement les jurisconsultes qui n'admettaient pas la continuation du mariage après la séparation de fait des époux, et surtout après l'abandon du domicile conjugal par la femme qui se séparait. On allait d'abord jusqu'à en conclure que le patron devait pouvoir contraindre son affranchie à l'épouser et à demeurer avec lui. Mais Capiton, qui fut consul en l'an de Rome 775, c'est-à-dire l'année qui suivit la promulgation de la loi Pappia Poppæa, dans un jugement qu'en cette qualité il rendit en dernier ressort avec l'assistance de son conseil, sur une affaire de ce genre, repoussa cette interprétation, vraiment abusive, de la loi nouvelle. Cependant, malgré cet arrêt (ou, suivant l'expression romaine usitée pour les jugements en dernier ressort, ce *décret*), qui fit désormais jurisprudence, il y eut un cas où l'on crut devoir permettre au patron de faire violence à la volonté de son affranchie et de l'épouser de force, le cas où il serait prouvé qu'il aurait spécialement eu ce but en l'affranchissant. Autrement l'affranchie resta libre de se refuser au mariage proposé par son patron, ou, une fois mariée, de quitter celui-ci. Seulement la loi Pappia Poppæa l'empêchait de pouvoir s'unir à tout autre. Dès lors donc, seule de toutes les Romaines, elle était privée du *connubium* avec quiconque,

« Je fis encore des prises en allant en campagne au pays du plateau d'Ouan, à l'ouest d'Alep.

sans avoir été condamnée pour adultère et sans tomber dans aucune des indignités établies par la même loi ; elle s'en trouvait privée uniquement par le fait que son patron, l'ayant épousée, le voulait ainsi. Tout ceci ne regardait encore que les affranchies ; mais, plus tard, sous les empereurs de la famille de Septime Sévère, on condamnait aux travaux forcés les affranchis qui avaient épousé soit leur patronne, soit la veuve, la fille, la petite-fille, l'arrière-petite fille de leur patron. Alors aussi, d'après les mandats impériaux, les affranchis qui se montraient ingrats étaient tantôt fouettés de verges, tantôt exilés, tantôt privés d'une partie de leurs biens, qu'on attribuait à leurs patrons. Souvent même on les faisait rentrer en servitude, comme l'avait ordonné d'une façon générale l'empereur Commode, et déjà une fois exceptionnellement l'empereur Claude. Ainsi se trouva complété l'abaissement des affranchis, si bien commencé sous Auguste, jusqu'à en faire une classe à part, sur laquelle pesaient lourdement les droits du patron, toujours agrandis, et qui ne possédait plus qu'une liberté précaire, classe dans laquelle c'était un crime que d'aspirer aux moindres honneurs, même municipaux.

Je parle ici des affranchis citoyens romains, car nous allons voir que deux lois, que nous devons examiner en les rapprochant sans intermédiaire, parce qu'elles se complètent pour former un tout bien compact, la loi Ælia Sentia, antérieure de sept ans à la loi Pappia Poppæa, et la loi Junia Norbana, qui lui est postérieure de huit ans, avaient créé, au-dessous d'eux, une nouvelle condition légale, intermédiaire entre la leur et l'esclavage.

En fait, il existait déjà quelque chose d'analogue, en ce sens que le préteur s'était mis à intervenir pour maintenir dans une liberté apparente les esclaves que le maître avait déclarés libres sans recourir aux modes solennels d'affranchissement. « Auxilio prætoris in libertatis formâ servari solitos, » dit à leur sujet Gaïus. Il avait paru au préteur qu'il était injuste de n'attribuer à Rome aucun effet au mode d'affranchissement le plus généralement usité en Grèce, et de laisser soumis aux cruautés possibles de l'esclavage ceux que leur maître avait proclamés libres dans un élan de générosité. Par sa protection, ces esclaves se trouvaient donc libres de leurs actions — sans existence légale, sans nom, sans personnalité. — Leurs biens étaient un simple pécule, dont ils pouvaient tirer parti de la même façon que ces autres esclaves, mentionnés plus haut, auxquels leur maître avait confié l'administration d'un pécule, sans les rendre libres pour cela. Ainsi que le remarque l'ancien jurisconsulte dont nous possédons un fragment relatif aux manumissions, ils stipulaient au profit du maître, ils faisaient les actes écrits du droit des gens au profit du maître ; tout ce qu'ils acquéraient, de quelque manière que ce fût, revenait au maître. Quand ils mouraient, le maître prenait tout, par droit de propriété, non par droit d'héritage. Bien que leur ayant accordé la jouissance de la liberté *en usufruit*, pour ainsi dire, il n'en était pas moins resté légalement en possession d'eux, avec le pouvoir de transmettre par testament cette possession à ses héritiers.

La loi Ælia Sentia ne s'occupa pas directement de cette classe d'hommes pour en modifier la situation ; mais elle en accrut l'importance en en rapprochant ceux qui, âgés de moins de trente ans et affranchis par testament, se-

« Je ramenai des Amou prisonniers vivants : hommes,
treize ; ânes vivants, soixante-dix ; bassins de fer, treize ; bassins ornés d'or...

raient devenus jusqu'alors citoyens romains par le fait. Voici comment Ulpien
s'exprime en en parlant : « Testamento vero manumissum perinde haberi jubet
(lex Ælia Sentia) atque si domini voluntate in libertate esset », et comme
un peu plus tard les esclaves devenus libres par la seule volonté du maître
avaient été déclarés latins par une disposition de la loi Junia Norbana, que
l'auteur du fragment sur les manumissions rapporte en ces termes : « Lex
Junia eos latinos fieri jubet quos dominus liberos esse voluit, » Ulpien ajoute :
« ideo que latinus fit. »

Cette phrase d'Ulpien, dans ses deux parties, suit et permet de suivre la
succession des mesures favorables à ces anciens esclaves dont la liberté
résultait, suivant la coutume grecque, d'une simple manifestation de la
volonté de leurs maîtres ; mesures qui aboutirent à leur faire attribuer une
condition vraiment libre, une situation inférieure sans doute à celle des
citoyens, mais honorable dans le monde romain et comparable jusqu'à un
certain point à celle des métèques à Athènes.

Avant la loi Ælia Sentia, la coutume était bien que l'édit des préteurs les
protégeât : mais cet édit pouvait toujours être modifié par un magistrat
entrant en charge. En réduisant à la condition qui leur était faite par les
mœurs et le droit prétorien certains affranchis testamentaires, cette loi eut
la conséquence d'assurer dès lors leur état de liberté, et de lui donner une
base légale, perpétuelle, définitive.

Ce n'est pas tout : ces affranchis testamentaires qu'elle leur assimilait d'ailleurs, elle leur accordait d'une autre part des privilèges qui devaient sembler
peu compatibles avec l'idée d'un homme resté toujours esclave, maintenu
par simple tolérance dans une apparence de liberté sans constituer une
personne aux yeux de la loi : 1º la possibilité de parvenir un jour à la cité
romaine sans que le maître s'en mêlât et même malgré lui ; 2º la faculté,
pour atteindre ce but, de contracter, même avec une Romaine, une union
légale pouvant aboutir à leur faire avoir sur leurs enfants la puissance quiritaire du *pater familias*. Ainsi, comme le remarque Gaïus, il paraissait que
le *connubium*, ce droit au mariage valable avec les Romains, refusé à la
plupart des sujets de l'empire, concédé parcimonieusement, à titre de faveur
exceptionnelle, à quelques peuples, soit pérégrins, soit surtout latins, était
nettement attribué par cette loi à ceux qu'elle classait néanmoins à côté
des anciens esclaves dont la situation, mal définie, établie d'abord par l'imitation de mœurs étrangères, n'avait pas même de dénomination.

De là à donner aux uns et aux autres le titre d'hommes libres et celui de
latins, il n'y avait qu'un pas, pas bientôt franchi par la loi Junia Norbana.

Avant d'en venir à cette phase de leur histoire, voyons comment l'auteur
de la loi Ælia Sentia s'était trouvé naturellement conduit à faire de si grands
avantages exclusivement à ceux qui s'étaient trouvés *manumissi testamento*
avant d'atteindre l'âge de trente ans.

Son but principal avait été de limiter encore les abus du droit d'affranchir
et de fermer l'accès de la cité romaine à une partie de ceux qui n'en étaient
pas dignes. A cet effet, à titre d'abus, il avait interdit les affranchissements
faits en fraude des créanciers ; puis ordonné que les esclaves qui auraient

« Je fis de nouveau des prises en allant en campagne dans le pays de Karkemish (Circesium).

subi quelque punition méritée, qui auraient été convaincus de crimes dans une enquête, etc., au lieu de devenir citoyens romains par l'affranchissement, fussent assimilés à la dernière classe des pérégrins (à ceux qu'on nommait *deditices*, parce que, somnis de vive force, ils avaient fini par se livrer à la merci du vainqueur). En outre, il avait annulé tous les affranchissements qui pourraient être faits par un maître trop jeune, ayant moins de vingt ans, à moins que preuve eût été faite devant le *consilium* de l'existence d'une des causes, limitativement déterminées, pouvant motiver une exception. Enfin, sauf dans ces mêmes cas prouvés de même devant le conseil, la loi voulait que l'esclave eût trente ans, afin qu'il eût eu le temps de faire ses preuves de bonne conduite et pour éviter les affranchissements prématurés, par passion ou entraînement. Si donc, malgré cette règle, on faisait affranchir par la vindicte ou par le cens un esclave de moins de trente ans, de l'un ou de l'autre sexe, ce ne pouvait être que par fraude et en trompant un magistrat. Cet acte frauduleux restait sans effet, non avenu, absolument nul. Au contraire celui qui teste peut ignorer l'époque où il mourra et espérer vivre assez longtemps pour que l'esclave, bien méritant, qu'il veut affranchir, ait atteint l'âge ; c'est sans intention de frauder la loi, en considérant l'avenir, non le présent, qu'il songe à le mettre à l'abri des caprices d'un autre maître. Voilà pourquoi le législateur pensa que cette volonté, très légitime, devait avoir un résultat définitif, bien qu'incomplet d'abord. Cet esclave donc, auquel manquait l'âge légal, fut maintenu *in libertate* comme celui auquel avaient manqué les formes légales de l'affranchissement.

Mais ce n'était pas suffisant pour le mettre en fait dans une situation aussi favorable, pour qu'il pût se flatter d'avoir les mêmes chances dans l'avenir. En effet, tandis que ce dernier pouvait espérer que son maître, en accomplissant quelque jour les formes légales à son profit, compléterait son premier bienfait et en ferait un citoyen : au contraire, celui qui vivait en liberté d'après le testament d'un maître décédé n'aurait sans doute rien de pareil à attendre des héritiers. Fallait-il que la cité lui devînt fermée à jamais parce que son maître était mort peut-être quelques jours trop tôt ? Auguste évita cette iniquité par une nouvelle application de la pensée fondamentale qui avait inspiré déjà une grande partie de ses lois. Il se décida à encourager, chez ces hommes aussi, la paternité dans un mariage légitime. Ils reçurent le droit de s'unir légalement à une Romaine ou à une femme de leur condition, en faisant, devant un certain nombre de témoins, la déclaration que c'était *procreandorum liberorum causâ* : cette même déclaration que, sous le régime de la loi des Douze Tables, le citoyen avait à faire devant le censeur dressant ses listes relativement à la femme épousée sans confarréation. Ils reçurent le droit, lorsqu'ils auraient un enfant d'un an, d'aller trouver le magistrat, afin de devenir citoyens, chefs de famille et pères à la romaine, la preuve étant faite.

Ce double droit, qui n'appartenait d'abord qu'à eux, d'après la loi Ælia Sentia, fut étendu, quinze ans plus tard, par la loi Junia Norbana, à une autre catégorie des anciens esclaves *in libertate*, individus qui prirent tous, d'après elle, le titre de latins juniens.

La loi Junia Norbana fut rendue sous Tibère, qui devait se montrer bien

« Je ramenai des Amou prisonniers vivants.

« Je traversai l'eau de Mésopotamie (l'Euphrate), les tenant dans ma main.

disposé pour les affranchis en général, car il descendait des Claudius. Or un Claudius, le décemvir, le principal auteur de la loi des Douze Tables, les avait pleinement assimilés aux ingénus ; un autre Claudius, le censeur, en les distribuant dans toutes les tribus, leur avait donné la majorité dans les comices. Ce même Claudius avait inscrit des enfants d'affranchis au nombre des sénateurs, il avait pris pour secrétaire un fils d'affranchi, et en le laissant publier la liste des fastes et le formulaire des actions dont jusqu'alors les patriciens s'étaient réservé la connaissance, il lui avait ouvert la voie vers de hautes dignités.

Il semblait que les chefs de cette *gens* sabine, la dernière reçue en son entier et comme une nation dans la cité et dans la noblesse romaines, ces hommes d'un caractère étrange, si ambitieux, si absolus, si méprisants, si durs pour leurs concitoyens et parfois pourtant si populaires, ne faisaient aucune différence entre les descendants d'esclaves et les Romains d'une autre origine. Aussi Tibère n'hésita-t-il pas à emprunter aux latins *colonarii*, c'est-à-dire à d'anciens Romains, qui pour devenir propriétaires dans une colonie, faisant l'abandon de leur droit de cité, avaient accepté d'être simplement les égaux des peuples latins alliés à Rome, le modèle de la condition qu'auraient désormais les anciens esclaves maintenus *in libertate*.

En qualité de latins, ils étaient vraiment libres, ils avaient une personnalité civile, le *commercium*, le droit de stipuler, de manciper en leur propre nom, ils pouvaient recevoir des fidéicommis à cette époque où les autres latins et les pérégrins le pouvaient encore.

La loi Junia Norbana fit plus. Elle permit aux maîtres de créer des latins juniens âgés de moins de trente ans en les rendant libres *inter amicos* après avoir prouvé devant le conseil qu'ils se trouvaient bien dans les cas déjà fixés par la loi Ælia Sentia pour les affranchissements faits par la vindicte ou par le cens avant cet âge. En outre, reprenant également pour les appliquer à tous les Latins de moins de trente ans, sans distinction, les termes de la loi Ælia Sentia relatifs à l'union légale et aux moyens de parvenir à la cité, elle y ajouta le droit de recueillir des legs et des hérédités directes en vertu d'un testament antérieur, quand, dans l'intervalle entre la confection de ce testament et le moment de se présenter pour recevoir ces hérédités et ces legs, le latin junien serait devenu citoyen romain par l'accomplissement de ces conditions. C'était là une imitation des lois caducaires relatives aux célibataires ; mais il en résultait que les latins juniens se trouvaient être plus avantagés que les latins ingénus. Ceux-ci, qui n'auraient pu, du reste, devenir citoyens romains par le mariage et la paternité, ne pouvaient jamais figurer valablement en tant qu'héritiers ou légataires directs dans le testament d'un Romain, et la qualité de citoyen acquise dans l'intervalle par une faveur du prince ou de toute autre manière ne leur aurait en conséquence donné aucun titre pour rien recevoir en vertu d'une disposition qui, dès l'origine, était nulle.

La loi Junia n'avait rien innové en ce qui touchait les droits des maîtres sur les biens de leurs anciens esclaves qui décédaient étant restés latins Juniens. Ces biens redevenaient alors un simple pécule, qui était repris par le

« Je les plaçai devant mon royal maître. Alors il me récompensa d'une récompense grande, à savoir...

« Et je vis de nouveau les victoires du roi Ramencheper

maître ou ses héritiers, quels qu'ils fussent, du moins avant que le sénatus-consulte Largien, rendu sous Claude, traitant davantage, à ce point de vue, le maître en patron et le latin en affranchi, eût appelé de préférence les enfants du premier à l'héritage du second. Mais jamais les latins Juniens ne reçurent le droit de tester. Ils mouraient presque en qualité d'esclaves s'ils n'avaient pas rempli les conditions légales pour devenir citoyens romains, ou si, affranchis après l'âge de trente ans, ils n'avaient pas été appelés à les remplir. En effet, en ce qui touchait l'accès vers la cité par le mariage et la paternité légitime, les Latins juniens, quoique portant un seul et même titre, formaient encore deux catégories bien distinctes, suivant leur âge au moment de l'affranchissement. Cet état de choses se maintint pendant près d'un demi-siècle, jusqu'à ce qu'un sénatus-consulte rendu sous le consulat de Pegasius et Pusio (c'est-à-dire sous Vespasien, ainsi que nous l'apprend Justinien lui-même dans ses Institutes) vînt compléter les lois Ælia Sentia et Junia Norbana en en appliquant le bénéfice à tout l'ensemble des Latins juniens.

Depuis lors ces deux lois, avec ce sénatus-consulte, formèrent un tout inséparable pour ainsi dire, comme, parmi les lois caducaires, les lois Julia et Pappia Poppæa ; et on cessa bientôt de les distinguer dans les citations et les commentaires, car dans une série d'actes législatifs se complétant, on reproduisait souvent de l'un à l'autre les termes mêmes des dispositions favorables pour en élargir le cercle d'action.

Par ces lois était constituée, en dessous de celle des affranchis qui étaient citoyens romains en vertu de la loi des Douze Tables, et que l'on rabaissait de plus en plus vers l'esclavage, une nouvelle classe également dérivée de l'esclavage et qui, restant en dehors des rangs des citoyens, occupait la place la plus voisine, comme l'était celle des métèques à Athènes (y compris tous les affranchis athéniens devenus métèques). Et, de même que les affranchis pouvaient invoquer à Athènes le bénéfice des décrets du peuple promettant le droit de cité, en récompense, aux métèques qui feraient telle ou telle action ; de même les Latins Juniens n'eurent pas seulement, pour parvenir à la cité, la voie que leur avaient tracée les lois Ælia Sentia, Julia Norbana et le sénatus-consulte complémentaire. Ils purent en outre se servir de toutes les faveurs qui furent accordées à ce point de vue aux Latins en général. Ils furent donc admis à changer de condition, pour avoir travaillé à l'approvisionnement de Rome par la construction d'un navire d'un certain tonnage qui y avait transporté du blé, à son embellissement par celle d'un édifice, à sa sécurité par un temps de service dans les gardes de ville, etc.

D'ailleurs, au-dessus de tout, se trouvait l'empereur qui, par un caprice de sa volonté, pouvait même effacer la tache d'origine d'un ancien esclave et, maintenant que l'ingénuité comportait certains privilèges, le rendre ingénu. C'était là ce qui fut nommé la *restitutio natalium*.

Nous venons de voir chez les Romains les dérivations de l'esclavage du côté de la liberté, et le mépris croissant qui s'était attaché au titre d'affranchi ou de fils d'affranchi, en même temps qu'on mettait un frein à certains abus du pouvoir du maître sur ses esclaves.

Par le contact des autres peuples, surtout des Grecs, vers la fin de la répu-

(Thouthmès III) vivificateur, au pays de Sentzor. Il fit son bon plaisir parmi eux.

blique et le commencement de l'empire, s'effaçaient de plus en plus les traces de la révolution. plébéienne qui avait eu pour résultat direct la loi des Douze Tables, ce code de transaction si particulier, cette législation formaliste aux traits originaux si nettement accusés, mettant à la place de l'ancienne organisation aristocratique la délégation perpétuelle des pouvoirs absolus du peuple dans chaque maison, riche ou pauvre, noble ou d'origine servile, à un seul homme, le *pater familias*.

Après les décemvirs, le *pater familias* était le souverain maître, non seulement de ceux qu'il possédait à titre d'esclaves, mais de ceux qu'il possédait à titre d'enfants, par exemple de sa femme qu'il avait reçue *in manu*. Il avait sur eux tous le droit de correction sans limite, le droit de jugement sans appel, le droit de vie et de mort, et il avait presque des pouvoirs aussi étendus sur l'ingénu fils de famille qu'un autre *pater familias* lui cédait noxalement, pour un délit, et même sur ceux qu'il lui livrait en gage, à l'occasion d'une créance.

Les créanciers étant généralement des riches, ce fut d'abord en leur personne qu'on commença à limiter les pouvoirs absolus du *pater familias*, et cela à la suite d'un mouvement populaire, moins d'un siècle après la loi des Douze Tables. Puis on l'affaiblit de plus en plus sur tout ce qui n'était pas soit enfant, soit esclave; le *mancipium* et la *manus* sur les ingénus de quelque autre famille et sur l'épouse ne furent bientôt plus qu'un mot. Enfin, sous l'empire, on limita pareillement les pouvoirs du chef en tant que père et en tant que maître, s'écartant progressivement du droit quiritaire des Douze Tables pour se rapprocher du droit des gens. Mais en même temps on introduisit une nouvelle classe d'hommes libres qui vivaient momentanément en esclaves, celle des *redempti*.

C'était encore là une imitation du droit grec. A Athènes, par exemple, ainsi que le montrent notamment plusieurs plaidoyers de Lysias, l'homme libre, le citoyen qui avait été enlevé par des ennemis ou par des pirates, si un Athénien, l'ayant racheté, le ramenait dans sa patrie, devait lui rembourser sa rançon; faute de quoi, il le servait comme esclave et était soumis à ses ordres, exposé à tous ses caprices, jusqu'à ce qu'il pût le désintéresser entièrement. Au contraire, à Rome, sous le régime de la loi des Douze Tables, un citoyen devenu captif à l'étranger, racheté ou non, dès l'instant où il rentrait dans sa patrie, reprenait tous les avantages de sa première condition et la jouissance de tous ses droits. Toute obligation contractée par lui en tant que captif était nulle. Mais, sous les empereurs, on jugea qu'il valait encore mieux rentrer dans sa patrie grâce à l'argent d'un concitoyen, sauf à le servir jusqu'au moment où on se serait procuré la somme à rembourser, que de ne pas être racheté et de mourir chez les barbares. On préféra donc, dans l'intérêt bien entendu des captifs eux-mêmes, ne pas s'attacher à la rigueur des vieux principes et emprunter aux Grecs ce qui était relatif aux garanties de la rançon.

On leur fit bien d'autres emprunts, dont l'énumération nous conduirait trop loin, même sans que nous sortions de l'étude de la condition des personnes et des divers intermédiaires entre l'esclavage et la liberté.

Nous devons également renoncer aujourd'hui à rechercher quels avaient

« Je fis des prises devant Sa Majesté.

« J'en rapportai une main.

« Il me donna l'or des récompenses : à savoir deux anneaux d'or et d'argent.

« Et je vis de nouveau ses victoires, j'étais de sa suite à la prise de Kodesch ; je ne m'écartai pas du lieu où il était.

« Je ramenai deux Marinas en prisonniers vivants, devant le roi, seigneur des deux mondes, Thouthmès, vivant éternellement.

« Il me donna l'or pour la vaillance, en présence de tous, à savoir : le lion d'or affiné, deux colliers shébi, deux casques et quatre anneaux...

« Je vis encore sa victoire dans le pays de Takhis...

« J'y fis des prières devant le roi, je ramenai trois femmes Amou prisonnières vivantes.

« Alors mon royal maître me donna l'or des récompenses à savoir :

« Deux colliers shebi d'or,

« Quatre bracelets,

« Deux casques,

« Le lion,

« Et un esclave. »

Un esclave d'entre les prisonniers faits par Amenemheb : telle est donc la principale des récompenses qui lui sont accordées, et cela non pas, cette fois, pour un fait de guerre bien remarquable, mais pour une victoire remportée sur trois femmes, je

été sur les mœurs grecques, relativement à la situation et au traitement des esclaves, l'influence des lois et des mœurs des autres peuples de l'Orient. Bornons-nous à dire que cette influence nous a paru incontestable, du moins à Athènes, car, en ce qui touche l'esclavage, les différences étaient grandes, entre Athéniens et Spartiates, par exemple, comme M. Wallon l'a si bien montré.

Il y avait entre autres, chez les Spartiates, et en général chez les Doriens, toute une catégorie d'esclaves, qui étaient les anciens propriétaires du sol conquis et qui, pour leurs vainqueurs, faisaient tout, moins la guerre. C'est ainsi que parmi des fourmis il y a des races guerrières qui réduisent en esclavage les autres fourmis, dont elles envahissent les fourmilières et qu'elles font travailler pour elles. Dans notre jeunesse, nous avons souvent été frappés de ce spectacle.

me trompe, pour trois femmes apportées au sérail du Pharaon. Voilà bien, messieurs, l'esclavage dans son essence même. Et ce que nous voyons pour un particulier, qui devait être plus tard nommé capitaine, nous le voyons pour les chefs les plus puissants, pour les rois les plus illustres. Leurs campagnes n'ont souvent pas d'autre mobile : faire razzia d'esclaves et de butin, réduire en servitude quelques malheureux ou même des nations entières.

En effet, messieurs, qu'il y ait eu des nations esclaves en Égypte, cela ne fait pas l'ombre d'un doute. Les monuments égyptiens en témoignent, aussi bien que la Bible. Qu'on admette ou non l'assimilation proposée par M. Chabas entre les Aperiu et les Hébreux, toujours est-il que les barbares Aperiu et une multitude d'autres peuples vaincus étaient, du temps de Ramsès II, employés à des travaux publics, dans des conditions identiques à celles que nous décrit l'Exode, et escortés de troupes (1), ou Madjau chargés de les faire travailler (2) et au besoin de contenir leurs révoltes.

Ces révoltes des peuples soumis étaient fréquentes. On connaît les efforts qu'il fallut aux Pharaons pour réduire les pasteurs d'Avaris, un instant maîtres de l'Égypte. Les papyrus hiératiques traduits par M. Chabas mentionnent souvent des faits analogues pour des populations ainsi confinées.

---

1. Voir dans le travail de M. Chabas intitulé les *Hébreux en Egypte* (*Mélanges*, 1re série, p. 49, les deux documents suivants : le premier est adressé par le scribe Kauisar au scribe Bek-en Ptah : « Pour la satisfaction de mon maître, j'ai obéi au mandat que m'a donné mon maître en disant : Délivre la nourriture aux soldats ainsi qu'aux Aperiu qui chargent la pierre pour le grand Bekhen du roi Ramsès Meri Amen, ami de la justice, lesquels sont confiés au chef des Madjaï Ameneman. Je leur donne la nourriture chaque mois, selon les instructions excellentes que m'a données mon maître. » Le second par le scribe Keniamen à un général de Ramsès II nommé le Kadjena Hui : « J'ai obéi au mandat que m'a donné mon maître en disant : Donne la nourriture aux soldats ainsi qu'aux Aperiu qui charrient la pierre pour le Soleil du Soleil Ramsès Meri Amen, au sud de Memphis. »

2. M. Chabas croit que le Bekhen de Ramsès à la construction duquel étaient employés les Hébreux n'est autre chose que la ville de Ramsès (sur laquelle M. Chabas donne aussi de nombreux détails dans ses *Mélanges*, 2e série, p. 132-151), ville à laquelle les juifs travaillaient selon l'Exode. M. Maspero a combattu cette hypothèse.

Je citerai (1), par exemple, les révoltes des gens qui travaillaient dans le *Xer* et qui, à plusieurs reprises, forcèrent les portes de l'enceinte où ils étaient renfermés et se firent livrer les provisions dont ils avaient besoin. Quant aux innombrables représentations ou récits nous montrant les prisonniers étrangers arrivant en foule près du roi-soleil de la double région, et enregistrés avec leurs familles dans son domaine sacré, à la suite des guerres, ou simplement comme tribut, ils sont trop connus pour que je m'y appesantisse; qu'il me suffise de dire que, sous ce rapport, les renseignements de l'Exode et ceux des documents originaux et contemporains sont tellement parallèles qu'on peut se servir avec une égale confiance des uns et des autres pour tout ce qui concerne les mœurs publiques du temps des Ramessides et l'état des nations réduites en esclavage par les Pharaons.

Mais cet esclavage était bien moins dur que chez la plupart des nations antiques de l'époque classique pour le droit. Il ressemblait plutôt beaucoup au servage. Il laissait subsister les liens conjugaux et paternels, ainsi que le dit la Bible et que le prouvent les représentations de Thèbes auxquelles nous faisions allusion tout à l'heure et dans lesquelles les captifs, remis au scribe de la comptabilité pour les travaux à accomplir, sont accompagnés par leurs femmes de même race et par leurs enfants (2). C'était d'ailleurs, nous le montrerons, la condition commune de l'esclavage en Égypte. Dans nos contrats démotiques l'esclave se donne ou est vendu avec sa femme, ses enfants et les enfants qu'il engendrera. L'esclave des Égyptiens, comme celui des Juifs, n'est donc pas seulement une chose, mais un homme.

Aussi, quand il est en faute, est-il livré à la justice et enfermé

---

1. Voir notamment aussi le bas-relief de Qurna représentant des prisonniers de guerre ramenés par Thoutmès III et employés à des travaux de construction avec cette légende : « Prisonniers amenés par S. M. pour la construction du temple de son père Amon. » (Brugsch, *Hist. d'Égypte*, p. 108; Chabas, *Mélanges*, 2e série, p. 117 et suiv.)

2. Wilkinson (*Manners...* 2e édition, t. I, p. 272) en a déjà fait la remarque.

dans les prisons publiques. Voilà le traitement que Petipra (ou Putiphar) fait subir à son esclave Joseph dont il croyait avoir gravement à se plaindre. Encore ici les papyrus égyptiens viennent confirmer expressément les indications de la Genèse. Nous y voyons même toutes les démarches qu'il fallait faire près de l'administration pour des esclaves échappés et comment on agitait la question de savoir s'il fallait les déférer au juge, ou les renvoyer directement à leur travail (1).

1. Voici la traduction donnée par M. Chabas et soigneusement revue par lui sur son exemplaire pour une des pièces de ce genre (*Mélanges*, II, p. 5) : « Mon maître m'a ordonné d'aller pour chercher six esclaves du prince Atef Amen qui sont au bourg de Sutennen ; alors j'ai fait parler leurs compagnons et j'ai chargé le voiturier Neferho de les conduire. Puis je me suis rendu à Sutennen et j'y ai trouvé Piai, esclave du chef militaire... ainsi que Kenhikhopeschef, esclave du prince Atef Amen ; ils amenèrent avec eux six hommes pris dans l'atelier du fils de l'intendant du trésor royal ; ils sont revenus pour prendre les autres, et j'envoie pour informer mon maître, en l'invitant à envoyer devant le juge ceux qui doivent y être amenés, avec les hommes également. Les esclaves ont été contrôlés à Memphis. Tu pourvoiras à ceux qui dépendent de Merhotepu, fils du chef militaire. Ils ne seront pas déférés (au tribunal) à cause de ce que lui a dit mon maître : qu'ils soient renvoyés à leur travail. » Un autre document également publié par M. Chabas (*Mél.*, 3e série, t. I, p. 232) est ainsi conçu : « J'ai fait informer relativement au Syrien d'Hermopolis, au sujet de qui tu m'as mandé. Je l'ai trouvé : et il avait été placé comme cultivateur à Hermopolis, sous ton autorité, en l'an III, le 10 de paoni. J'ai fait venir le préposé de la chancellerie pour qu'il me fît connaître son nom syrien : Nekati, fils de Salrats ; sa mère Kati du pays d'Aratou ; esclave du conducteur de navires de ce lieu sur le navire du capitaine de vaisseau Kanour. Son détecteur parla au chef des lieutenants des troupes Shaemap, de la brigade royale, afin de le prendre et de le faire ramener. J'allai auprès du supérieur des troupes Shaemap de la brigade de Sa Majesté. Il fit la sourde oreille avec moi et il me dit : Pas de discours ! parle au gouverneur Merisekhet, pour le prendre et le faire ramener.

« J'allai chez ce gouverneur Merisekhet : il fit la sourde oreille, ainsi que ses scribes, en disant : Nous n'avons rien à y voir.

« Je poursuis le chef des mariniers à Hermopolis la Grande en lui disant : Que le cultivateur syrien d'Hermopolis que tu as pris soit livré à son prophète. Je parlerai contradictoirement avec lui aux grandes assises.

« Pareillement j'ai écouté l'affaire du prophète de Thot au sujet de qui tu m'as mandé : il ne m'a pas rendu Hopet ; je le fais suivre ; aussi ne t'en inquiète pas ; il est bon que tu me le fasses rendre : je le fais suivre.

« De même ne t'inquiète pas des dispositions pour les grains. J'ai fait informer sur ce point : j'ai trouvé trois hommes et un chef de corvée, ensemble quatre personnes faisant 800 mesures. J'ai parlé aux teneurs de livres et au chef du grenier et leur ai dit : Emmenez les trois cultivateurs du prophète pour travailler cette année. Ils me dirent : Nous le ferons ; nous aurons soin ;

Ce n'est pas tout encore. Non seulement un esclave était simplement déféré au juge au lieu d'être puni par son maître, fait inouï dans l'histoire de l'esclavage antique, mais il était, selon les papyrus, inscrit sur les registres de l'état civil, avec l'homme libre, et, s'il avait de trop grands griefs contre son maître, il entamait à son tour une action semi-judiciaire, non pas, il est vrai, devant la juridiction ordinaire, mais devant celle des dieux ou des prêtres les représentant.

Hérodote (II, 113) nous raconte que de son temps les esclaves avaient le droit de se réfugier en pareil cas dans le temple de Canope et qu'ils recevaient la marque du dieu, dont ils devenaient par le fait les hiérodules en cessant d'appartenir à leurs maîtres particuliers. Evidemment un tel changement d'état se faisait après une instruction sommaire. Un papyrus démotique ptolémaïque de Londres nous montre en effet que telle était la marche à suivre et que le plaignant devait, pour introduire cette affaire sacrée, déposer une sorte d'adjuration solennelle dans un des nombreux temples d'Égypte possédant le droit d'asile, comme le temple de Canope. Les papyrus grecs du Sérapéum établissent d'ailleurs que ce privilège appartenait au grand sanctuaire memphite; et c'est dans les papiers de ce sanctuaire que l'on a trouvé notre document démotique. Il est ainsi conçu :

« Ma voix — celle du serviteur de Tavé — devant Osorapis, né de Taba.

« O toi qui es écrit ci-dessus, Seigneur grand qui fais de

nous ferons, nous ferons ; nous obéirons à ta recommandation, me dirent-ils. Je reste au milieu d'eux. Il est constant qu'un homme fait 200 mesures, appréciation donnée par les supérieurs des travaux. Il te faut deux hommes et un chef de corvée faisant 600 mesures.

« Relativement au cultivateur syrien, fais qu'il te soit rendu dans les mois d'été, puisqu'il t'a fraudé de son été dans l'endroit où il vit. »

Nous avons vu que ce cultivateur syrien avait été emmené pour servir dans la marine. Le décret trilingue de Rosette (parfaitement clair sur ce point dans le démotique) nous apprend que « la presse pour la marine » existait encore à l'époque ptolémaïque. Mais il est curieux de voir *presser* les esclaves comme les hommes libres. A Rome le service militaire était absolument interdit aux esclaves et ce fût seulement dans les guerres civiles qu'on leva, — abus criant, — des esclaves pour repeupler les légions.

ta face une protection, j'ai crié vers toi! — Je m'éloignerai
de ces gens!

« Tu as entendu ma voix; (tu as su) mes luttes et ce qui est
advenu; tu connais le petit serviteur selon le cœur; tu feras
connaître la perversité de ces gens, grande comme la mer! A
ma charge la difficulté qui en résulte et si j'ai un éloignement
de tout mon être pour leur service et pour leur compagnie!

« Allons! il y a une démarche (à faire); je la ferai! Il y a
des reproches (à recevoir); je les recevrai! Il y a un Dieu,
une image de Dieu (à invoquer); je cours auprès d'elle! Je
les supplierai (les dieux).— Qu'elle fasse connaître (Tavé) celui
que suppliera le serviteur! »

L'esclave n'était donc pas traité sous ce rapport autrement
que l'homme libre, le pauvre *fellah* par trop vexé et qui pouvait à cette époque invoquer « un Dieu ou une statue divine. »
Il avait même un avantage sur le *fellah* ordinaire; car celui-ci
était souvent forcé de renoncer solennellement par avance à ce
moyen de défense lorsqu'on lui faisait, par exemple, prêter le
serment de culture exigé par une circulaire officielle d'Évergète II. On lit dans un de ces serments adressés au fermier
général et que nous aurons occasion de vous communiquer
dans la suite de ce cours, à propos des locations : « Que je sois
me tenant debout sur ce champ et t'en montrant tous les produits, sans que j'aille sur la place supplier temple de dieu, autel
ou statue. Je fais serment de cela. » Il est vrai que peut-être,
— on l'admit bien chez les Romains, — l'esclave aussi pouvait
faire un serment l'obligeant en pur droit religieux, puisque
nous le verrons dans un des actes cités plus loin s'obliger
même en droit civil.

A Rome, les plus vieux usages juridiques de l'époque
sacerdotale, d'après un passage du Digeste sur les fugitifs
(XXI, 1, 17, § 12) semblent avoir prévu pour l'esclave l'asile
des temples. Ce droit d'asile, les Antonins le rétablirent plus
tard en l'honneur de leurs propres statues; quand un de ces
misérables se réfugiait près de l'image de l'empereur, le magistrat devait examiner la question et au besoin faire vendre

la victime au profit de son tyran. Mais entre ces deux périodes, initiale et finale, il y a chez les Quirites une période sombre pendant laquelle l'homme est ravalé au niveau de la brute. Combien la loi égyptienne, si pieusement conservée, paraît alors étonnante !

Il ne faudrait pas cependant, même en Égypte, voir trop en rose la situation des nations esclaves ou des esclaves particuliers. Les monuments et la Bible nous montrent également qu'on savait en temps opportun administrer la bastonnade à ceux qui se relâchaient de leurs travaux. Mais ces travaux avaient une limite, limite traditionnelle que le roi n'osa pas dépasser pour les Juifs, tout en leur retirant, en dehors des vivres toujours livrés, certaines denrées (1) qu'il leur faisait d'abord apporter et qu'ils durent se procurer eux-mêmes. Cette tâche est estimée exactement pour les laboureurs dans les papyrus traduits par M. Chabas. Un homme cultivait la terre suffisante pour produire par an deux cents mesures en moyenne (2). On calculait le nombre d'hommes nécessaires pour une terre d'après cette évaluation ; et il leur fallait livrer les mesures mises à leur charge sous peine de s'attirer bien des désagréments décrits par un papyrus que M. Maspéro a traduit : « Ne t'es-tu pas retracé la condition du cultivateur ? Dès avant la moisson, les vers emportent la moitié des grains, les pourceaux mangent le reste ; il y a des rats nombreux dans les champs ; les sauterelles s'abattent, les bestiaux dévorent, les oisillons pillent ; si le cultivateur néglige ce qui reste dans l'aire, les voleurs l'enlèvent. Le lien des instruments de métal s'use ; l'attelage se tue à tirer la charrue. Le scribe du contrôle est sur le quai à recueillir la dîme des moissons ; les gardiens des portes avec leurs bâtons, les nègres avec leurs

---

1. La paille pour faire les briques. Ils durent se la procurer eux-mêmes et livrer le même nombre de briques. M. Chabas a publié p. 123 de la 2ᵉ série de ses *Mélanges* un texte tout à fait parallèle à celui de l'Exode pour 12 ouvriers « *négligents pour faire leur compte de briques chaque jour.* » Wilkinson a donné aussi une représentation des captifs étrangers occupés à la confection des briques (*Manners and Customs*).

2. Voir la note de la page 92.

lattes de palmier crient : « ça des grains ! » S'il n'y en a pas,
ils le jettent à terre tout de son long, lié, traîné au canal;
il y est plongé la tête la première, tandis que sa femme est
enchaînée devant lui et que ses enfants sont garrottés.» Les travaux de constructions auxquels étaient employés les Hébreux,
les Aperiu, etc., devaient être fixés de même (toujours sous
la sanction suprême du bâton, également mentionnée par
l'Exode); car le chapitre 125 du Livre des Morts, contenant
dans sa confession négative le code de la morale égyptienne,
fait dire expressément au défunt justifié : « Je n'ai pas fait, en
tant que chef d'hommes, travailler au delà de la tâche; » de
même qu'il lui fait dire également : « Je n'ai pas fait maltraiter
un esclave par son maître... Je n'ai pas fait avoir faim, je n'ai
pas fait avoir soif, je n'ai pas fait pleurer. »

Tout ceci nous éloigne bien de l'esclavage romain proprement dit décrit par les jurisconsultes, et l'on ne peut guère
songer à comparer l'esclavage égyptien qu'à l'esclavage juif.
Ne serait-ce pas là un des emprunts si nombreux faits par le
législateur des Hébreux aux lois et aux coutumes de l'Égypte?
Nous tendons à le croire, d'autant mieux que plus on s'éloigne
du temps où, selon l'expression des livres sacrés, les Juifs ont
été eux-mêmes esclaves en Égypte, plus les lois mosaïques
relatives à l'esclavage, et que M. Wallon a fort bien résumées
dans son admirable livre sur l'esclavage dans l'antiquité, sont
progressivement abandonnées en Israël.

Tout nous prouve d'ailleurs l'analogie de l'institution chez
les deux peuples.

L'esclave égyptien, comme l'esclave hébreu, avait une
famille. Comme lui, il pouvait avoir recours à la justice quand
il était opprimé ou y être livré quand il était coupable. Comme
lui, on le traitait plutôt en mercenaire et en colon qu'en esclave. Enfin, selon un passage bien curieux de Diodore (I-LVI),
c'était l'étranger qui devait être surtout occupé en Égypte,
comme d'après les livres sacrés en Palestine, aux durs travaux de la servitude, et le roi Sésostris avait pu graver sur ses
monuments : « Ici le bras d'aucun Égyptien n'a jamais fati-

gué. » Les papyrus hiératiques nous montrent aussi que les esclaves proprement dits, qu'on vend, qu'on achète, et qu'on se transmet le plus facilement, sont des Syriens ou des nègres. L'Égyptien n'est guère véritablement esclave, à moins pourtant que, d'après une loi antérieure à Bocchoris et que ce roi libéral abrogea, il n'ait été livré à ses créanciers à cause de ses dettes non soldées (Diodore I, LXXIX, 3), ou qu'en vertu d'une loi de Sabaka, il ne soit devenu, comme le voleur juif, esclave de la peine, par suite de ses crimes (ibid. I, LXV, 3 et suiv.).

Ne convient-il pas de penser que le parallélisme allait plus loin et que l'usage de libérer les esclaves de la race du pays à l'année jubilaire aurait été aussi emprunté par les Juifs aux Égyptiens? Je l'admettrais volontiers, pour ma part. Le jubilé de sept ans, rappelant le jour où Dieu se reposa après la création, se rapporte certainement aux idées religieuses particulières des Juifs. Mais n'avait-on pu avoir en Égypte un terme différent pour les Égyptiens de race? La panégyrie trentenaire, τριαχοντα ετηριδων ou *hebset*, dont les monuments de toute époque nous parlent si souvent et qui se rattachait intimement, je l'ai montré, aux traditions de l'année sothiaque, dont elle célébrait les mois, paraît avoir assez bien rempli les conditions d'un jubilé égyptien. On ne saurait même s'expliquer autrement la mesure par laquelle les rois d'Égypte en rapprochèrent souvent la date de célébration, particulièrement sous le règne de Ramsès II. A quoi bon devancer l'heure de cette cérémonie si elle n'avait pas d'effets civils? Si, au contraire, c'était pour les Égyptiens une année de grâce, si les prisonniers esclaves de leurs créanciers ou débiteurs du fisc étaient ce jour-là délivrés de leur peine, ainsi que nous le voyons à l'époque lagide lors du décret de Rosette et de plusieurs autres décrets dits de *philanthropia*, on comprend aisément la joie qui devait accueillir la fête jubilaire, solennellement célébrée par le roi Ramsès, par son fils et lieutenant Xaemuas et par les divers préfets. Ce qui me fait surtout incliner vers cette hypothèse, c'est qu'en général, (je l'ai dit) même pour les prescriptions les plus minutieuses de ses règlements, depuis la circoncision jusqu'à la claustration des femmes à certaines époques, Moïse n'a fait qu'imiter l'Égypte. D'ailleurs les contrats démotiques que nous aurons bientôt l'occasion de citer font intervenir l'esclave dans la prévision d'un certain terme, quand il veut encore rester esclave.

Enfin, l'esclavage était si doux en Égypte, comme dans la loi juive, que nous ne voyons des deux parts nulle trace de l'état intermédiaire entre l'esclave et l'homme libre. L'affranchi n'existe pas plus dans la Bible que dans les textes égyptiens. Ce fait est grave, messieurs, car c'est l'affranchi, le *libertus*, qui nous fait le mieux juger de l'esclave dans les civilisations antiques. Chez les Romains, nous l'avons vu, l'esclave était une chose, *mancipium*, une chose dont la vie n'avait pas d'importance, si elle avait du prix, et qu'on pouvait jeter dans un étang pour en nourrir les murènes — par une recherche, admirée, de gourmandise. — L'affranchi devenait un homme ; mais les mœurs publiques en avaient fait bientôt un homme dont le temps et le travail appartenait encore au maître, qui pouvait se les réserver en entier s'il fournissait la nourriture : en un mot, l'affranchi était ce qu'é-tait l'esclave chez les Égyptiens et les Juifs. Pourquoi donc, dira-t-on, se faire alors affranchir, souvent à très grands frais? Pourquoi?... Ah! pour être quelqu'un, pour avoir une famille, un légitime mariage, des enfants à soi ; pour que votre vie même ne fût pas livrée au caprice, et pouvoir, en cas d'abus criant, en appeler à la justice... toutes choses que l'esclave avait en Égypte et dans la loi de Moïse. Dès lors l'affranchi n'a pas, dans ces pays, de raison d'être. On était esclave, — c'est-à-dire, suivant la comparaison du législateur juif, une sorte de colon et de mercenaire dont le temps seul appartenait pleinement au maître, — ou l'on devenait absolument libre. Prenez une concordance ou un dictionnaire et vous verrez que l'affranchi ou le fils d'affranchi, *libertus* ou *liberti-nus*, ne se trouve que dans le Nouveau Testament, à l'époque romaine, que le mot n'existe même pas en hébreu, pas plus

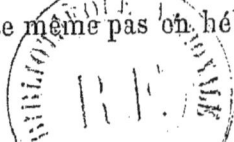

qu'en copte, puisque, quand il s'agit de traduire l'affranchi de
l'épître aux Corinthiens, la version] copte traduit par *remhe*
homme libre, ce qui n'est pas du tout identique ; semblablement en hiéroglyphes vous trouvez bien des termes pour
exprimer le serviteur et l'esclave, qui parfois se confondent
à peu près à nos yeux, et pas un pour rendre l'affranchi.

Et quelle différence dans la manière dont on accueillait l'ancien esclave dans les deux peuples !

Chez les Romains des temps classiques, l'esclave n'existant
pas en tant que personnalité, l'ancien esclave, l'affranchi,
était encore un objet de mépris pour l'homme libre. Ce
mépris s'attachait à sa descendance, et il en reste des traces
jusque dans notre langue. Le libertin, *libertinus*, qu'est-ce
autre chose dans l'origine que le fils d'affranchi ?

En Égypte, il en était tout autrement ; l'esclave Joseph,
affranchi la veille, peut, au sortir de prison, épouser la fille
du grand prêtre d'Héliopolis. Il est entouré partout du respect universel : et ce que nous voyons pour Joseph, nous le
voyons pour une multitude d'autres. L'esclave est tellement
un homme qu'en le laissant esclave on le charge de fonctions
véritablement sacerdotales. Le roi Scheschonk Ier consacra
ainsi au culte de son père Nemrod, un esclave syrien, qu'il
avait payé quatorze *outen* d'argent (deux cent quatre-vingt
francs). Amenhotep, fils de Hui, le célèbre sage et prince
d'Éthiopie, confia le temple de Djème (ou sanctuaire de Kak),
fondé par lui, à toute une population d'esclaves mâles et
femelles, qui devaient servir le temple, ainsi que leurs enfants, à perpétuité. Rien de plus intéressant que la charte par
laquelle le roi Aménophis III, en l'an XXI de son règne, con-
firma cette donation. Notre cher maître, M. Birch, l'a publiée
le premier, et M. Brugsch a fait aussi à ce sujet une étude ma-
gistrale, déjà citée par moi, en ces termes, dans la *Revue
Egyptologique* :

« Le roi avait réuni en sa présence, et probablement en
public, le gouverneur de la ville et les basilicogrammates
de la garnison du fort de Djème. Ceux-ci donnèrent acte au

souverain des ordres qu'ils avaient reçus, relativement à l'administration du sanctuaire de Kak, du prince et basilicogrammate Amenhotep, fils de Hui, fils de Hapi. Amenhotep
avait établi des hiérodules des deux sexes pour y demeurer
pendant des siècles, de descendant en descendant, et servir
Amon-ra, roi des dieux. Les malédictions les plus terribles
sont prononcées contre quiconque les écarterait de ce sanctuaire. Les prophètes et prêtres d'Amon qui le feraient seraient
livrés aux plus cruels supplices dans ce monde et dans l'autre.
Ceux qui, au contraire, veilleraient à la conservation de la
fondation monteraient de plus en plus en dignité et seraient
bénis du ciel. Une clause curieuse enjoint même de rendre au
roi tous ces esclaves en cas de destruction du sanctuaire et de
ne pas les attribuer par conséquent au grand temple d'Amon
dont cette chapelle dépendait au point de vue religieux ; car
Amenhotep tenait à la conservation de sa chapelle et ne voulait pas la voir fermer pour grossir les revenus du temple principal, ce que devaient faire, au moyen âge, bien des abbayes
pour les prieurés de leur ressort. Tout ceci fut réglé postérieurement à la fondation de la susdite chapelle, dont nous
n'avons pas l'acte d'établissement. Dans le privilège royal il
ne s'agit plus que de la bonne administration de ce sanctuaire
et de la perpétuité d'attribution des hiérodules qui étaient
chargés de l'entretenir.

« Cette perpétuité ne fut, du reste, guère interrompue par
le christianisme, et le vœu de notre personnage se trouva
accompli pendant des milliers d'années. Nous avons en effet
dans les papyrus coptes des vii°, viii°, ix° et x° siècles une
multitude de chartes concernant le même sanctuaire de Djême,
que l'on avait mis sous le vocable de saint Phébamon et auquel les parents abandonnaient leurs enfants à titre d'*esclaves*
ou d'hiérodules pour pourvoir aux besoins du sanctuaire, cultiver ses terrains (comme dans la stèle d'Amenhotep), entretenir son luminaire sacré (comme dans plusieurs de nos documents hiéroglyphiques et démotiques), etc. »

Depuis que j'ai écrit ces lignes, un fait nouveau s'est produit, plus frappant, et qui unit d'une façon plus intime encore les usages coptes aux usages antiques.

Dans la donation d'Amenhotep, dans celle du roi Sches-chonk, etc, les esclaves sont voués par un maître à leurs nou-veaux devoirs sacrés ; tandis que dans les documents coptes ils le sont par leurs parents. Or je viens de trouver au Bri-tish Museum un papyrus démotique tout à fait comparable en cela aux papyrus coptes et qui peut nous éclairer sur l'origine et la portée réelle de ce genre de donations. Il s'agit d'un homme nommé Hor (Horus) qui en l'an XXII de Ptolémée Philométor se donne à Osorapis en ces termes : « Tout mon service, je le consacre au dieu Osorapis et à ses dieux συνναοι. Je suis, ô Dieux ! votre serviteur, ainsi que mes femmes, mes enfants, mes gens, mes biens, mes bestiaux, tout ce qui est à moi et tout ce que je posséderai depuis ce jour à jamais. Que je donne le dixième de toutes les choses qui proviendront de mon travail chaque année. Je vous ai livré tout ce qui est à moi et tout ce que je posséderai depuis le jour ci-dessus à jamais. C'est à vous qu'il appartient d'exiger ce dixième de mon tra-vail de l'année et de partager... Si tout ce qui est dit ci-dessus n'est pas accompli, que je vous livre tous mes biens présents et à venir depuis le jour ci-dessus à jamais, car je suis votre esclave ! »

Évidemment ce n'était là qu'un esclavage honoraire, si je puis m'exprimer ainsi. Le vrai but de l'acte consistait dans l'obligation du dixième ou de la dîme à payer, dîme que Moïse et, par son intermédiaire, le christianisme paraissent bien avoir aussi empruntée aux Égyptiens. En effet nous la voyons mentionner chez ceux-ci depuis les plus anciens contrats dariques jusqu'aux Ptolémées. Toute vente d'immeubles y était soumise à Thèbes. L'acquéreur devait payer le dixième de la valeur, d'abord, sous Darius, aux prêtres d'Amon, puis, sous les Lagides, au roi, qui s'était attribué beaucoup de privi-lèges sacerdotaux. C'est là l'origine de l'enregistrement grec obligatoire sur toutes les ventes démotiques, sous peine de nul-lité ; car il fallait prouver qu'on avait payé l'impôt proportionnel pour pouvoir bénéficier du contrat. Cette dîme thébaine avait, du reste, un objet beaucoup plus spécial que celle dont le Memphite Hor avait fait le paiement de son esclavage volontaire : elle portait sur un capital fixe, au lieu de porter sur des productions toujours variables. Mais c'étaient les mêmes principes et dans le partage les mêmes proportions.

Nous pouvons constater d'ailleurs à l'époque des Ptolémées la présence dans les sanctuaires d'autres esclaves beaucoup plus effectifs. Ils sont mentionnés dans de nombreux papyrus démotiques (1) de Memphis et dans un papyrus grec de provenance thébaine qui se trouve à Turin sous le n° VIII. Dans ces divers documents (2), les taricheutes spécifient leurs droits spéciaux d'ensevelir, entre autres, soit les esclaves de certains temples de Memphis (3), soit ceux des prêtres et prêtresses d'Amon, inscrits sur les registres de l'état civil, selon la coutume traditionnelle que nous ont déjà prouvée les papyrus hiératiques étudiés par M. Chabas. Des conventions pareilles se rencontrent dans d'autres cessions de liturgies thébaines, à propos de serviteurs particuliers. Eux aussi, du reste, ils formaient, à la façon des hiérodules d'Amenhotep, de véritables familles, et étaient vendus morts, comme leurs maîtres eux-mêmes, par les taricheutes et les choachytes ayant droit d'exercer leur industrie dans leurs lieux d'habitation. Cette mention des liturgies d'esclaves est très frappante, car elle prouve qu'on leur laissait bien leur qualité d'hommes, puisqu'on faisait, après leur mort, des frais pour leur salut éternel, frais soldés soit par leurs familles légitimes, soit par leurs maîtres et patrons. Les esclaves figurent égale-

---

1. Voir particulièrement la 5e feuille de planches du n° II-III de la 2e année de la *Revue Égyptologique*. Dans le papyrus 2409 cité dans ma *Chrestomathie démotique*, page 402, il est question d'un esclave de la déesse appelée *Neb Nehi* (Bok neb nehi), mais c'était un hiérodule très important.

2. Plusieurs papyrus démotiques de Turin et de Londres particulièrement.

3. Voir aussi sur les hiérodules du Sérapéum de Memphis, les papyrus grecs 0 de Leyde, 30 du Louvre, etc. Un de ces hiérodules du Sérapéum « esclave d'Osorapis » a même offert au dieu la table d'offrande qui porte au Louvre le n° 58.

ment dans l'actif des successions importantes, sous les Perses et sous les Lagides. Le mari qui cède ses biens à sa femme, ou le père qui partage sa fortune entre ses enfants n'a garde d'oublier les esclaves qu'il peut posséder. C'est ainsi que Petèsé dit à la fille qu'il reconnaît : « Tu viendras en partage avec mes enfants que j'ai engendrés ou que j'engendrerai pour tous mes biens présents et à venir : maisons, champs, *esclaves mâles et femelles*, argent, airain, étoffes, bœufs, ânes, bestiaux, contrats quelconques, totalité de biens quelconques. A toi une part d'eux, comme à mes enfants qui seront à jamais. » Les spécifications de ce genre sont très fréquentes. Mais les contrats ne se bornent pas toujours à ces indications générales. Quelques-uns nous permettent d'étudier l'esclavage de plus près. J'en citerai deux qui concernent la transmission d'un même esclave *vivant* sous le règne de Darius Ier. Voici d'abord le plus ancien en date :

« L'an V, pharmouthi, du roi Darius. Ahmès, fils de Pamin et dont la mère est Haamenéroou(?), dit au pastophore d'Amonra-sonter Hor, fils de Neschons et dont la mère est Neschons : »

« Tu m'as donné, et mon cœur en est satisfait, l'argent qui est le prix du jeune homme(1) Psen... fils de Thotmès et dont la mère est Sethekban, mon serviteur (bok) que je t'ai donné pour te servir. Il est à toi, ton serviteur, celui-là. Celui qui viendra à toi, à cause de lui, soit en mon nom, soit au nom de quiconque au monde, fils, frère, sœur, gendre, père, mère, parent, héritier, et qui dira : « ce n'est pas ton serviteur, celui-là » je l'écarterai de toi ; et si je ne l'écarte pas de toi, je te donnerai (2) cinq argenteus fondus du temple de Ptah, ou quatre argenteus et 5/6, 1/10, 1/30, 1/60, 1/60, cinq argenteus fondus du temple de Ptah en tout, (3) et sera à toi ton serviteur, en outre, ainsi que ses enfants, à jamais. »

1. Mot à mot du « jeune mâle. »
2. Il faut noter que l'amende exprimée ici est remplacée dans l'acte suivant par une autre garantie : celle de l'esclave lui-même.
3. Le double calcul est toujours employé pour toutes les monnaies et les mesures. Tantôt ce calcul se fait à la fois en deux mesures et en deux monnaies ; tantôt on se borne à jouer comme ici sur les chiffres en donnant d'une part le total réel, d'une autre part le total diminué d'une unité, mais avec l'addition de fractions composant une autre unité.

Cet esclave a sa généalogie, comme une personne libre. Ce mâle est vendu pour esclave avec ses enfants. On reconnaissait donc à l'esclave une famille proprement dite. Bien plus : il avait, lui aussi, sa volonté, et il intervenait dans les actes par lesquels son maître le cédait à d'autres. Ceci semble inouï, et cependant rien de plus certain. Écoutez en effet l'acte suivant, rédigé quelques mois seulement après celui dont nous venons de vous donner lecture :

« An VI, thot, du roi Darius. Le pastophore d'Amon du temple d'Amon-ra-sonter, Hor, fils de Neschons et dont la mère est Neschons, dit à la femme Tsenhor, fille du choachyte de la nécropole Nesmin et dont la mère est Reru :

« Tu m'as donné, et mon cœur en est satisfait, l'argent pour faire à toi esclave (ou serviteur), le jeune homme Psen... fils de Thotmès et dont la mère est Sethekban, mon serviteur, que j'ai acheté pour argent d'Ahmès, fils de Pamin et dont la mère est Haamenéroou (?) qui m'a écrit à son sujet un écrit en l'an V, pharmouthi, du roi Darius. Je te l'ai donné pour serviteur. Qu'il soit ton serviteur, celui-là, ainsi que ses enfants, et totalité de ce qui est à eux et de ce qu'ils feront être (de leurs biens présents et à venir). Ils ne pourront s'opposer à l'asservissement (mot à mot *à la faction d'esclave*) ci-dessus. Je n'ai plus aucune parole au monde (aucune réclamation à faire) à ce sujet. Personne au monde n'a à en connaître. C'est moi qui les écarterai (les tiers évicteurs) de toi, depuis le jour ci-dessus, à jamais. Celui qui viendra à toi, à cause de moi, soit en mon nom, soit au nom de quiconque au monde, je le ferai s'éloigner de toi. Que j'en justifie par tout acte, toute parole au monde. »

Adhésion :

« Le jeune homme Psen... fils de Thotmès et dont la mère est Sethekban, ci-dessus nommé, dit :

« J'ai écrit pour accomplir toute parole ci-dessus. Mon cœur en est satisfait. Je suis ton serviteur, ainsi que mes enfants et totalité de ce qui est à nous et de ce que nous ferons être. Je ne puis m'opposer à l'asservissement ci-dessus à jamais ! »

Ainsi voilà un esclave qu'on avait vendu avec sa famille, comme un bien ordinaire, quelques mois auparavant, sans aucune adhésion de sa part, et que l'on consulte maintenant pour une nouvelle cession. Les droits des propriétaires d'esclaves avaient donc des limites. Peut-être ne leur permettait-on pas d'aliéner plus d'une fois leurs gens sans leur consentement et rendait-on la liberté aux esclaves vendus deux fois de cette manière. Peut-être la limite se trouvait-elle fixée dans le temps. On se sent attiré vers cette alternative par la clause si remarquable, relative à l'esclave et à ses enfants. « Ils ne pourront s'opposer à l'asservissement ci-dessus : » clause que répète l'esclave lui-même en disant : « Je ne puis m'opposer à l'asservissement ci-dessus. » Évidemment il y avait en Égypte des lois de protection tout à fait spéciales, imitées par les Juifs, lois dont les sanctions pénales faisaient bénéficier l'esclave de tout abus de pouvoir commis contre lui. Moïse rendait la liberté à celui auquel son maître aurait brisé un membre ou cassé une dent. Il la lui rendait également à certaines époques jubilaires ou, s'il le désirait, lui permettait alors d'y renoncer solennellement en devenant depuis ce moment esclave perpétuel. Notre acte fait songer à quelque chose de ce genre. Sans aucun doute les lois égyptiennes étaient conçues dans le même esprit. Et elles paraissent aller encore plus loin, en donnant dans les ventes, à celui qui était vendu, un droit d'intervention légale qu'aucune législation antique n'a connu.

Autre point à noter : notre contrat prouve que l'esclave ainsi vendu l'était non seulement avec sa famille, mais avec ses biens présents et à venir. Il possédait donc et pouvait acquérir.— Ce qu'il possédait restait dans ses mains la propriété du maître : comme, nous le verrons, les terres que possédait l'homme libre restaient entre ses mains la propriété du roi, des prêtres et des guerriers. A ce point de vue, il n'y avait entre l'homme libre et l'esclave qu'un degré de plus. — Ce fut cet état de choses que semblent avoir imité les Antonins en confisquant à Rome tout ce qu'il restait des libertés publiques et privées et en accordant en même temps à l'esclave une protection que n'eussent point admise les Romains de la République.

Le dernier des contrats démotiques que nous venons de reproduire se rapproche beaucoup d'un autre contrat qui remonte au règne de Psammétique. Dans l'un et dans l'autre on voit intervenir l'esclave pour l'acte qui le livre à un maître. Les formules par lesquelles il renonce à toute revendication de liberté sont de part et d'autre fort semblables. Mais dans le document du temps de Darius l'esclave ne fait qu'adhérer à la vente, tandis qu'il la conclut dans l'autre, du temps de Psammétique. Il y a encore une différence essentielle, c'est qu'il s'agit dans celui-ci d'une femme qui se vend elle-même, évidemment pour être concubine de son maître et acquérir de la sorte la situation intermédiaire des épouses de second rang. Voici la teneur de ce curieux marché :

« An IV, mésoré, du roi Psammétique. La femme Ténési, fille d'Anachamen, dit à Amon, fils de Put'a :

« Tu m'as donné, et mon cœur en est satisfait, mon argent pour être à toi servante. Je suis ta servante (1). Personne au monde ne peut m'écarter de ton service; je ne puis m'opposer à cet asservissement. Je te donne en outre jusqu'à la totalité de mes biens de dame, à la totalité de mes biens au monde, à mes enfants que j'enfanterai, à tout ce que je possède et posséderai, même les vêtements qui sont sur mon dos, depuis l'an IV, mésoré, ci-dessus, en année quelconque, jusqu'à jamais et toujours. « Celui qui viendra à toi pour t'inquiéter à cause de moi, à propos de quoi que ce soit au monde, en disant : « Ce n'est pas ta servante, celle-là, » te donnera les biens quelconques de dame qui seront à nous chez toi (2). Ta servante sera ta servante encore et mes biens tu les auras en lieu quelconque où tu les trouveras. Serment à Amon ! Serment au roi ! Point à te servir en dehors de moi par esclave encore ! Point à dire :

---

1. Voir mon syllabaire pour le caractère *bok*. Ce caractère que j'ai déterminé cette année ressemble au caractère *hotep* avec lequel je l'avais d'abord confondu. De là une première traduction un peu différente de celle-ci.

2. Sans doute l'équivalent de ces biens, c'est-à-dire le double.

Nous avons fait l'acte marital en toute similitude que plus haut. Il n'y a point à faire de similitude de ces choses! Point à dire que tu peux m'écarter de ta chambre dans laquelle tu es! »

Ce service-là, tout le monde comprend quel il était; et c'est pour cela que nous trouvons les adjurations de la fin de l'acte donnant à ce concubinat une sorte de consécration religieuse et interdisant tout autre *service* de cette espèce, toute *similitude de ces choses*, toute union nouvelle en un mot. Enfin vient cette conclusion toute naturelle : « Il n'y a point à dire que tu peux m'écarter de ta chambre dans laquelle tu es. »

De là les précautions prises contre ceux qui auraient revendiqué la liberté pour cette femme, naturellement ingénue, mais qui s'était volontairement donnée, comme dans le mariage servile prévu par la loi juive.

En somme, rien de plus semblable que le servage égyptien des trois contrats ci-dessus et le servage juif du 21e chapitre de l'Exode. Permettez-moi, messieurs, de vous lire ce passage, qui suit immédiatement le Décalogue et se trouve dans une des parties les plus anciennes, les plus mosaïques et par conséquent les plus égyptiennes de la Bible. Nous suivrons de préférence la Vulgate que tout le monde a entre les mains :

« Hæc sunt judicia quæ propones (1) eis : si emeris servum hebræum, sex annis serviet tibi : in septimo egredietur liber gratis. Cum quali veste intraverit, cum tali exeat (2) : si habens uxorem, et uxor egredietur simul : sin autem dominus dederit illi uxorem et pepererit filios et filias, mulier et liberi ejus erunt domini sui; ipse autem exibit cum vestitu (3) suo. Quod si dixerit servus : Diligo dominum meum et uxorem ac liberos, non egrediar liber, offeret eum dominus

---

1. Mot à mot dans l'hébreu : « que tu placeras devant leur face. »

2. Ce verset est susceptible en hébreu de deux interprétations. Il y a « s'il est venu, בְּגַפּוֹ ; il s'en ira בְּגַפּוֹ. » Le mot בְּגַפּוֹ peut se traduire soit par *cum ala vestimenti sui*, soit par *in corpore suo*, en son corps, en sa personne, ﺑﻨﻔﺴﻪ c'est-à-dire seul. Cette première partie du verset serait en parallélisme avec la seconde : « S'il est maître d'une femme, sa femme sortira avec lui. »

3. Ou *cum corpore suo*.

diis (1) et applicabitur ad ostium et postes, perforetque aurem
ejus subula et erit ei servus in sæculum. »

« Si quis vendiderit filiam suam in famulam, non egredietur
sicut ancillæ exire consueverunt. Si displicuerit oculis domini
sui cui tradita fuerat, dimittet eam : populo autem alieno (2)
vendendi non habebit potestatem, si spreverit eam. Sin autem
filio suo desponderit eam, juxta morem filiarum faciet illi.
Quod si alteram ei acceperit, providebit puellæ nuptias et
vestimenta, et pretium pudicitiæ non negabit. Si tria ista non
fecerit, egredietur gratis absque pecunia. »

La première partie de ce texte, relative à un esclave mâle,
semble s'appliquer assez exactement à l'esclave mâle dont il
était question dans nos deux premiers contrats. L'esclave
égyptien, comme l'esclave hébreu, avait le droit de sortir libre
de chez son maître, dans certaines conditions prévues par la
loi. Mais, comme lui aussi, il pouvait renoncer (ce que fit
Psen...) au bénéfice de la loi, s'il aimait son maître ou s'il aimait
la femme et les enfants que son maître lui avait donnés. La
famille réelle existait pour l'un et pour l'autre, soit que cette
famille l'eût accompagné dans l'esclavage, pour sortir libre
avec lui, soit qu'au contraire elle provînt de la libéralité de son
maître, qui en restait le possesseur. Dans l'un et l'autre cas nous
avons affaire à un mariage vrai, bien que servile : c'est pour
cela que nos documents égyptiens donnent aux esclaves une
généalogie, c'est pour cela qu'ils attribuent au serviteur *mâle*
des enfants reconnus, ce qui n'existait à aucun degré dans l'esclavage véritable des peuples latins.

Non moins frappante est l'analogie du mariage de la femme
esclave avec son maître chez les Égyptiens et les Hébreux.

Ainsi, d'après notre chapitre de l'Exode, le maître n'a pas le
droit de vendre à des étrangers la femme que le père de cette
femme — devenue esclave — lui a vendue dans un but de concubinat. Cette vente à des étrangers, qui semble limitée très

---

1. אל האלהים est susceptible, on le sait, de deux interprétations ; car אלהים
est aussi un des noms du Dieu unique.

2. Le texte peut se traduire seulement par « des étrangers. »

étroitement pour toute espèce d'esclave dans le droit égyptien, y était complètement interdite pour la servante concubine.

Il ne peut non plus la *faire sortir* comme les servantes ont coutume de sortir. S'il la marie à son fils, ses obligations sont encore plus grandes, parce qu'il est plus évident qu'il songeait à ce mariage en l'achetant ; il doit faire ses épousailles selon la coutume pour toute autre fille et si, dans la suite, il donne à son fils une autre femme, il doit marier l'esclave concubine, lui fournir des vêtements et le prix de sa virginité : sinon elle est libre. Le législateur, qui avait permis la polygamie, semble l'interdire dans ce cas, pour éviter à l'épouse esclave les vengeances d'une compagne favorisée. N'est-ce pas bien analogue à ce qui stipule la jeune égyptienne, naguère ingénue, dont nous avons la vente volontaire : « Serment à Amon : Serment au roi ! Point à te servir, en dehors de moi, par esclave encore ! Point à dire (non plus) : nous avons fait l'acte marital en toute similitude que ci-dessus. Il n'y a point à faire de similitude de ces choses. Point à dire que tu peux m'écarter du service de ta chambre dans laquelle tu es. »

La même parité se remarque entre les récits de la Genèse et les textes gravés sur les tombeaux de l'ancien empire égyptien. On se rappelle l'esclave intendant d'Abraham, dont le patriarche avait l'intention de faire son héritier et qu'il chargea de marier son fils. On se rappelle aussi l'esclave *égyptienne* Agar qui joua un rôle si important en qualité de concubine dans la famille d'Abraham, jusqu'au jour où la femme légitime eut un fils, et où Agar fut renvoyée libre avec le sien. Tout cela se retrouve en Égypte.

En dehors des esclaves chargés des services inférieurs, on y voit figurer souvent des intendants, toujours représentés chargés de graisse, qui surveillent chaque partie de la maison, chaque culture, chaque atelier (car tous les corps de métiers sont représentés dans une maison féodale, ou dans un temple, de l'ancienne Égypte), et qui tiennent ordinairement à la main un fouet, un bâton ou même un aiguillon dont ils se servent pour châtier les ouvriers paresseux. Ce droit de correction, pourvu qu'elle n'aille pas jusqu'au meurtre, est du reste expressément reconnu par un des passages de notre chapitre XXI de l'Exode. « Qui percusserit servum suum vel ancillam virgâ, et mortui fuerint in manibus ejus, criminis reus erit. Sin autem uno die vel duobus supervixerit, non subjacebit pœnæ, quia pecunia illius erat. » Il est vrai qu'un autre passage de la loi déjà citée par nous disait que l'esclave ainsi maltraité et auquel on avait cassé un membre ou même une dent devenait libre ; mais son maître n'était pas poursuivi au criminel, ce qui pouvait avoir lieu chez les Juifs et ce qui avait lieu également chez les Égyptiens, selon un texte de Diodore (I, LXXVII, 6) nous apprenant que l'homme libre était puni pour meurtre s'il avait tué un esclave.

Nous ne savons quelle était, dans ce cas de violences excessives, non suivies de mort immédiate, la situation des esclaves intendants par rapport à leurs subordonnés (1). Ces chefs de travaux étaient de gros personnages en Égypte, bien que parfois châtiés eux-mêmes quand les travaux n'étaient pas convenablement exécutés. Ce sont ces surveillants d'atelier que le Pharaon de l'Exode, qui paraît être Menephtah, fit frapper cruellement quand les Juifs se relâchèrent de leur besogne.

A cette classe des intendants appartiennent les concubines favorites du maître, par exemple l'intendante dont j'ai décrit ailleurs la situation et l'aventure, si semblable à celle d'Agar. Mais l'intendante égyptienne ne se révolta pas contre sa maîtresse, à la façon d'Agar. Bien au contraire, on la voit toujours accompagner respectueusement « la dame de la maison » ; tandis que son fils, nouvel Ismaël, suit de loin son père et ses frères légitimes dans leurs parties de chasse et de plaisir. Parfois, d'ailleurs, ces intendantes arrivaient à de plus grands honneurs. Certains rois ont épousé et pris pour reines des négresses, sans doute leurs anciennes esclaves, qui ont fait souche de nouvelles lignées royales, et souvent introduit de grands changements dans l'administration et la religion de

1. Peut être était-ce alors que l'esclave pouvait recourir à l'asile d'un dieu comme nous l'a appris Hérodote.

8

l'Égypte. Cependant, en thèse générale, les femmes esclaves se contentaient de leur situation. Elles paraissent sur les monuments dans un costume particulier, fort significatif (1) et qui montrait par rapport au maître leur état de dépendance la plus absolue.

Mais je m'aperçois, messieurs, que je remonte beaucoup trop haut dans l'histoire d'Égypte. Nous ne pouvons nous occuper en ce moment des familles serviles sous l'ancien empire. Nous ne pouvons pas rechercher d'une manière approfondie si les corps de métiers, formant des sortes de castes héréditaires dont nous a parlé longuement Hérodote (et qu'il rapproche des castes sacerdotales et militaires, possédant seules le sol avec le roi), ne remonteraient pas aux familles serviles formant aussi dans chaque grande maison féodale et dans chaque temple de véritables corps de métiers. Tout ceci rentrera dans une autre série d'études se rattachant intimement au régime antique des terres et à celui des liens d'origine dont nous dirons quelques mots dans notre prochaine leçon.

Il nous reste en ce moment à mentionner encore deux pièces démotiques de l'époque lagide relatives à l'esclavage.

La première est un sous-seing privé ainsi conçu :

« L'an 17, le 30 du mois de Phamenoth, sous le règne du roi Ptolémée, fils de Ptolémée et d'Arsinoë, les dieux frères. Le marchand Panofré, surnommé Petkesh, fils de... et dont la mère est Tset touot, dit à la femme Tanofré, fille d'Amenhotep et dont la mère est Tah... Adjuration : — Adjurés soient le roi Ptolémée, fils de Ptolémée et d'Arsinoë, les dieux frères, et la reine Bérénice, et les dieux frères, et les dieux évergètes, et Isis, et Osiris, et tous les dieux ! — Je ne pourrai écarter de toi homme quelconque t'appartenant. Je ne pourrai aliéner aucun des hommes qui sont dans la main de tes gens, à partir du jour ci-dessus. Est fixement établie ma parole, que tu m'as fait reconnaître en toute manière. Si l'on me paie une aliénation

1. Le British Museum possède une peinture de l'ancien empire très instructive à cet égard. D'autres représentations analogues remontant à cette époque se rencontrent sans cesse et prouvent que le maître pouvait alors, comme maintenant en Orient, être certain de la chasteté de son esclave.

d'homme quelconque ou de biens quelconques, parmi les biens indiqués ci-dessus, je te donnerai vingt argenteus (en sekels cent, ci : vingt argenteus), et j'accomplirai de plus l'adjuration. Tu m'obligeras au droit de la cession que je t'ai faite pour que j'en observe tous les termes, en outre de toutes les paroles ci-dessus, sans aucune opposition. »

Nous l'avons dit dans un article spécial, cette adjuration était faite comme dédommagement à une jeune fille séduite par Petkesh. Aussi celui-ci rédigea-t-il bientôt le contrat de mariage notarié suivant :

« L'an 17, Phaménoth, du roi Ptolémée, fils de Ptolémée et d'Arsinoë, les dieux frères, Mennas, fils de Ménétios, étant prêtre d'Alexandre et des dieux frères et des dieux évergètes, Cerdica, fille d'Adéos, étant canéphore devant Arsinoë philadelphe.

« Le marchand Panofré, surnommé Petkesh, fils de... et dont la mère est Tset touot, dit à la femme Tanofré, fille d'Amenhotep et dont la mère est Tah...

« Je t'ai établie pour femme. Je t'abandonne ton droit d'épouse depuis le jour ci-dessus. Je n'ai aucune réclamation à faire au sujet de ton droit d'épouse. Je te reconnaîtrai devant quiconque au monde. Mais je ne puis dire : tu es ma femme : je suis celui qui te dit que je suis devenu ton mari. Je ne pourrai m'opposer à toi en tout lieu où tu iras à partir du jour où je suis devenu ton mari.

« Je te cède Thrinéferrex, la fille de Hélou ; Kérou, le fils du laboureur Bal ; Pétémestus, le frère de Pma, les enfants de Pateb, lesquels sont tous dans le lieu de tes demeures, dans la demeure de Thot... Ils sont tes hommes depuis le moment ci-dessus. Personne au monde ne peut les écarter de toi à partir de ce jour. Je ne puis, moi-même, écarter aucun d'eux. Je ne puis emmener aucun de ces hommes hors de tes lieux d'habitation depuis le moment ci-dessus. Je ne puis empêcher aucune aliénation faite par toi ni par aucun homme t'appartenant, à partir du jour ci-dessus. Tout écrit qui est établi en ma faveur, que j'ai fait à quiconque au monde ou dont j'ai fait la rédaction à quiconque (tout écrit de ce genre, dis-je) sera maintenant parmi tes écrits à ta disposition ainsi qu'à celle de ton père, de tes gens, agissant en ton nom (mot à mot : en ta main); tu m'obligeras au droit de l'écrit nommé pour que j'agisse en conformité. Cela est à ma charge (mot à mot : établi sur moi) et je suis venu pour faire aliénation. Si un homme me solde à moi-même un paiement quelconque t'appartenant, je te donnerai vingt argenteus, en sekels cent, en argenteus vingt en tout, et de plus j'abandonnerai ces choses (les esclaves payés indument à Petkesh) de force, sans délai, sans opposition.

« A écrit Amenhotep, fils de Héreius. »

Il est probable que les esclaves nommés dans ces deux documents et qui se trouvaient dans la maison de Tanofré formaient une des principales richesses du marchand Petkesh. C'est donc à un paiement en nature d'esclaves que nous avons affaire, comme dans cette lettre hiératique traduite par M. Maspero et où il est question de deux esclaves formant le prix de l'éducation d'un officier de cavalerie dans une école militaire pharaonique : « Lorsqu'il (l'officier de chars) est placé à l'école par son père et sa mère, possédant cinq esclaves, il en donne deux. »

Mais en dépit de ces ventes et de ces échanges, l'état de l'esclave égyptien était encore enviable par rapport à celui de l'esclave grec, qui à l'époque des Ptolémées existait parallèlement sur le sol de l'Égypte. C'est à un esclave du monde grec, appartenant à des députés cariens, que se rapporte cette pièce qu'a traduite M. Letronne :

« L'an XXV, le 16 épiphi.

« Un esclave d'Aristogène, fils de Chrysippe, d'Alabanda, député, s'est échappé à Alexandrie.

« Il se nomme Hermon et est aussi appelé Nilos; Syrien de naissance, de la ville de Bambyce : environ dix-huit ans, taille moyenne, sans barbe, jambes bien faites, creux au menton, signe près de la narine gauche, cicatrice au-dessus du coin gauche de la bouche, le poignet droit marqué de lettres barbares ponctuées. Il avait quand il s'est enfui une ceinture contenant en or monnayé trois pièces de la valeur d'une mine et dix perles; un anneau de fer sur lequel sont un lecythus et des strigiles; son corps était couvert d'une chlamyde et d'une perizôma.

« Celui qui le ramènera recevra deux talents de cuivre et trois mille drachmes; celui qui indiquera (seulement) le lieu de sa retraite, recevra, si c'est dans un lieu sacré (1), un talent et deux mille drachmes; si c'est chez un homme solvable et passible de la peine, trois talents et cinq mille drachmes.

« Si l'on veut en faire la déclaration on s'adressera aux employés du stratège.

« — S'est encore échappé avec lui Bion, esclave de Callicrate, l'un des archypérètes de la cour.

« Taille petite, épaules larges, jambes fortes, yeux pers. Il avait, lorsqu'il s'est enfui, une tunique, un petit manteau d'esclave et un coffret de femme du prix de six talents et cinq cents drachmes de cuivre.

« Celui qui le ramènera recevra autant que le premier. Faire de même la déclaration, pour celui-ci, aux employés du stratège. »

Qu'on compare à cette pièce les papyrus hiératiques relatifs à des esclaves échappés qu'a publiés M. Chabas et l'on verra l'abîme qui sépare l'esclavage grec de l'antique esclavage égyptien. Si ce Grec avait perdu son cheval, il ne procéderait pas autrement qu'il vient de faire. Pour l'Égyptien au contraire, l'esclave est un homme, qu'on menace de la justice, et qui, dans certains cas, peut en appeler aux dieux.

L'esclavage est donc moins horrible chez ce vieux peuple que naguère encore dans la libre Amérique. Il se confond avec le servage. Mais le servage lui-même est un attentat aux droits les plus sacrés de l'homme. Un maître peut être bon,

---

1. Encore une preuve (parmi tant d'autres) du droit d'asile exercé par les temples. Les papyrus du Sérapéum montrent qu'en cas pareil la police faisait espionner celui qui était dans l'asile et le saisissait quand il en sortait. Voir ce que nous avons dit plus haut du passage d'Hérodote parlant aussi d'esclaves se réfugiant en Égypte dans les temples.

c'est toujours un maître : et, vous connaissez bien les vers de
La Fontaine :

> Notre ennemi c'est notre maître,
> Je vous le dis en bon français.

Quel plus bel idéal que celui qui se résume dans notre devise
patriotique : « Liberté, égalité, fraternité. » Malheureusement
l'égalité complète n'est guère possible et la fraternité manque le plus souvent. Reste donc pour tous ce mot auguste et
sacré, suprême espoir des peuples qu'on opprime et qui déjà
a tué à jamais l'esclavage : *Liberté!*

LES LIENS D'ORIGINE

Messieurs,

Nous avons commencé par vous parler de l'esclavage et des divers états sociaux qui en découlaient dans l'antiquité, et nous vous avons montré comment, à ce point de vue, les mœurs et les institutions des peuples occidentaux s'écartaient essentiellement de celles de l'ancienne Égypte. En effet nous n'avons aperçu en Égypte pas la moindre trace de ces conséquences si graves qui, dans l'empire romain, par exemple, résultaient à perpétuité d'une origine servile pour des hommes mis en liberté ; nous n'y avons pas découvert le moindre indice d'une distinction établie entre la condition des hommes libres de naissance et celle des affranchis. C'est en vain que nous y avons cherché les analogues de ces classes d'affranchis dont nous avons, en guise de contraste, rapidement esquissé l'histoire dans le droit romain et qui s'y trouvèrent maintenus sous la dépendance de leurs anciens maîtres, par des chaînes de plus en plus lourdes, à mesure qu'on s'éloigna de la législation révolutionnaire des Douze Tables. Chez les Égyptiens, il ne paraît pas qu'aucun lien de dépendance relativement à un patron ait été jamais le résultat de l'esclavage originaire.

Mais, théoriquement, il ne serait pas impossible que d'autres liens, d'autres obligations, même pour des hommes nés en liberté, y eussent paru devoir résulter directement de l'origine ; maintenant donc, pour nous faire une idée complète de l'état des personnes, il faut que nous portions notre attention sur ce point.

Cette question est complexe. Elle comprend : 1° l'inscription des habitants sur les registres de l'état civil; 2° leur attribution à leur nome de naissance ; 3° leur rattachement possible à une terre spéciale ou à un état déterminé.

En effet, si l'esclave appartenait à un homme ou à une institution, l'homme libre lui-même dans certaines sociétés antiques et particulièrement dans celle du bas empire, appartenait au pays qui l'avait vu naître et à la profession de ses parents. En était-il ainsi en Égypte ? C'est ce que nous allons examiner.

Rien n'est mieux prouvé que l'existence de registres de l'état civil en Égypte. Les documents hiéroglyphiques, démotiques et grecs sont sous ce rapport dans l'accord le plus complet. Nous avons déjà vu, précédemment, que les esclaves y étaient inscrits avec les hommes libres et que c'était là qu'on allait chercher les renseignements dont on avait besoin à leur égard. Il en était semblablement pour les princes eux-mêmes. Le Roman démotique de *Sétna* (1), nous montre le fils du prince héritier Ptahneferka inscrit dès sa naissance, sur les registres des hiérogrammates. Suivant le décret de Canope, tous les enfants des prêtres d'Égypte devaient l'être également. Nous le voyons pour l'un d'eux dans l'inscription de Nofreho (2). Aux hiérogrammates, c'est-à-dire aux scribes sacrés des temples appartenait en effet le soin de tenir ces registres, dont le but primitif, indiqué par Hérodote, avait été d'attribuer les gens de chaque nome au sanctuaire du lieu. La circulaire administrative ptolémaïque qui porte au Louvre le n° 63 (3) fait sans cesse allusion à cette inscription légale et à ceux qui y étaient portés τοις εν τωι γενει φερομενοις, et qui étaient en conséquence astreints aux charges communes.

Mais cette inscription individuelle n'empêchait pas plus que

---

1. « J'enfantai ce petit enfant qui est devant toi; on lui donna le nom de Merhu; on l'inscrivit sur le registre de la double maison de vie » (des hiérogrammates). Voir mon édition de *Sétna*, p. 11.

2. « Elle lui enfanta un fils mâle, beau et fort; on l'appela Pseptah comme nom, on le fit inscrire dans la double maison de vie » (la maison des hiérogrammates). (Voir *Revue Égypt.*, 11° année, p. 101.)

3. J'ai montré qu'elle est du premier règne d'Évergète II.

chez nous certains recensements généraux, signalés par les papyrus hiératiques. Écoutons plutôt l'un de ceux qu'a traduits notre regretté maître et bien excellent ami M. Chabas : C'est le scribe Bekenptah qui s'adresse à son inférieur le scribe Kaouisar. Il lui dit :

« On te porte cet écrit de correspondance. Lorsque ma lettre t'arrivera, tu feras la départition de la (ville).

« Acquitte-toi de ce que tu auras à faire, complètement, entièrement; avise à exécuter convenablement ce que tu as à faire pour la culture.

« Vois le nombre des personnes, ayant bien soin de me faire connaître chaque homme par son nom :

« Celui qui fait le dénombrement des travaux,

« Les lettrés,

« Les ouvriers en bois et en métal,

« Les corporations faisant toute espèce d'ouvrage de culture,

« Les artistes faisant des ouvrages de précision,

« Les messagers pour ces travaux,

« Les chefs qui président à la culture,

« Le grand majordome,

« Le commandant des militaires,

« Les horoscopes rapportant à la connaissance du puissant,

« Le grand des appartements,

« Le scribe de la table,

« Les vérificateurs,

« Le conducteur du service,

« Le conducteur des messagers de la culture,

« Le conducteur de la pharmacie,

« Le boulanger,

« Le boucher,

« Le confiseur,

« Le restaurateur,

« Le conducteur des contrôleurs qui goûtent le vin,

« Le supérieur des travaux,

« L'intendant des ouvrages sur bois et sur métal,

« Les ouvriers en métal et en bois,

« Le grand officier des *sennu*,

« Le scribe sculpteur sur pierre (Ζωγλυφος),

« Le conducteur de ceux qui manient les métaux,

« Les sculpteurs,

« Le conducteur des tailleurs de pierre,

« Les maçons,

« Le conducteur des conducteurs,

« Les puisatiers,

« Les barbiers,

« Les cordonniers,

« Les fabricants de corbeilles... etc. »

Ce dénombrement, cette départition, suivant les termes de Bekenptah, se faisait surtout en vue de la culture : nous aurons bientôt à parler de la culture en commun et des obligations qui en résultaient pour les Égyptiens d'après les renseignements contenus encore sous les Lagides dans les circulaires officielles, particulièrement dans celle du papyrus 63 du Louvre. Aussi était-il nécessaire d'indiquer avec précision la profession de chacun afin de pouvoir compter ceux qui auraient à prendre part aux charges communes et ceux qui pourraient se trouver dans quelque cas prévu d'exemption. Pour l'une ou pour l'autre de ces causes, des fonctionnaires de toute espèce viennent figurer sur les listes. Tous les hommes du pays avaient leur place marquée dans leurs nomes, dans leurs villages, leurs *gentes* et leurs maisons et ils ne pouvaient pas, sans crime, manquer à l'appel (1). Le papyrus grec cité plus haut est des plus instructifs à cet égard.

Ce monde d'employés constitue, nous l'avons dit, tantôt la *gens* d'un seigneur féodal de l'ancien empire, et tantôt la population subordonnée d'un temple ou d'une préfecture. Nous les voyons prendre part, ensemble, au deuil d'un maître ou être portés dans le personnel inhérent aux sanctuaires et

---

1. Nous avons en grec, et même ensuite en grec et en arabe, de nombreux états de ce genre, tout à fait officiels, mentionnant tous les bourgs et toutes les maisons isolées d'un nome et dans chaque maison le nombre et les noms des habitants.

aux bourgs. Il faut consulter à ce point de vue les listes contenues dans nos contrats démotiques et qui les représentent morts ou vifs comme appartenant à leurs lieux d'origine. C'est ainsi, par exemple, qu'un taricheute ou ensevelisseur de Memphis reconnaît à un de ses confrères le quart et le huitième des liturgies funéraires du temple appelé « le palais de repos du dieu Tum, » et du temple appelé « le lieu de naissance de Thot l'ibis, » l'un et l'autre situés sur Umaïr, au-dessus de Memphis, — c'est-à-dire « des prêtres, des écrivains, des pastophores, des porteurs de naos, des artistes, des chanteurs, des ouvriers, des hommes de peine, des soldats (στρχ-τιωτης ou calasiris en garnison dans le temple), des stolistes, des sculpteurs de hiéroglyphes ou Ζωγλυφος, des sacrificateurs, des flabellifères, des hommes des comptes, des serviteurs des ibis (ibiobosques) et des serviteurs des éperviers sacrés, des autorités du sanctuaire et du lieu pour les places susmentionnées ; et la part du quart et du huitième de leurs femmes, de leurs enfants, de leurs frères, de leurs compagnons, de leurs esclaves, de toute leur maison en un mot, et même le quart et le huitième de leurs fœtus abortifs (nés avant terme) et de leurs fœtus non séparés (1) ! » Rien n'est oublié dans ces sortes d'énumérations, que nous retrouvons à Thèbes aussi bien qu'à Memphis. Tel ensevelisseur doit avoir tous les gens qui mourront à Coptos, tel autre tous ceux qui mourront dans les Memnonia. Souvent ces singulières affaires donnaient lieu à des procès semblables à ceux d'Amenhotep et de Tééphib (2) au sujet desquels nous possédons la requête suivante présentée par l'un des deux taricheutes ou paraschistes susmentionnés :

« A Héraclide, des gardes du corps, épistate et intendant des revenus du Perithèbas, de la part de Péténéphotès, fils de Péténéphotès, l'un des paraschistes de Diospolis la grande.

« Je suis lésé par Aménothès, fils d'Horus, paraschiste ; car en l'an 51, le 13 du mois de Payni, nous avons fait un arran-

1. *Revue Egyptologique*, 11ᵉ année, nᵒ supplémentaire II-III, planches.
2. Un papyrus grec du Louvre contient un procès du même genre entre deux compagnies de choachytes et la décision de l'épistate à ce sujet.

gement mutuel devant le tribunal de l'agoranome des étrangers, arrangement par lequel Aménothès me promettait de
s'abstenir de tout office de paraschiste pour les gens des
Memnonia, de..., de Tnempamènès, de Sepinpoor, de..., de
Mesthbou, bourgs de la partie occidentale du nome Pathyrite,
et de Poès, de Pèi, de Pmuchès, autres bourgs de la partie
occidentale du nome Coptite, et pour les prêtres d'Amon de
Diospolis, et leurs serviteurs, et pour les gens de l'Ammonium de Diospolis, et du Phoer (Phoèrès), ainsi que chez les
étrangers de passage ou domiciliés dans ces lieux. De mon
côté je promis à Aménothès de m'abstenir de tout office de
paraschiste pour les habitants de Diospolis, excepté les prêtres
d'Amon et leurs serviteurs, comme il est écrit plus haut, et
pour les habitants des Kérameia, de Thmononkoiphès, de
Gabdi, de Proittibion, du nome Péri-Thèbas, et pour ceux de
Poenpoès, du nome Coptite, ainsi que pour les étrangers de
passage ou domiciliés dans ces lieux. Tous les deux nous
avons promis : 1° que l'un ne prendrait pas soin des corps de
ceux qui habitent les bourgs assignés à l'autre, ni des serviteurs ni des travailleurs ; 2° qu'il ne percevrait à ce titre ni
légumes, ni vin, ni rien autre, de quelque manière que ce fût;
et qu'il ne toucherait rien pour aucun de ceux qui habitaient
dans les bourgs de l'autre à partir de l'an 51, même en cas de
transfert dans un bourg à lui propre. Il ne m'était pas permis,
à moi, de prendre soin des corps qui étaient transportés de
Poenpoès à Poès, de la partie occidentale du nome Coptite, parce qu'il ne m'appartenait pas d'opérer dans le dit bourg,
et il n'était pas permis à Aménothès de prendre soin des
corps morts en dehors de Poenpoès. Nous avons stipulé l'un
et l'autre que nous observerions ce pacte et que nous ne ferions
rien de contraire à ce qui est écrit ci-dessus. Autrement la tentative serait vaine, le contrevenant devrait payer aussitôt à
l'autre partie, quelle que fût la nature ou l'espèce de l'infraction,
en guise de peine, trente talents d'airain et le prix de l'estimation du dam, selon la loi, et en outre aux rois trois cents
drachmes sacrées d'argent frappé, sans compter que le pacte

devait subsister dans toute sa vigueur, tel que nous en étions librement convenus.

« L'arrangement étant fait de la sorte, Aménothès commença aussitôt à l'enfreindre : d'abord quand un certain Pamonthès mourut dans l'Ammonium, ensuite lorsqu'une fille d'un certain corroyeur fut transportée de Latonpolis, lorsque vinrent d'Hermonthis deux fils de Philoclès, dont l'un fut transporté mort dans l'Ammonium et l'autre mourut dans l'Ammonium, semblablement aussi, lorsque Sniblais, habitant de Cochlax, du nome Pathyrite, fut transporté à l'Ammonium et que son fils y mourut. (C'était un des bourgs qui m'avaient été attribués.) Il m'appartenait de donner mes soins à ces corps : et cependant, contre tout droit, ce fut Aménothès qui le fit. Dernièrement enfin, en cette année IIe, au mois d'athyr, quand Héreius, fils d'Arbécis, qui était topogrammate de Poès, dans la partie occidentale du nome Coptite, qui avait là son domicile et tous ses biens, qui tenait la première place de Poès et de tous les bourgs à moi assignés, spécialement parmi les officiers publics de Poès, ayant la dignité de πρεσϐυτερος au-dessus de tous les habitants du bourg et les surpassant de beaucoup, quand, dis-je, Héreius se trouva, fortuitement, mourir à Diospolis. Aménothès, de plus en plus confirmé dans son audace, osa encore, par violence, s'emparer de ce corps, emporté par une sorte de caprice d'autocrate et un esprit de rébellion, s'arrogeant une grande puissance et s'enflant au-dessus de lui. Il ne lui était pas permis d'ensevelir ni celui-là ni les autres susmentionnés. Il ne lui était permis de porter la main ni sur eux ni sur aucun des hommes provenant des bourgs qui m'avaient été assignés. Ce qui m'appartenait, il s'en est emparé, me pressurant, soutirant mes moyens d'existence et mes seules ressources, ayant jugé de haut les pénalités attachées à de telles trangressions dans notre arrangement mutuel souscrit par lui, méprisant les amendes qui nous reviennent et comptant pour rien celles qui doivent l'atteindre au profit des rois..... C'est pourquoi je te prie de le convoquer près de toi, et de le forcer à me payer ce à quoi j'ai droit, d'en exiger les amendes et de me rendre justice en toute chose. Pour tout ce qui touche les dommages-intérêts qui devront me revenir, j'en établirai le compte exact. »

Les papyrus contenant des engagements analogues à ceux d'Amenhotep et de Téephib sont très nombreux en démotique et les clauses pénales en sont dures. Ainsi, après une énumération de bourgs *appartenant* à un paraschiste et de tous ceux qu'ils renfermaient, on lit :

« Et leurs femmes, leurs enfants, leurs frères, leurs gendres, leurs parents, leurs domestiques, leur maison, et quiconque les représentera, et quiconque viendra en leur nom, et leurs liturgies (*seti*), leurs revenus funéraires (*achi*), et tout ce qui sortira d'eux, et tout ce qu'on en pourra recevoir, et tout ce qui (sera) dû pour eux, et tout ce qui viendra se rattacher à leur nom, et tout ce qu'on donnera en leur nom à l'archentaphiaste, soit en qualité de taricheute (*mine-n-cherheb*), soit en qualité de choachyte (*mine-n-hi-moou*). A toi, les liturgies (*seti*), et les chapelles (maisons de *seti*) de l'archentaphiaste écrit plus haut. Je n'ai aucune parole au monde (aucune réclamation), à te faire à ce sujet. Depuis le jour ci-dessus, celui qui viendra à toi, soit en mon nom, soit au nom de T'immoou, fils de Patot (mon père), je l'écarterai dans le délai de cinq jours. Tel est le temps fixé. Si je ne l'écarte pas de toi dans les cinq jours ci-dessus, je donnerai deux mille argenteus (en sekels une myriade, ci : argenteus deux mille), dans les deux jours après les cinq jours ci-dessus. Je te les abandonnerai. Tu m'obligeras à les faire s'éloigner (ces tiers évicteurs) tant en mon nom qu'au nom de T'immoou, fils de Patot, mon père ci-dessus, en outre, de force, sans délai. Si je reçois le prix d'un ensevelissement, même d'un ensevelissement de petit enfant, ou que personne au monde le reçoive, soit en mon nom, soit au nom de T'immoou, fils de Patot, mon père sus-nommé, et cela pour les hommes dont les noms sont écrits plus haut, je te donnerai deux cents argenteus (en sekels mille, ci : argenteus deux cents), pour cet ensevelissement, dans les cinq jours du mois en question. Tu m'obligeras à te payer le prix de cet ensevelissement en outre, de force, sans délai. Tu m'obligeras aussi à observer l'autre écrit de cession que je t'ai fait en l'an 21, le 9 méchir, du roi à vie éternelle, et le droit en résultant. Que j'agisse de plus selon tout ce qui est écrit ci-dessus. »

Et ailleurs :

« L'homme d'eux qui mourra, si on nous l'apporte... au lieu nous appartenant dans la nécropole de Memphis, nous le livrerons à vous dans les quatre jours. Afin que nous vous le livrions, vous nous avez donné de l'argent, des valeurs pour cela, au nom du *sanch* de Pa... et nous avons prêté serment. Si nous ne vous le livrons pas (ce mort) dans les quatre jours, nous vous donnerons cinq pièces d'argent (en sekels vingt-cinq, ci : cinq pièces d'argent) en argent gravé, et nous donnerons aussi cinq pièces d'argent (en sekels vingt-cinq, ci : cinq pièces d'argent), en argent gravé, pour les sacrifices, les libations des rois toujours vivants, dans les cinq jours qui suivront les quatre jours ci-dessus. Nous vous le livrerons (ce mort) en outre. Vous nous obligerez à vous le livrer, en outre, de force, sans délai ; sans compter femme qui mourra, ayant fils ou fille parmi ces liturgies et nos liturgies. Nous en justifierons suivant le droit des paraschistes. »

Aussi quand un Égyptien décédait en dehors de son nome on l'y renvoyait au plus tôt, par petite ou grande vitesse selon la fortune de la famille. Nous avons un assez grand nombre d'étiquettes placées primitivement sur des momies renvoyées de la sorte aux catacombes auxquelles elles appartenaient, avec leurs noms et l'indication de leurs nomes d'origine.

Je mentionnerai par exemple cette froide *lettre de voiture* (ce serait le terme actuel), adressée par un frère à son frère au sujet de leur mère commune, qu'il lui expédie, comme un colis ordinaire : « Senpamonth à Pamonth son frère, salut. Je t'expédie le corps de Senuris, ma mère, ayant une *tabla* au cou, par l'intermédiaire de Talés, père de Hiérax, dans une embarcation propre (à cet envoi), le port étant complètement payé par moi. Voici le signalement de l'ensevelissement : Il y a à l'extérieur un linceul de couleur rose et son nom (de Sénuris) est écrit sur le ventre. Que tu aies été toujours bien portant, mon frère, je le souhaite. — An III, 11ᵉ jour de Thot. » Senpamonth envoyait sans doute ce ballot à son frère pour le faire déposer dans les Memnonia avec la planchette (*tabla*), indicatrice, pendue au cou.

Une de ces planchettes, publiée par mon cher maître et ami feu M. Brunet de Presle, porte : « An XLII, Epiphi. — Pour la tombe (la catacombe), de Sénéponyx. (Ma) fille, Phthamont, fille de Papsenis, et sa propre fille, sont ici dedans enfermées. J'ai payé complètement le prix du transport et tous les autres frais. Vous donc, placez-la parmi les tombes qui sont dans les Memnonia. » Sénéponyx était le destinataire et il possédait la catacombe dans laquelle cette femme devait être placée suivant les conventions traditionnelles de son nome.

De même que les morts, et à meilleur titre, les vivants appartenaient à leurs lieux d'origine, et nos contrats thébains, si admirablement rédigés, ne manquent jamais d'indiquer ce lieu d'origine pour les parties figurant dans l'acte. Ce sont ou bien, et le plus souvent, des « choachytes pastophores d'Amon-Api de l'occident de Thèbes », succédant aux « choat chytes(1) (*ouah moou*) de l'occident de Thèbes, » dont parlent les documents hiéroglyphiques antérieurs, ou bien des « pastophores de Djême, » des « taricheutes du mont de Djême, » ou bien des « cavaliers qui inscrits à Djême, » des « habitants de Djême, » un « receveur parmi les hommes de Théodote, qui est inscrit à Thèbes, » un autre « receveur d'étoffe, inscrit à Thèbes, » « un receveur inscrit à Hermonthis parmi les hommes de Philikimos, » ou bien « un receveur d'étoffe, natif de Djême, » ou bien un « changeur, homme de Thèbes » ou bien un » prêtre de Min et d'Amon-Ra de Thèbes, » un « divin père d'Amon-em-Ap » (Amon dans Thèbes) etc., etc. S'il s'agit d'un « Grec né en Égypte, » on a soin de noter cette circons-

---

1. C'est notre excellent maître, M. Birch, qui a signalé le premier ce titre.

tance. Les femmes seules sont exemptées de donner leur lieu d'origine, sans doute parce que, comme dans la loi française, elles suivaient la condition, et pour ainsi dire la nationalité de leurs maris. Mais la mention d'hommes inscrits à Thèbes, à Hermonthis ou à Djême est surtout capitale, et tranche la question. Peut-on avec de telles données ne pas se fier aux témoignages d'Hérodote, du roman de Setna, des stèles, etc. (1), nous apprenant que les habitants de chaque ville et de chaque province étaient annexés au temple local par une inscription légale, inscription à laquelle nos papyrus montrent qu'on devait se reporter pour être admis à plaider en justice? Ce point de l'antique loi égyptienne, εκ των χωρας νομων, est un de ceux que le papyrus grec Ier de Turin, contenant le procès d'Hermias, met le mieux en lumière. L'avocat d'Horus, Dinon dit en effet, que « si le procès, alors soutenu devant les juges grecs, avait été porté devant les laocrites, Hermias, la partie adverse, aurait dû prouver, selon la loi (et sans doute par son extrait de naissance) qu'il était le fils d'un Ptolémée et de la mère qu'il avait indiquée, et que ses ancêtres descendaient de cette race exposée par lui : et s'il n'avait pas démontré cela, les juges n'auraient pu l'entendre plaider sur aucune chose. — C'était seulement, continue-t-il, après cette démonstration qu'il pouvait nous demander les documents relatifs à la maison en litige. — Semblablement, pour obéir aux lois politiques et aux décrets, Hermias, après ces preuves et après avoir payé le tribut des prémices (les droits de succession *ad valorem*), devait inscrire l'hérédité sur les registres publics. S'il ne le faisait pas, il était frappé d'une amende de dix mille drachmes, et tous ses actes d'administration des biens devaient être nuls. »

En dehors des droits d'hérédité, les Égyptiens de l'époque lagide avaient à payer un impôt foncier sur les maisons, et un autre impôt sur les habitants, une capitation. Nous possédons à ce sujet un document d'une grande importance. C'est

1. Voir plus haut, p. 116, pour toute cette question.

la stèle hiéroglyphique de Pithom que M. Naville a découverte et va bientôt publier, stèle qui remonte à l'an 21 de Philadelphe. Nous y voyons mentionner à plusieurs reprises les impôts (*htar*) perçus chaque année sur les maisons et sur les habitants, impôts que, selon les *Économiques* attribuées à Aristote, le roi Téos ou Tachos avait établis d'après les conseils de l'Athénien Chabrias : ἀπ᾽ οἰκίας δὲ ἑκάστης ἐκέλευσεν ἅπαντας εἰσενέγκαι τάξαντα ὃ δεῖ καὶ ἀπὸ τοῦ σώματος ὡσαύτως.

Les précieuses indications que nous allons reproduire nous sont données à propos des libéralités du roi envers les temples.

Voici d'abord la partie de l'inscription relative au budget ordinaire des cultes, ou syntaxis royale, tant dans l'Égypte entière que dans la petite ville de Pikerehet.

« Compte de tout ce que Sa Majesté fait donner en dignes honoraires aux temples de la haute et de la basse Égypte, comme impôt de chaque année dorée : Sa Majesté fait donner 150,000 argenteus (500 talents d'argent).

« Compte de tout ce que Sa Majesté fait donner en dignes honoraires au temple de Pikerchet, taxes exigées pour les maisons de cette ville et taxes exigées des habitants comme impôt de chaque année : 950 argenteus (3 talents plus 1000 drachmes). Sa Majesté donne cela dans la panégyrie de son père Tum dont sont issus ses membres et qui lui a donné la vie, qu'il a reçue de lui par les mains d'Isis et de Nephthys le 30 du mois d'Athyr. »

Ce budget régulier de 500 talents pour tous les temples d'Égypte formait le 28ᵉ du budget de Philadelphe (nous l'établissons dans un autre travail). Mais exceptionnellement, pour payer son apothéose, en l'an 21 de son règne, Philadelphe se montra plus prodigue et il fit un emprunt beaucoup plus considérable aux deux taxes dont il s'agit.

« En l'an 21, au mois de choïak, sous le règne de Sa Majesté, compte de ce que le roi a donné en dignes honoraires aux temples de la haute et de la basse Égypte, taxes exigées pour les maisons d'Égypte : 90,000 outen d'argent (300 talents d'argent); taxes exigées des habitants comme impôt de chaque année : 650,000 argenteus (2166 talents et 4000 drachmes). Ces dignes honoraires ont été inscrits sur cette stèle en face de son père Tum, etc. »

Ces impôts, nous les retrouvons encore à l'époque romaine ; la capitation est surtout indiquée sans cesse dans les reçus contemporains et les documents historiques, et elle reposait nécessairement sur l'inscription régulière et l'état civil nettement constaté des habitants. Le taux ancien de cet impôt direct par excellence, appelé en grec λαογραφια, était de 4 sekels ou 16 drachmes d'argent. Il resta tel jusqu'aux premières années de Trajan. Plus tard, au moins jusqu'aux premières années de Marc-Aurèle, il s'éleva à 17 drachmes et une obole, tandis que la patente des métiers (χειροναξιον) était de 20 drachmes et 2 oboles. Nous ne savons pas si la taxe sur les maisons était un droit fixe ou proportionnel, mais on percevait, dès l'époque des Lagides, un droit fixe de 2/10 et demi d'argenteus (1) (5 drachmes d'argent) pour toute construction nouvelle. On devait dans ce but faire la déclaration à « l'homme du *hei* », comme cela se pratique encore pour les constructions nouvelles dans la ville de Paris.

En effet, hommes, biens, impôts, tout était *inscrit*, selon l'expression de notre stèle. A la vérification de la comptabilité portant surtout sur les biens étaient préposés les basilicogrammates, les topogrammates et les komogrammates, tenant les registres des provinces, des sous-préfectures et des lieux dits ; tandis que les hiérogrammates ou scribes sacrés avaient tenu pendant des siècles au nom des dieux la liste des êtres humains appartenant à chaque sanctuaire (2). Mais il est probable que, pour les besoins du fisc, les scribes locaux durent aussi de très bonne heure avoir copie de l'état des personnes, dont Sa Majesté, plus encore que les dieux, pouvait profiter. Le procès

1. Ainsi que nous le démontrons dans un article en cours de publication dans la *Revue Égyptologique*, l'argenteus n'était autre que l'outen d'argent assimilé à 20 drachmes attiques. Cet argenteus ou cet outen monétaire diminua de poids sous les Lagides dans la même proportion que la drachme.

2. C'est pour cela qu'Hermias, pour prouver son état civil, invoque les lettres des prêtres d'Amon qui lui avaient été adressées à ce sujet.

d'Hermias nous montre en action toute la hiérarchie de ces scribes locaux. Philoclès, l'avocat d'Hermias « lit un rapport du basilicogrammate, duquel ressortaient les faits suivants. Lorsque Hermias avait eu un procès devant les chrématistes contre Armaïs, fils de Nechthmonth, un des prêtres d'Amon de Diospolis, au sujet de vingt aroures de terres à blé qu'il avait démontrées être un bien de ses ancêtres vendu contre tout droit à Armaïs par Apollonius, fils de Damon, Apollonius avait dû soutenir lui-même le procès pour Armaïs ; et le basilicogrammate, d'après les rapports du topogrammate et du komogrammate, avait envoyé sa relation aux chrématistes, établissant que cette propriété était attribuée par l'inscription à Hermon, fils d'Hermias, aïeul de notre Hermias. Apollonius avait donc dû convenir qu'il devait abandonner la possession de cette terre. »

Hermias a également recours à un rapport du topogrammate Pamonth pour prouver que ses ancêtres possédaient la maison de Thèbes et avaient toujours habité à Diospolis : tandis que les parties adverses avaient leur habitation légale, leur domicile (κατοικιαν) dans les Memnonia, où un arrêté antérieur du stratège ordonnait leur transfert.

De même, on s'adresse au topogrammate lors de la revendication faite par Peténéphot d'une maison, qui en définitive ne lui appartenait pas.

Selon la circulaire administrative citée plus haut, on distinguait le scribe des soldats, γραμματευς των μαχιμων (déjà mentionné sur un fort ancien autel à libations de notre Musée égyptien), des scribes des habitants fixes, appelés topogrammates et komogrammates, et du scribe du roi ou basilicogrammate. On retrouve du reste les topogrammates et les basilicogrammates dans un certain nombre de nos papyrus démotiques (1) ; et ils ont été conservés à l'époque romaine :

---

1. Nous voyons par exemple figurer un topogrammate dans un serment de culture écrit en démotique et dont nous aurons à parler à propos de la location. La mention de basilicogrammate est très fréquente dans les actes de Thèbes comme dans les stèles hiéroglyphiques de toute époque. Nous en voyons signer deux après le notaire dans un contrat que nous étudierons plus loin.

l'inscription du temps de Néron, faite au nom des habitants de Busiris, ainsi que des topogrammates et komogrammates qui y sont, le prouve avec évidence. Une autre inscription de l'oasis, datant du règne de Septime Sévère, prescrivait aux basilicogrammates, aux topogrammates et aux komogrammates de porter sur leurs registres tout ce qui était payé par le nome, soit justement, soit injustement.

Le *nome !* Voilà bien la vieille unité égyptienne, à laquelle Pline et Trajan font allusion dans leur correspondance, quand ils parlent des gens des nomes, qu'on ne peut élever, même individuellement, à la cité romaine. C'est d'après le modèle de cette antique localisation égyptienne que l'empire romain de la décadence a, par l'inquilinat, fixé partout chaque habitant, chaque sujet de César, en son lieu d'origine. Dans la vallée du Nil tous les actes des martyrs égyptiens, aussi bien que les requêtes d'époque ptolémaïque, ont toujours soin d'indiquer l'origine et l'état civil de tout homme en discussion et en procès, suivant les prescriptions de ces lois patriotiques de l'Égypte dont les commencements se perdent dans la nuit des temps.

Nous voilà donc amenés invinciblement à l'affirmative pour solution de notre seconde question. Oui : les Égyptiens étaient attribués à leurs nomes, à l'exception des prêtres, qui selon Diodore, d'accord avec les inscriptions hiéroglyphiques, pouvaient successivement occuper des charges sacerdotales dans différents sanctuaires , et des soldats qui, par leurs fonctions même, nous le voyons par Hermias et bien d'autres , se trouvaient, comme chez les Romains, quelque peu dégagés des liens les unissant à leur unité administrative, à leur *curie*, pour me servir du terme de droit latin.

Mais à la façon des Romains du bas empire, les Égyptiens, déjà fixés dans leur nome, étaient-ils aussi rattachés à la glèbe ou au lopin de terre qu'ils devaient arroser de leurs sueurs ? Il nous paraîtrait quelque peu téméraire de l'affirmer. Nous n'entrerons pas en ce moment dans l'examen détaillé des conditions légales de l'agriculture égyptienne, dont nous

aurons à parler bientôt à propos du régime des biens. Mais
dès à présent, nous pouvons dire que les cessions de propriétés
rurales, assez fréquentes en démotique, nous montrent, tout
autant que la célèbre circulaire grecque sur l'agriculture contenue dans le papyrus 63 du Louvre, le peu de fondement de
cette hypothèse. D'après la loi romaine de la dernière période,
l'agriculteur, le *colonus*, n'aurait pu céder une culture qu'il
tenait de ses pères et dont il était personnellement chargé,
ainsi que ses enfants, de génération en génération. D'ailleurs
en Égypte la culture n'était pas un devoir privé, mais un devoir
public. Notre circulaire nous dit formellement que tous les
habitants étaient soumis à cette obligation de la culture à
accomplir par corvées (comme cela se fait chez nous pour les
routes) ou à racheter par une capitation spéciale. Les fonctionnaires et les militaires pouvaient seuls en être exemptés,
et encore ce privilège était-il tombé en désuétude jusqu'à
cette nouvelle instruction de l'un des ministres des finances
d'Évergète II.

Cet usage de la culture en commun a été du reste conservé
avec le plus grand soin à l'époque romaine, et nous avons au
Musée du Louvre des registres sur papyrus, contenant les
listes de corvéables astreints à travailler dans chaque bourg et
dans chaque lieu dit. On avait même établi pour cela un régime
à part, régime sur lequel les lois du Bas-Empire et les papyrus
fournissent de précieuses indications. Au lieu de la cité antique, absorbant en elle toute la vie civile et politique de
la province dans laquelle elle se trouvait, et comptant seule,
on avait en Égypte des *métrocomes*, bourgades mères imitant
en quelque sorte les métropoles, ayant leurs magistrats municipaux, leurs *curiales*, lesquels succédaient aux πρεσϐυτεροι
d'époque ptolémaïque, leurs juges de paix, irénarques ou
lachanes, représentés par de gros propriétaires, et tout un
système d'organisation locale, que nous voyons fonctionner
dans les papyrus coptes de Memphis ou du mont de Djême.
Tout cela, ainsi que la classe des *homologues* dont il est
question dans les codes, et le patronage officiel, qu'ils

interdisent, de personnages puissants ou de hauts fonctionnaires sur les métrocomes et les bourgs, avait été organisé
pour faciliter l'obligation publique de la culture. Il ne faut
pas oublier, en effet, que la culture avait un caractère spécial
dans la vallée du Nil, caractère qui excluait absolument
l'individualisme dominant partout ailleurs. L'inondation,
venant chaque année niveler pour ainsi dire le sol en le fertilisant, obligeait à des travaux communs, que l'irrigation
par le régime des canaux et de l'eau mise en réserve, que les
précautions à prendre contre les envahissements du désert, etc.,
rendaient semblablement indispensables. Nous aurons à revenir sur tous ces problèmes concernant l'état de la propriété
rurale tel qu'il avait été établi par les Pharaons. Si nous en
avons dit quelques mots, c'est seulement pour montrer que
les analogies entre les lois générales du monde romain de la
décadence, et celles qui subsistaient traditionnellement en
Égypte, doivent nécessairement s'arrêter où la constitution
physique du sol l'exige.

Mais il est un point sur lequel ces analogies seraient surtout
frappantes, s'il fallait en croire la totalité des auteurs grecs,
les plus anciens comme les plus récents, qui ont écrit sur l'Égypte ; je veux parler de la constitution des castes égyptiennes,
sujet de tant de disputes depuis quarante ans.

Je crois inutile de reproduire ici les témoignages unanimes des anciens : Solon, Hérodote, Platon, Aristote, Isocrate,
Diodore, Dicéarque, Strabon (1). Tous ces auteurs, contemporains, et d'autres encore proclament expressément l'existence
des castes égyptiennes et de l'hérédité des mêmes fonctions
dans les mêmes familles. Ils ne diffèrent que par une énumération plus ou moins longue de ces castes.

Se sont-ils tous trompés ? C'est l'opinion qui tend à prévaloir chez beaucoup d'égyptologues. Vous n'avez par exemple

---

1. M. Ampère en donne lui-même, fort honnêtement, la liste au commencement de son travail. Cela ne l'empêche pas de partir pour les combattre
du mot portugais *casta* et de la comparaison des castes indiennes se rattachant à ce mot portugais.

qu'à ouvrir le petit dictionnaire d'archéologie égyptienne de M. Pierret. Vous y lirez cette brève indication : « CASTES. Les inscriptions nous ont appris qu'il n'y avait pas de castes en Égypte, attendu qu'un prêtre pouvait être en même temps chef de troupes, juge et architecte, et que les charges n'étaient pas toujours héréditaires. »

Si nous n'avions pas le *Corpus juris* on pourrait dire la même chose du monde romain du Bas-Empire ; car les inscriptions, et aussi les historiens, nous montrent certains fonctionnaires occupant les charges les plus variées de l'ordre civil et militaire et laissant à d'autres qu'à leurs fils leurs emplois et leurs dignités. Malheureusement, nous avons les textes juridiques, qui nous obligent à croire le contraire pour la masse de la population. La question reste donc entière.

Pour éclairer le débat nous devons d'abord remonter à son origine, c'est-à-dire à la lecture faite en 1848 à l'Académie des inscriptions par M. Ampère. C'est lui qui a changé brusquement les traditions de la science relativement à l'Égypte. Reproduisons ses propres paroles :

« S'il est une opinion généralement admise, c'est celle qui veut que la nation égyptienne fut divisée en castes vouées exclusivement à des fonctions spéciales qui passaient des pères aux enfants par une transmission héréditaire...

« J'entreprends de démontrer que cette idée qu'on se fait depuis si longtemps n'est pas exacte, que cette société n'a mérité sous ce rapport ni les louanges, ni le blâme dont elle a été tour à tour l'objet. Je crois pouvoir établir avec certitude qu'il n'y avait pas de caste dans l'ancienne Égypte, en prenant ce mot dans un sens rigoureux, le sens par exemple qu'il a dans l'Inde ; que plusieurs professions importantes, celles de prêtre, de militaire, de juge et quelques autres n'étaient pas constamment héréditaires, qu'il n'y avait qu'une distinction profonde entre les diverses parties de la société égyptienne, la distinction qui se montre partout entre les hommes livrés aux professions éminentes et les hommes qui exercent les métiers.

« Commençons par déterminer avec précision le sens du mot *caste*. Ce mot vient du portugais *casta* qui veut dire *race*, *lignée*. Au reste *caste* n'est pas le seul mot employé pour désigner quelque particularité des sociétés de l'Orient qui dérive du portugais : *mandarin* et *bayadère* veulent dire en cette langue l'un *magistrat* et l'autre *danseuse*. Ceux qui, en employant ces expressions, croient faire de la couleur locale doivent renoncer à la satisfaction de se servir en français d'un mot chinois ou d'un mot indien. Tout ce qu'ils peuvent espérer, c'est de montrer que, s'ils ignorent les langues orientales, ils ne connaissent pas mieux les langues de l'Europe.

« C'est en parlant de l'Inde que le mot caste est surtout employé ; aujourd'hui on désigne par ce nom les quatre ordres de l'ancienne société indoue (tels que les représentent les institutions de Manou et les deux grandes épopées nationales, le *Ramayana* et le *Mahabharata*). Ces quatre ordres sont : les *brahmanes*, les *kchatryas* (guerriers), les *vyasas* (marchands) et les *soudras* (serviteurs). Le mot caste s'applique aussi dans l'Inde à une foule innombrable de subdivisions des castes principales. Chacune de ces subdivisions est vouée à une industrie ou à une profession particulière ; chaque individu faisant partie d'une de ces castes doit rester pur de toute alliance, souvent même de tout contact avec les individus, et s'interdire tous les métiers étrangers à la caste. S'il manque à l'une ou à l'autre de ces obligations, *il perd la caste*.

« Ainsi trois conditions me paraissent essentielles à l'existence d'une caste : s'abstenir de certaines professions qui lui sont étrangères ou interdites, se préserver de toute alliance en dehors de la caste, continuer la profession qu'on a reçue de ses pères.

« D'abord, je me demanderai :

« Y avait-il en Égypte une caste sacerdotale et une caste militaire ?

« Les monuments nous répondront :

« 1° Que les fonctions sacerdotales et les fonctions militaires n'étaient pas exclusives, mais étaient associés les unes avec les autres, et chacune d'elles avec des fonctions civiles, le même personnage pouvant porter un titre militaire et un titre civil; 2° qu'un personnage revêtu d'une dignité militaire pouvait s'unir à la fille d'un personnage investi d'une dignité sacerdotale; 3° enfin que les membres d'une même famille, soit le père et les fils, soit les fils d'un même père, pouvaient les uns remplir des fonctions et revêtir des dignités sacerdotales, les autres des fonctions et des dignités militaires, d'autres enfin des fonctions et des dignités civiles. Quand j'aurai établi que les mêmes individus ou des membres de la même famille pouvaient exercer des professions attribuées à des castes différentes, que ces professions ne passaient pas nécessairement aux enfants, je le demande, que restera-t-il des castes égyptiennes et de l'hérédité universelle des professions? Or lorsqu'on étudie les monuments et principalement les pierres funéraires si nombreuses dans les musées et dont une quantité notable a été publiée, il n'est pas rare de trouver réunis sur la même tête des titres sacerdotaux et des titres militaires. Je citerai, entre beaucoup d'autres, le sarcophage, conservé au Musée Britannique, d'un prêtre de la déesse Athor, lequel était commandant d'infanterie. Si les fonctions sacerdotales n'excluent pas les fonctions militaires, elles se concilient encore mieux avec les fonctions civiles. Une association de ce genre se trouve dans un des curieux hypogées d'Ell-Tell, dont les parois sont couvertes de représentations figurées si étranges, où l'on voit ces rois à poitrine de femme qui adorent une image du soleil dont les rayons sont terminés par des mains (1). »

Enfin, après d'autres exemples analogues, M. Ampère veut bien admettre l'hérédité de quelques professions. Mais voici comment il la comprend :

« Sans doute il existait, et les monuments le prouvent, des familles dans lesquelles plusieurs de leurs membres étaient consacrés par une religion spéciale à telle où telle divinité; il y

---

1. M. Ampère voulait sans doute parler d'Aménophis IV, ce roi hérétique qui a fondé Tell el Amarna.

avait alors hérédité du culte et souvent du sacerdoce paternel.
Il y avait entre les frères communauté de culte et même de
sacerdoce. Il faut reconnaître encore que l'on peut citer des
exemples de la transmission héréditaire des fonctions militaires et civiles, et je pousserai la franchise jusqu'à en citer
un qui est assez remarquable.

« Dans un des tombeaux qui entourent les pyramides, j'ai
trouvé un intendant des bâtiments royaux sous Chéops, l'auteur de la grande pyramide, qui était fils d'un intendant des
bâtiments royaux sous le même pharaon. Mais, hâtons-nous
de le dire, des faits de ce genre ne prouvent point que les
fonctions fussent toujours héréditaires, car ils se présentent
dans les sociétés les plus éloignées du régime des castes.
Il y a dans toutes une tendance naturelle et souvent injuste
à ce que les emplois des pères passent aux enfants, et, à défaut d'enfants, aux neveux et cousins. Cet abus existe dans
notre siècle qui lui applique le nom de *népotisme*. L'indiscrétion des hiéroglyphes nous a montré qu'il date de Chéops
et qu'il est aussi ancien que les pyramides. »

Écartons d'abord de la discussion les arguments qui ne
prouvent rien. Il est clair qu'Hérodote, Diodore, Strabon,
pas plus que Solon, Platon, Aristote, Isocrate, etc. n'ont
employé le mot portugais *casta* et qu'ils n'ont pas songé à
comparer les castes égyptiennes aux castes indiennes, qu'ils
ne connaissaient nullement. Je ne vois donc point à quoi sert
l'examen minutieux des conditions constituant la caste en
Inde : l'interdiction de tout mariage en dehors de la caste, de
tout rapport avec les personnes étrangères à la caste, etc.
C'est vouloir faire dire aux Grecs ce qu'ils n'ont jamais voulu
dire et combattre contre des moulins à vent qu'on s'est fabri-
qués soi-même. S'il existait des castes en Égypte, évidemment
elles n'étaient pas imitées de celles de l'Inde, et nous trouve-
rions plutôt leurs analogues dans les classes établies, d'après
d'anciennes traditions locales, par les lois du Bas-Empire. Or,
dans ces lois rien n'interdit les rapports sociaux et même le
mariage avec des personnes appartenant à une autre caste.

Est-il plus sérieux d'expliquer par le népotisme l'hérédité de certaines professions dans certaines familles?

M. Ampère cite pour cela deux architectes de Chéops dont l'un était fils de l'autre. Eh bien! nous connaissons une famille d'architectes du roi dont la généalogie a été donnée par M. Brugsch et qui a duré plusieurs siècles en exerçant sa charge sous toutes les dernières dynasties égyptiennes. Les exemples de ce genre abondent. Ce serait dans de tels cas étendre un peu loin l'acception du mot népotisme. Mais comment donc parler de népotisme quand il s'agit de pauvres choachytes ou de malheureux ouvriers qui le sont parce que leurs pères étaient tels pendant des centaines d'années? Nous possédons par exemple en démotique tous les contrats et les papiers d'une famille de choachytes thébains, depuis le règne de Tabraka, 680 av. J.-C. jusqu'à l'occupation romaine. En vérité si c'est là du népotisme, toutes mes idées sur la propriété des termes en français se trouvent confondues.

Restent les faits produits par M. Ampère et dont on pourrait aisément grossir le nombre.

Oui, messieurs, si la plupart des inscriptions nous prouvent, comme les papyrus, l'hérédité des professions dans les familles, il en est d'autres dans lesquelles des grands prêtres, chargés des fonctions les plus diverses, sont en même temps juges ou chefs de troupes.

Et, hâtons-nous de le dire, ceci n'est pas particulier (selon l'hypothèse de M. Lumbroso) aux anciennes époques, tandis que dans les plus récentes, contemporaines des Grecs, des coutumes invétérées auraient, après coup, créé de véritables castes. Non! ce que nous trouvons à ce point de vue sous les Pharaons, nous le trouvons sous les Ptolémées et sous les Romains. Je pourrais citer, sous Auguste, le fait de ce prêtre de Month à Hermonthis qui était général de la milice égyptienne des Calasiris, et une multitude d'autres semblables. Assez habituellement aussi, les souverains pontifes des temples de Memphis, Saïs, etc., portent le titre de « royal ministre » et accomplissent pour le roi les fonctions les plus variées de l'ordre civil et judiciaire. Mais les Grecs nous avaient déjà prévenus de tout cela. Ils nous avaient dit que les prêtres possédaient la plus haute situation auprès des souverains et que particulièrement la justice leur était *exclusivement* confiée. Les papyrus égyptiens sont venus confirmer cette donnée; tous les juges énumérés pour un tribunal décrit par un papyrus hiératique publié par M. Erman, et qui avaient à juger des causes particulières, sont des prêtres; et jusque sous les Lagides les contrats démotiques nous montrent que le tribunal des laocrites, chargé des affaires civiles à Thèbes, était confié aux prêtres d'Amon (1).

M. Ampère insiste surtout sur les prêtres qui sont chefs de troupes, emplois inconciliables au point de vue moderne. Il semble croire que cette donnée est complètement en opposition avec l'existence possible des castes sacerdotales et militaires, sur lesquelles insistent tant les Grecs et qui, selon Hérodote, se partageaient, avec le roi, la totalité du sol. Commençons par dire que quant à cette affirmation d'Hérodote sur la division des terres en terres du roi, terres sacrées et terres des soldats, si elle pouvait paraître douteuse du temps d'Ampère, elle ne peut plus l'être maintenant, puisque nous la retrouvons mot pour mot dans la circulaire administrative ptolémaïque sur l'agriculture, contenue dans le papyrus grec 63 du Louvre. On y distingue expressément la terre royale (βασιλικη), la terre sacrée (ιερα), la terre des guerriers (των μαχιμων), et des autres militaires (στρατευομενων), la terre en rémission (εν αφεσει), rappelant peut-être les *fundi derelicti* du Bas-Empire, et la terre restante (λοιπην πασαν). Ainsi que le remarque du reste à ce sujet M. Lumbroso, le décret trilingue de Rosette n'est pas moins explicite sur les propriétés des guerriers (μαχιμοι) (c'est-à-dire des Calasiris qui s'étaient révoltés contre Épiphane) et les propriétés sacrées; les premières avaient été rendues aux insurgés soumis, après l'édit de *philanthropia*; les secondes, affranchies de l'impôt de l'artabe ou du keramiôn, qui pesait sur

---

1. Voir dans la *Revue Égyptologique* (3e année) mon article sur le tribunal de Thèbes.

elles selon qu'elles étaient arables ou à vignobles. De leur côté les contrats démotiques font mention constamment de ces terres sacrées ou de *neterhotep*, expression également usitée dans la version démotique de Rosette et dans les documents hiéroglyphiques de toute époque. Nous aurons à examiner cette question des biens sacrés, royaux ou militaires à propos tant du droit des choses que des contrats et obligations ; nous nous bornons en ce moment à la signaler en passant. Notons d'ailleurs qu'outre les terres des μαχιμοι, d'autres terres avaient été concédées après la conquête à des soldats (στρατευομενοι) de race non égyptienne. Telle était la situation des familles d'officiers macédoniens, par exemple celle d'Hermias à Thèbes et de Glaucias, père de Ptolémée à Héracléopolis. Telle était aussi celle des *grecs épigones*, *Ouin-mes-nkeme*, qui occupaient à Memphis la plus grande partie du domaine sacré (*neter hotep*) du dieu Hormen et celle d'un grand nombre de soldats *grecs* appelés *stratiotes* en démotique, installés dans les terres des différents sanctuaires de la même ville et sans cesse mentionnés dans nos contrats égyptiens et dans les papiers grecs du Sérapeum. C'était donc toujours le régime des castes, qui avait absorbé jusqu'aux étrangers.

Quant à l'organisation distincte des castes militaire et sacerdotale, elle est, s'il est possible, encore moins douteuse que la perpétuité d'attribution de leurs terres depuis la découverte du décret trilingue de Canope, prescrivant d'inscrire dans une cinquième tribu (φυλη), fondée par Évergète Ier, tous les enfants des prêtres des quatre anciennes tribus nés dans les temples pendant une période déterminée, et de leur donner part dans les pains sacrés et les revenus sacerdotaux.

Voici comment s'exprime le décret dans l'excellente traduction de M. Miller :

« Il a paru convenable aux prêtres du pays.... que ces prêtres, dans chacun des temples du pays, soient appelés aussi prêtres des dieux Évergètes, et qu'ils soient inscrits dans tous les actes publics, et que sur les bagues qu'ils portent soit gravé ce sacerdoce des dieux Évergètes ; qu'en outre, en plus des quatre tribus actuellement existantes dans la réunion des prêtres de chaque temple, il en soit instituée une autre qui sera appelée cinquième tribu des dieux Évergètes ; puisque, avec la bonne fortune, il est arrivé que la naissance du roi a eu lieu le 5 de Dios qui a été aussi pour tous les hommes le commencement de beaucoup de biens, on inscrira dans cette tribu ceux qui sont devenus prêtres (1) depuis la première année du règne, et ceux qui le deviendront jusqu'au mois de Mésoré de la neuvième année, ainsi que leurs enfants à tout jamais ; quant à ceux qui auparavant ont été prêtres jusqu'à la première année, ils resteront dans les mêmes tribus où ils étaient avant et pareillement leurs enfants seront dès maintenant rangés dans les mêmes tribus que leurs pères ; relativement aux vingt prêtres délibérants choisis chaque année dans les quatre tribus existant auparavant, cinq étant pris dans chaque tribu, ces prêtres délibérants seront portés au nombre de vingt-cinq, les cinq autres devant être pris dans la cinquième tribu des dieux Évergètes ; ceux provenant de la cinquième tribu des dieux Évergètes prendront part aux lustrations et à toutes les autres cérémonies qui ont lieu dans les temples, et cette tribu aura un phylarque comme il en existe dans les quatre autres. » Et plus loin, à propos des *vierges des prêtres* dédiées à la jeune reine Bérénice : « Et attendu que l'on fournit la nourriture aux prêtres avec les revenus des temples dès leur entrée dans le collège, on donnera aux filles de prêtres dès le jour de leur naissance, sur les revenus sacrés, la provende qui devra, en proportion des revenus sacrés, être choisie par les prêtres délibérants qui demeurent dans chaque temple, etc. »

Avec M. Lumbroso, je m'étonne qu'après un pareil document on puisse encore douter de l'existence de la caste sacerdotale en Égypte, caste décrite par Moïse d'une façon si exacte et à l'imitation de laquelle ce législateur, qui a tant pris aux Égyptiens, a certainement institué ses lévites. Elle

---

1. Les membres de la caste sacerdotale entrant en charge avaient à subir une sorte d'investiture. Le décret de Rosette nous apprend que le roi percevait à cette occasion un droit comme l'empereur à l'époque byzantine lors de l'ordination des évêques.

était tellement séparée des autres qu'elle avait ses subdivisions, ses tribus, s'appropriant l'enfant dès sa naissance.

Cette caste existait-elle pourtant dès l'origine du culte égyptien? On peut légitimement en douter. Les monuments les plus anciens de l'Egypte semblent plutôt nous amener à la pensée d'un sacerdoce primitivement familial. Les seigneurs de la vallée du Nil, comme les anciens chefs de tribus sémitiques, comme Abraham et Melchisédech, étaient à la fois princes et prêtres. S'ils établissaient à leur gré des *prêtres de Ka*, pour des services funèbres, etc., ils se réservaient d'accomplir eux-mêmes d'autres sacrifices solennels. Jusqu'à la fin de l'empire égyptien le roi présida de la sorte à certains offices religieux (1), ainsi qu'à Rome, à Athènes et chez presque tous les peuples antiques. Le souverain sacerdoce existait cependant dès une époque très ancienne et excerçait dès lors une telle influence que les grands prêtres d'Amon de Thèbes purent, par suite de leur pouvoir immense, supplanter les Ramessides et fonder la XXIᵉ dynastie. C'est qu'en effet sous les Ramessides les castes égyptiennes étaient définitivement organisées. Quelle qu'ait été leur origine, les prêtres avaient peu à peu centralisé entre leurs mains tous les secrets de la religion et de la science. Ces arcanes, ces mystères, ils ne devaient pas les révéler au profane, d'après les termes formels de plusieurs stèles hiéroglyphiques. Ils les réservaient pour leurs fils, pour leur race, pour leur caste; de vastes collèges de hiérogrammates étaient destinés à l'enseignement de ces jeunes disciples; et ce fut un malheur public quand Cambyse les supprima. L'inscription de la statue naophore du Vatican est à consulter à ce sujet. Elle nous représente Darius rétablissant pieusement ces collèges ainsi détruits par son prédécesseur, y mettant les meilleurs maîtres, leur restituant tous leurs revenus tels qu'ils étaient portés sur les anciens écrits, livrant aux temples le neterhotep ou la ιερα γη qui avait été envahie par des étrangers, expulsant ceux-ci, détruisant leurs

---

1. Diodore (I, LXIX), décrit les sacrifices journaliers accomplis par le roi avec l'assistance du grand prêtre, etc.

maisons, rétablissant les anciennes clôtures, y réintégrant les membres de la caste sacerdotale en leur rendant leurs titres, etc.

Tout ce qu'avaient dit les anciens se trouve confirmé par les documents du temps : et ces documents, que je puis appeler innombrables, distinguent, comme les Grecs, les terres appartenant au roi, aux prêtres et aux guerriers, seuls propriétaires véritables.

Ainsi que je l'ai dit ailleurs et que j'aurai l'occasion de le prouver plus en détail, à propos de l'emphytéose, cette division tripartite de la propriété éminente, réduisant la propriété individuelle à une sorte de fermage indéfiniment continué, aurait eu, d'après les témoignages antiques, une double origine. Selon la Genèse, le pharaon de Joseph, qui appartenait à la race étrangère des pasteurs sémitiques, profita d'une famine pour dépouiller les habitants, à la seule exception des prêtres, déjà tout-puissants, et qu'il voulut bien nourrir gratis. Quand ensuite les Égyptiens vrais reprirent le dessus, cet abus royal ne disparut pas. En effet, l'auteur de la Genèse ajoute que la susdite répartition subsista depuis ce jour jusqu'à son époque. Probablement cet état de choses fut régularisé après l'expulsion des Pasteurs, sous la nouvelle domination des rois égyptiens de race, et la division bipartite des terres prit alors la forme tripartite. Le pharaon qui vit grandir Moïse est Ramsès II, au profit duquel les Hébreux construisirent, selon le texte sacré, la ville de Ramsès. Or c'est justement ce Ramsès II, le grand Sésostris ou Sésoosis, si dur pour les Sémites, que Diodore, après Hérodote (II, cix), nous indique comme s'étant occupé spécialement de la distribution des terres et de l'organisation générale du sol de l'Égypte et des castes gouvernantes. Il passait pour le second législateur des Égyptiens et succédait en cette qualité au légendaire Sasychis. Son œuvre spéciale, ses lois particulières concernaient : 1° les terres, 2° les soldats. On lui attribuait la constitution et la division définitive des trente-six nomes de l'Égypte, à la tête de chacun desquels il mit un préfet chargé de gouverner et de recueillir les impôts royaux. Cette mention vient deux fois dans Diodore (I, 54 et 73), et la seconde fois Diodore joint, avec Hérodote, à la réglementation des nomes celle de toute la terre d'Egypte. Elle fut partagée suivant lui entre les prêtres qui passaient pour les plus anciens possesseurs du sol (à cause de l'origine prétendue théocratique des institutions égyptiennes), le roi, qui prit part avec eux d'abord, comme dans la Genèse, et les guerriers qui viennent en dernier lieu. Il semble en effet que ces réformes à la fois politiques et économiques ont dû être faites parallèlement. L'indication même des guerriers le prouve, car, selon le paragraphe 54, Sésostris réserva une bonne partie des champs d'Égypte à la caste militaire quand il la constitua définitivement, en fixa le contingent à six cent vingt mille piétons et vingt-quatre mille cavaliers et leur désigna mille sept cents chefs. Aussi dans le paragraphe 94, relatif aux législateurs, Diodore insiste-t-il surtout sur les lois données par Sésostris à l'ordre militaire. C'était en effet son organisation législative la plus personnelle, si l'on admet une division bipartite du sol, contemporaine de Joseph. Le roi national n'aurait fait que suivre l'exemple fourni par un cruel oppresseur étranger, mais en ajoutant à sa réforme tout un nouveau chapitre pour faciliter, non seulement la défense de la patrie, mais les glorieuses guerres d'envahissement qu'il allait entreprendre (1).

Ces données de l'historien sont confirmées expressément par le poème officiel de Pentaour que Ramsès II fit graver sur

1. Quant à tous les autres habitants de l'Égypte, Sésostris les réduisit définitivement à la situation qu'ont encore dans l'Extrême-Orient quelques-unes des populations depuis peu soumises par nous, qui ne possèdent rien en propre que leurs bêtes de somme et se bornent à cultiver la terre du roi. Diodore et Hérodote nous ont bien renseignés sur cette partie de la législation de Sésostris modifiée plus tard, dans la basse Égypte surtout, par le code de Bocchoris. Ce roi novateur accorda en effet aux fellahs, nous le verrons, la quasi propriété légale d'un terrain déterminé, au lieu du simple droit de culture d'un terrain variable. La France va faire mieux et donner à ses nouveaux clients du Cambodge la propriété directe, à ce qu'annoncent les journaux. La Russie semble plutôt s'être inspirée des idées de Sésostris en transférant aux villages de serfs le domaine commun de terres appartenant jusqu'alors aux seigneurs.

les murs de Karnak, etc. Les reproches que le roi adresse à ses
guerriers qui s'étaient mal comportés dans une bataille livrée
contre les Chétas rappellent les faits dont parle Diodore :
« Voici que Sa Majesté appela ses soldats avec sa cavalerie et
également ses chefs qui n'ont pas combattu. Le roi leur dit :
Votre cœur s'est affaibli, ô mes cavaliers, et mon cœur, à moi,
commence à ne pas se remplir de vous tous. Cependant il
n'est pas un seul d'entre vous à qui je n'aie fait un sort heureux
dans ma terre. Si je ne m'étais pas tenu debout comme seigneur vous étiez à l'état de misérables. Je vous ai faits grands
dans mes biens chaque jour. Je mets le fils sur les choses de
son père. S'il vient un malheur (une année mauvaise), je
vous laisse quelque chose de vos services. Est-ce que dans
ce cas je ne vous donne pas d'autres choses que celles qui vous
ont été enlevées ? Quiconque de vous vient me prier par des
requêtes, je le protège par moi-même chaque jour. Il n'y a
pas de seigneur faisant pour ses soldats ce que ma Majesté a
fait pour vous. Je vous ai fait demeurer dans vos habitations et
dans vos villes : — et l'ordre de départ n'a pas été donné par le
capitaine, et mes cavaliers de même ont agi. Je vous ai donné
la route vers vos villes afin que je vous trouve tous ensemble
au jour et à l'heure de marcher au combat) : — Or voyez ! vous
avez fait une action lâche ensemble ! pas un d'entre vous ne
s'est levé pour me prêter la main ! »

Ramsès avait donc concédé certains biens de son domaine
en héritage perpétuel aux soldats, dans leurs villes, avec des
points de concentration en cas de guerre ; c'est toute l'organisation décrite par Diodore. Notons que Pentaour parle aussi du
droit de pétition directe au roi, accordé aux membres de la
caste militaire. Ce droit, nous le voyons encore exercé par les
soldats et par les prêtres à l'époque lagide. Quant à la division des terres en terres sacrées (ιερα γη), terres des guerriers
(μαχιμων) et terres du roi (βασιλικη), sans cesse mentionnée, nous
l'avons dit, dans les circulaires officielles ptolémaïques, dans
le décret de Rosette, les contrats démotiques, etc., elle a subsisté en Égypte jusqu'à notre siècle, ainsi que le prouvent les

Mémoires de la commission d'Egypte dont nous aurons beaucoup à nous servir dans la suite. Rien n'est donc plus certain que les données des historiens antiques sous ce rapport et que l'existence permanente, tant de fois attestée, 'des castes égyptiennes. Parmi ces castes, la plus ancienne était celle des prêtres et c'est à son imitation que, plus tard, sous Ramsès II, a été établie celle des guerriers.

Faut-il conclure de là, cependant, que la hiérarchie sacerdotale était absolument fixe et qu'aucun avancement n'y était possible? En aucune manière. Mon illustre maître M. Birch a fort bien établi, par exemple, qu'au moins à la fin des Lagides, à Memphis, la charge de grand prêtre était à l'élection (comme celle des *prêtres délibérants*). Mais cette élection confirmait toujours l'avènement du fils du grand prêtre précédent (1), eût-il même douze ans : j'en ai cité deux cas successifs. C'était aussi à l'élection que, selon Diodore, on choisissait dans chacun des temples de Memphis, d'Héliopolis et de Thèbes, les juges qui devaient aller siéger au tribunal suprême. Les monuments hiéroglyphiques de toute époque nous montrent en effet ce tribunal suprême des trente juges. D'autres charges sacerdotales étaient temporaires, pour neuf ans, par exemple : je l'ai prouvé dans un récent travail, par le texte positif d'une inscription démotique (2). Ajoutons que d'après Diodore, encore appuyé par une multitude de textes hiéroglyphiques et démotiques, les prêtres pouvaient suivre leur *cursus honorum* dans des temples et des lieux différents. Mais ils n'en étaient pas moins originaires d'une tribu sacerdotale déterminée dans la caste sacrée, et parfois aussi de familles pontificales princières formant de véritables dynasties. Telle nous apparaît celle des derniers grands prêtres de Memphis ou plutôt et surtout cette famille des grands prêtres d'Amon, citée par moi tout à l'heure, qui a supplanté les Ramessides à Thèbes et s'est plus tard transportée en Éthiopie où elle a fondé le royaume de Napata. Nous voyons, par les

1. Hérodote (II, xxxvii, 7) le dit aussi pour son temps.
2. Voir *Un prophète d'Auguste*, dans la *Revue Egyptologique*.

stèles découvertes par M. Mariette, que l'usage d'élire les rois et de les faire confirmer par un oracle d'Amon, c'est-à-dire par le consentement des prêtres, s'y conserva constamment jusqu'au jour où, sous Philadelphe, le roi nubien Ergamène fit en partie détruire le collège sacerdotal.

Ce collège était de tout temps, en Égypte même, extrêmement puissant.

La coutume qui faisait accorder aux prêtres les plus hauts emplois du gouvernement nous est attestée par les Grecs, tout autant que par les monuments. Il n'y a là rien qui doive nous étonner. Les rois, comme les empereurs romains des dernières époques, alors que tout était figé pour ainsi dire sous leur domination, les rois, dis-je, ne pouvaient-ils pas prendre où ils voulaient leurs confidents, leurs ministres, leurs fonctionnaires, ce que les Latins nommaient les comtes du conseil, les palatins, les domestiques? Chez les Romains, sous la République, les douze Césars et les Antonins, les généraux n'appartenaient même pas à l'armée. Primitivement c'étaient toujours des dignitaires civils, d'anciens préfets, d'anciens magistrats que l'on mettait à la tête des troupes et qui le lendemain étaient destinés à d'autres charges. Parmi les officiers, les centurions seuls étaient des militaires proprement dits, les autres, les plus importants, ne pouvaient pas l'être. Il n'en était certainement pas tout à fait de même en Égypte. Nous avons des familles où le titre de général paraît unique et se perpétue de père en fils. Ce sont ces puissants chefs de troupes avec les enfants desquels le Pharaon du roman démotique de *Setna* veut marier son fils et sa fille. D'une autre part, un homme de la caste militaire, un simple soldat, un Amenemheb, un Ahmès, devenait souvent officier, à la suite de beaux faits d'armes. Mais on avait aussi, comme à Rome et dans notre ancien régime, des généraux qui n'appartenaient pas à l'armée : seulement à la noblesse, aux parents du roi et à la maison du souverain. Cette maison civile et militaire du souverain n'a jamais été comprise dans les castes romaines du Bas-Empire, attachées à une profession absolument fixe et déterminée. Pourquoi donc la comprendrait-on dans les castes égyptiennes?

Les parents royaux, *sutenrekh* ou συγγενεις βασιλικοι de l'époque lagide, les *smeru* φιλοι βασιλικοι ou amis du roi, les ministres royaux, etc., pouvaient certes être députés aux missions les plus variées. C'était pareillement le cas pour certaines familles féodales ou sacerdotales, et pour une aristocratie que le bon plaisir du pharaon pouvait grossir sans cesse. Le pharaon n'était-il pas le « fils du soleil », l'incarnation de la divinité, et ce qu'il voulait n'était-il pas voulu par les dieux?

Assurément il devait exister pour l'avancement dans les hauts grades certains usages, certaines règles. Il faut les étudier patiemment. Il serait nécessaire de dresser un *corpus* dans lequel les généalogies, les familles, le *cursus honorum* de chaque dignitaire seraient classés selon la provenance, l'époque, etc. Il y a là un magnifique travail à faire, travail énorme qui demandera un temps considérable et des générations entières de chercheurs mettant leurs résultats en commun. La besogne est loin d'être facile, car plus on avance dans la science, plus on devient timide, plus les difficultés et les inconnues se multiplient. Quand on ne sait rien ou peu de chose, on croit savoir tout. On est loin de le croire quand on a sondé de l'œil l'abîme de l'αορατον, selon l'expression des gnostiques. Ainsi, par exemple, du temps d'Ampère on pouvait affirmer sans aucun doute que telle charge appartenait à l'ordre civil, telle autre à l'ordre militaire, telle autre à l'ordre sacerdotal; que tel personnage était jugé et qu'il était laïque, etc., etc. Maintenant on sait que certains emplois qu'on croyait laïques sont purement religieux; que « le grand chef de l'œuvre » n'est pas un maître maçon, mais le souverain pontife de Memphis; que chaque temple nommait son grand prêtre et ses principaux officiers d'un nom différent et symbolique; que la moitié des titres et des fonctions de l'ancienne Égypte nous est encore inconnue (c'est en ce moment, depuis bien des années, le sujet d'étude le plus ardu de Brugsch-Pacha); que cette connaissance précise des fonctions est pourtant indispensable pour trancher chacune

des questions qui rentrent dans l'étude des castes égyptiennes ;
qu'il faut, de plus, bien pénétrer l'organisation intime du sanctuaire égyptien, à certaines époques, comportant dans son
monde de fonctionnaires une garnison militaire, une gendar-
merie dont nous parlent les contrats démotiques et les textes
hiéroglyphiques, garnison qui était sous l'influence et les ordres
directs de l'autorité religieuse ; qu'à ce point de vue le titre
de chef de troupes faisait pour ainsi dire partie intégrante de
certaines fonctions sacerdotales, parce que les pontifes avaient
le commandement des milices sacrées, existant dans chaque
temple et en assurant la garde, milices que les rois remplacè-
rent souvent par des soldats de leur propre armée ; qu'enfin,
pour pouvoir avoir une idée nette de l'organisation de l'Égypte
pharaonique, il faut nécessairement savoir attendre. Mais en
attendant, ne croyez pas avoir le droit de tout trancher d'un mot,
en cinq minutes, et de cracher un démenti à la face des contemporains qui ont vu ce que vous ne pouvez voir. N'oubliez
pas d'ailleurs que les castes enchaînaient surtout les petites
gens, aussi bien en Égypte que dans le monde romain, et que
les monuments vous donnent surtout les inscriptions et les
épitaphes pompeuses des grands personnages et des favorisés
de la fortune, tout fiers des exceptions faites en leur faveur. A
ce point de vue les papyrus démotiques sont pleins de renseignements beaucoup plus sûrs que les textes monumentaux,
car ils nous font voir exactement la vie intime du peuple. Eh
bien, là nous pouvons suivre pendant des siècles, tant à Thèbes
qu'à Memphis, des familles conservant toujours la même profession de père en fils, dans le même lieu. Les exemples de ce
genre sont innombrables, continus, et les exceptions exces-
sivement rares. Je n'en connais qu'une pour la famille de
choachytes thébains dont je vous parlais tout à l'heure.
Il s'agit d'un des nombreux enfants du choachyte Horus auquel s'était intéressé un receveur, ami de la famille et sans
doute sans progéniture. Il en avait fait son héritier. Encore ce
Chapochrate fils d'Horus dut-il renoncer alors expressément
à toute la part des biens de sa famille qu'il aurait eue en tant

que membre de la caste des choachytes. Le droit romain aussi admettait chose semblable pour ceux qu'il nommait *adcrescentes*, c'est-à-dire en quelque sorte membres supplémentaires de la profession qui, à cause de leur nombre, pouvaient être employés autrement.

Pour mieux comprendre le fonctionnement de nos castes égyptiennes il sera bon de jeter un rapide coup d'œil, d'une part, sur le plan des castes que rêva Platon dans sa *République* en s'inspirant à la fois de l'Égypte et de Sparte, et d'une autre part, sur l'imitation que semble en avoir faite le droit romain du Bas-Empire qui a tant emprunté à l'Égypte. Cette double comparaison sera plus utile que celle de l'Inde qui n'a rien à voir à la question qui nous occupe.

Parlons d'abord de la *République* de Platon.

Dans ce livre le philosophe fit pour Lacédémone ce qu'il fit pour Athènes dans son *Traité des lois*. Il rechercha, mit en lumière, légitima par des déductions qui en faisaient un corps de doctrines et n'hésita pas à pousser souvent jusqu'aux dernières conséquences les principes par lesquels on pouvait expliquer, dans leurs étrangetés les plus grandes, les institutions qu'on y observait.

Or il se trouvait justement qu'à Sparte et chez d'autres peuples doriens, il existait en fait quelque chose d'analogue à des castes, comme en Égypte ; mais cela par suite de causes et par conséquent dans des conditions toutes différentes. Les castes égyptiennes avaient pris naissance dans une population homogène, dans le sein d'une même race. Ce furent les traditions religieuses, les secrets des sciences sacrées et de la vie sacerdotale à se transmettre de père en fils qui créèrent la caste des prêtres. Et si plus tard, alors que l'Égypte se réorganisait après l'expulsion d'étrangers envahisseurs, le grand Sésostris avait fait de l'état militaire une profession héréditaire de père en fils, concédant certains privilèges à cette caste des guerriers, c'était dans le désir d'accroître, en ce faisant, les forces nationales, et nullement pour ravaler le reste de la population.

En Grèce, au contraire, chez les Doriens, s'il existait, entre autres, de véritables castes de cultivateurs rattachés au sol, ce fut le résultat de l'asservissement des anciens maîtres de ce sol vaincus par une race différente. Quant à la race conquérante, adonnée à l'art de la guerre et constituée sur le modèle d'une caste noble de guerriers, elle ne cultivait pas le sol par elle-même, mais ne souffrait pas qu'il restât en friche. Les propriétaires d'autrefois, les descendants des compagnons de Ménélas, devenus ilotes, étaient donc à Sparte fixés à la terre qu'ils cultivaient comme le furent plus tard les colons de l'empire romain, puis, dans le moyen âge, les serfs de la glèbe. Ils la possédaient pour un maître. Ils la faisaient produire au profit de la caste noble des guerriers. La propriété éminente du sol, qui en Égypte appartenait seulement pour le tiers à cette caste des guerriers, leur appartenait presque pour le tout chez les Doriens. En effet, l'étendue des domaines attribués aux rois y était restreinte, de même que celle de leur puissance; et le sacerdoce, fonction transitoire ou accessoire chez les Grecs, n'aurait pu y servir de base à l'établissement d'une caste spéciale et permanente, ayant un domaine particulier.

Platon, qui avait visité l'Égypte, y avait admiré ce corps des prêtres qui étaient à la fois des savants, des hommes politiques, des moralistes, des penseurs, des sages vantés souvent par les sages de la Grèce. Ne voyant pas comment introduire dans sa république idéale imitée de Sparte, une caste semblable avec tout l'ensemble de traditions qui en faisait l'autorité, il voulut du moins y suppléer autant que possible en partageant le gouvernement, la domination, le pouvoir, la maîtrise sous toutes ses formes, entre la classe des guerriers telle qu'elle existait à Sparte et un groupe surajouté de philosophes, que leurs études rapprocheraient des prêtres d'Égypte.

Ayant d'ailleurs en vue un État qui s'organiserait en lui-même, avec ses propres éléments, en dehors de toute conquête antérieure, dans une seule et même race, pour créer ces castes distinctes, si complètement différentes dans leur manière de vivre, dans leur but, dans leur situation réciproque, Platon dut partir d'un principe qui avait été également celui des législateurs égyptiens et qui devait motiver plus tard chez les Romains quelque chose de semblable, le principe du salut du peuple et de l'utilité publique.

Tel fut le rêve : voyons le fait à l'époque byzantine.

Quand alors l'Égypte rentrait pleinement dans l'économie du monde romain, un système fort analogue à celui des castes y était en vigueur, comme dans le reste de l'empire.

Autrefois Diodore de Sicile avait trouvé qu'au point de vue de l'utilité publique, il y avait eu de grands avantages à ce que les professions fussent héréditaires. En se transmettant traditionnellement de génération en génération, les procédés de culture et d'élevage s'étaient perfectionnés sans cesse, de telle sorte que l'Égypte était devenue le pays le plus fertile et le plus garni de troupeaux. Sa population s'en serait accrue et sa prospérité sans bornes aurait eu surtout cette cause, suivant l'historien sicilien sujet de Rome.

Ce fut aussi précisément au nom de l'utilité publique que les empereurs romains en vinrent à rattacher héréditairement presque tout homme à quelque métier, à quelque office, à quelque collège ou à quelque chose ; le fils du soldat à l'armée, le fils de l'ouvrier à la fabrique, le fils du curial à la curie, le fils du boulanger, jusqu'à son gendre, au four, le fils du laboureur, libre ou non, à la glèbe.

Cela se fit progressivement, par une invasion presque insensible, tant elle fut graduelle et lente, de tous les droits individuels, de la liberté elle-même, au nom de l'intérêt général et de la tutelle de l'État (1).

L'État commença par intervenir, et cela très tôt, en vertu d'un sénatus-consulte, pour empêcher les propriétaires urbains de faire à leurs maisons quelque changement qui pût déformer l'aspect de la ville. Il leur fut interdit d'en enlever jamais une statue, un ornement quelconque. Tout embellissement qu'ils

1. Mon frère aîné, professeur à la faculté de Montpellier, a montré la suite et tracé quelques traits de cette histoire. (Voir l'*Inquilinat* et le *Colonat.*)

avaient essayé à titre provisoire était maintenu malgré eux.

Mais le bon état d'une ville tient à son conseil municipal tout autant qu'à ses édifices. Il était donc naturel qu'on veillât, avec un soin au moins égal, à l'entretien, au bel aspect de ce conseil ou curie, qu'on y fît entrer et qu'on y maintînt ceux dont la présence devait lui donner le plus d'éclat.

En faire partie était une charge publique dont nul ne pût décliner l'honneur.

Les décurions, ou conseillers municipaux, reçurent d'ailleurs d'importants privilèges. Ils purent commettre les plus grands crimes sans être condamnés à mort ou même à des peines corporelles. On les déportait dans une île alors qu'un homme du peuple eût été mis en croix ou brûlé vif.

Seulement au point de vue pécuniaire, ils avaient collectivement une responsabilité très lourde ; ils répondaient de tout dans la ville et dans le territoire souvent fort vaste qui en dépendait : de la recette et de la dépense, de la gestion des fonds municipaux, des travaux faits et des travaux à faire, des malversations et des délits de ce monde d'employés ou de comptables qui étaient à leur nomination, de la tutelle et de la curatelle des mineurs et des incapables, enfin, à une certaine époque, du recouvrement des impôts, que l'on avait mis à leur charge pour empêcher tout *deficit* dans les revenus de l'État.

Au nom de l'intérêt public, on avait grevé leurs biens d'une hypothèque générale qui les empêchait d'en disposer; au nom de l'intérêt public, on les attacha à leur curie d'une manière indissoluble, et on y attacha leurs fils avec eux, de telle sorte qu'aucune succession, aucun partage dans leur famille ne vînt diminuer leur patrimoine, gage commun des administrés et de l'État.

Remarquez-le bien, messieurs, tout ceci n'est pas d'origine byzantine, c'est du droit classique : du droit du Digeste.

Si sous Dioclétien et ses successeurs, le monde romain s'est trouvé figé en quelque sorte, il faut bien savoir que les principes d'après lesquels cette transformation a eu lieu, avaient d'abord été appliqués tutélairement par les Antonins, simplement en vue du bien général.

Voilà donc déjà les plus opulents de chaque ville, les décurions et leurs familles, attachés, liés, enchaînés à leurs curies, *obnoxii curiæ*, où, suivant le terme de droit, ils étaient ramenés, *reducebantur*, sitôt qu'ils voulaient exercer quelque profession qui pût les distraire des soucis communs. Ce mot *obnoxii* ne fait-il pas songer à ces *nexi* des anciens temps, pauvres débiteurs qui acceptaient un esclavage temporaire pour payer leurs dettes, et qui travaillaient, souvent enchaînés, au profit de leur créancier ?

Tout homme riche était *municeps* et pouvait être désigné pour être absorbé dans la curie avec les mêmes privilèges voilant la même servitude.

Quant aux plus pauvres, le principe des responsabilités collectives en supplément de garantie fit également rattacher à la condition de leur père les fils des employés de bureau ou d'administration quelconque.

Un lien analogue, un *nexus* semblable assura le recrutement et le fonctionnement des corps de métier.

Il est de l'intérêt public qu'on ne manque pas de boulangers, de bouchers, de charcutiers, de fabricants d'armes pour la guerre, etc. Pour ces diverses professions, il y eut donc des corporations organisées sur le modèle des curies ; les capitaux communs étant pour chaque membre une garantie contre les pertes éventuelles que, par sa nature même, comporte toute entreprise commerciale ; les patrimoines se trouvant ainsi immobilisés par une hypothèque générale ; les individus n'étant pas plus libres de leurs biens que de leurs personnes.

C'était bien pis encore dans les campagnes.

Là, l'intérêt public parlait plus haut qu'ailleurs. Il fallait avoir des récoltes, il fallait du blé, du vin, de la viande pour les distributions au peuple, pour la nourriture des armées, pour les annones des magistrats et des fonctionnaires.

Le décret de Caracalla, en donnant le droit de cité à tous

les sujets de l'empire, pouvait exposer à la famine si on n'y eût avisé par des mesures spéciales.

En effet l'Égypte, par exemple, qui était jusqu'alors un des greniers de Rome, eût pu cesser d'être cultivée si ses habitants, qu'on proclamait citoyens romains, avaient pu trouver dans ce titre la liberté de quitter leurs champs.

D'une autre part, des impôts croissants pouvaient conduire les propriétaires faisant cultiver par des esclaves des domaines vastes et éloignés à abandonner complètement des terres qui, administrées loin de l'œil du maître, coûtaient plus qu'elles ne rapportaient.

L'organisation du servage se fit, pour ainsi dire, de soi.

On interdit d'abord au maître riche d'enlever de ses terres les esclaves qu'il y avait une fois placés dans le but de les faire valoir.

Ce n'était pas une atteinte plus grave à ses droits de propriétaire que l'interdiction d'enlever une statue de ses maisons de ville.

Puis on s'occupa des colons libres, des travailleurs indépendants qui avaient affermé le sol pour tirer profit des récoltes. On trouva qu'eux aussi, ils remplissaient un rôle dont l'importance était capitale pour l'ensemble de la nation. C'étaient les nourrisseurs du peuple, office non moins nécessaire que celui des *curiaux*, car les *curiaux* eux-mêmes, qu'auraient-ils pu faire sans viande et sans blé ?

Il parut donc juste d'assurer par un *nexus*, par un lien quelconque, la perpétuité des services que pouvaient rendre les colons.

Ils n'avaient pas entre eux ces rapports nécessaires qui font établir des corporations. Ils travaillaient isolément chacun dans la ferme qu'il avait louée et, s'ils le voulaient, sans relation aucune avec le voisinage, où ils n'eussent quelquefois trouvé que des gens de race servile. Mais ils étaient sur la terre d'autrui, chacun en vertu d'un contrat avec le maître de cette terre. On pouvait donc rendre perpétuel le lien créé par ce contrat, déclarer immuable le prix de fermage dont on était convenu d'abord, rattacher le colon au sol, et charger le maître de l'y maintenir.

Le maître en effet, répondait, envers l'État et envers la curie, des divers impôts qui frappaient sa terre, des redevances ordinaires à verser, soit en argent soit en nature, et des taxes exceptionnelles à répartir, dans les occasions graves, en présence d'un danger public.

Il avait dû, pour cela, déclarer et faire inscrire dans les registres des recenseurs ou *censuales*, la description de ses biens avec leur étendue, la nature des cultures, le nombre des arbres à fruits, le nombre des travailleurs esclaves, et le nombre des colons libres.

Tout cela, il en répondait. Pas un arbre à fruit, pas un esclave, pas un colon ne pouvait manquer sans donner lieu à une enquête. On le rendit même responsable de la capitation qui frappait les colons en tant qu'hommes libres et qui les rendait en leur propre nom, liés, *obnoxii* aux livres du cens. Si ces colons avaient acheté la propriété de quelque terre voisine de celle qu'ils tenaient à ferme, il leur était interdit de la vendre à l'insu du maître, dont elle se trouvait augmenter le gage.

Toujours dans l'intérêt public, l'État donna aux maîtres un droit de correction sur les colons libres qui cultivaient mal, il mit toute sa puissance à leur disposition pour ramener à la terre le colon fugitif. Il fit plus : en pareil cas, il ôta le nom d'homme libre à ce colon, qui avait voulu se soustraire à ces offices convenant aux hommes libres, *officia quæ liberis congruunt*, et il le condamna à remplir désormais ces mêmes offices en tant qu'esclave.

Dans le fait, ce n'était guère changer de condition. En effet l'intérêt public avait conduit à limiter singulièrement les droits du maître sur les esclaves agriculteurs. Ceux-ci étaient, comme les colons libres, assignés chacun à une terre dont on ne pouvait les enlever ; ils avaient une vraie famille, le mari ne pouvant être séparé de sa femme, le père de ses enfants, le frère de ses frères, annexés au même sol que lui.

Entre ces formes du servage la différence est si minime qu'on les voit sans cesse confondues dans les dispositions légales des empereurs.

Mais où recruter les armées avec cette fixation au sol des populations des campagnes ?

On décida que les enfants des vétérans seraient soldats, ou que, s'ils ne pouvaient pas l'être faute de santé, ils seraient soit embrigadés dans quelque office, soit attribués à une curie. Cela devait être insuffisant au milieu de guerres continuelles. Alors commença un régime, très variable, de compromis, au milieu desquels l'empire romain s'écroula.

Tantôt on acceptait tous les hommes valides, tous les engagés, fussent-ils même esclaves.

Tantôt on excluait de l'armée non seulement les esclaves et les individus de condition basse, mais tous ceux qui se trouvaient rattachés soit à une curie, à un titre quelconque, soit à une corporation, soit à une terre à cultiver, soit à un registre du cens sur lequel ils étaient portés, à moins qu'ils n'y fussent simplement en qualité d'*adcrescentes*, c'est-à-dire de surnuméraires.

Légalement les gens non recensés, les *incensiti* n'auraient pas dû être en grand nombre. Ils devaient comprendre surtout les *palatins*, leurs descendants, les esclaves acquis par eux et non recensés auparavant, notamment ceux qu'ils auraient placés comme cultivateurs sur des terres non recensées, abandonnées, désertes, conquises, que l'empereur leur avait données en *franc alleu*.

J'emprunte ce terme *franc alleu* au droit féodal du moyen âge, car, Godefroy l'a très bien vu, le droit féodal du moyen âge, en ce qui concerne le régime des terres, n'est que le développement et la suite du droit romain.

En Occident, l'invasion brisa dans les villes le mécanisme, trop compliqué, des corporations et des curies, du moins en tant qu'asservissement de ceux qui s'y trouvaient admis.

Les barbares se rendaient bien compte des honneurs et des privilèges, mais non des charges. Ils n'avaient pas l'esprit assez subtil pour saisir, dans leurs conséquences les plus éloignées, toutes les nuances des raisons d'utilité publique.

Ils n'auraient pu comprendre, par exemple, par quel raffinement ceux qui étaient chargés, soit des comptes, soit de la recette des revenus publics, les *actuarii, annonarii, numerarii, tabularii*, et bien d'autres, devaient, *utilitatis causâ*, pour présenter plus de garanties, être réduits à l'état de *conditionales*, état intermédiaire entre la liberté et l'esclavage, afin d'être, en cas de fraude ou d'abus, soumis à des tortures corporelles dont les hommes complètement libres étaient exempts à cette époque.

Mais les conquérants voyaient l'avantage de garder dans les champs une population qui les cultivât; et le colonat subsista, sous le nom de servage, dans les campagnes, jusqu'à un nouvel ordre de choses, relativement assez récent, qui n'a plus rien eu de romain.

En Egypte, les vieilles traditions se conservèrent mieux.

Ainsi que nous aurons l'occasion de le montrer avec plus de détails dans la suite de ce cours, les Romains, qui, avec quelques différences, avaient sous ce rapport imité peu à peu les vieilles lois pharaoniques, eurent bien soin de ne guère plus y toucher dans la vallée du Nil que les Macédoniens leurs prédécesseurs. N'était-ce pas aux Égyptiens qu'ils avaient pris l'idée d'assimiler de plus en plus le *servus* et le *colonus*, l'esclave et le travailleur libre appartenant en quelque sorte à la terre qu'ils habitaient et en venant à se confondre absolument au moyen âge sous la dénomination de serfs? On serait tenté de le croire en voyant dans les papyrus d'époque lagide la même perpétuelle connexion entre les esclaves (δουλευοντάς) et les travailleurs (εργαζομενους) les uns et les autres liés pendant leur vie et après leur mort, à leurs bourgs et à la terre cultivée par eux. Le papyrus VIII de Turin, que nous avons traduit plus haut, est des plus formels à ce sujet « Αμφοτεροι δε προσομολογουμεν μη θεραπευσειν τους εκ των αλληλων αποδιεσταλμενων κωμων, μηδε τους δουλευοντας και εργαζομενους εν ταις εκαστων κωμαις. » Il semble résulter de telles indications que si les empereurs n'en sont arrivés que progressivement à ce résultat dans toutes leurs possessions, c'était cependant par suite d'un plan préconçu et en s'inspirant d'un modèle. Les colons libres seraient devenus serfs de la glèbe et les esclaves auraient été élevés à cette condition suivant les mêmes principes et les mêmes exemples fournis par l'Égypte, qui ont fait astreindre les artisans aux métiers de leurs parents et ont conduit à l'originariat latin. Quoiqu'il en soit de ce point particulier, le maintien des coutumes antiques dans ce que les textes hiéroglyphiques nomment « le pays rouge » est un fait incontestable. Aussi trouvons-nous dans le *Corpus juris* et dans le code théodosien une foule de réglementations spéciales précieusement respectées par les conquérants. Parmi ces dispositions légales, je citerai ce qui concerne les *homologi* (1), c'est-à-dire ces sortes d'associations singulières de paysans astreints à cultiver ensemble une région déterminée et partageant entre eux les charges communes. Dans cet ordre d'idées rentrent les rescrits concernant les patrons civils ou ecclésiastiques des *metrocomia*, les listes de corvéables dont je vous parlais tout à l'heure, et tant d'autres documents si riches, que je ne puis, même brièvement, vous analyser en ce moment.

Les Arabes, à leur tour, se plièrent au moule égyptien (comme les Tartares au moule chinois). Aussi ne faut-il pas nous étonner si l'ancien état social, tout pharaonique, de ce sol traditionaliste nous apparaît presque intact dans les Mémoires de la commission d'Égypte: propriété éminente dans ses trois subdivisions antiques, quasi-propriété du fellah selon

---

1. Ce mot est certainement d'origine grecque et semble se rattacher à ces attestations commençant par le mot ὁμολογω qui sont si fréquentes aux époques romaines et byzantines et rattachent ensemble les habitants d'un bourg « *pour l'impôt* (δημοσιον) et *pour toutes choses.* » J'en ai publié un certain nombre. Ces documents sont tous dans un village adressés à un notable (ce que les Arabes nomment en Égypte le cheik), et c'est ce notable ou cheik qui, dans le système byzantin comme dans celui qui est expliqué par la commission d'Égypte, paie l'impôt ou barrany, en se faisant rembourser par ses compatriotes, leur assigne leurs corvées, les punit au besoin. La culture se fait également sous sa direction et sa responsabilité. Il en doit rendre compte aux seigneurs civils ou ecclésiastiques et à leurs agents.

le système de Bocchoris dans la basse Égypte, culture en commun selon le système de Sésostris dans la haute Egypte, impôt collectif, corvées obligatoires permettant encore de nos jours le percement de l'isthme de Suez, comme autrefois la construction des Pyramides : tout semble figé pour ainsi dire depuis des milliers d'années jusqu'à Ismaïl Pacha.

LES PUISSANCES ET MANDATS LÉGAUX

DANS LA FAMILLE

Messieurs,

Dans les leçons précédentes, nous avons traité de la condition des personnes dans l'ancienne Égypte. Nous y avons étudié d'abord l'esclavage : et à ce sujet nous ne pouvions pas nous renfermer dans l'Égypte seule. En effet, dans le monde antique, suivant une définition très exacte reproduite dans les Instituts, l'esclavage était une institution du droit des nations *constitutio juris gentium*, d'après laquelle un homme était soumis, contrairement à la nature, au droit de propriété d'un autre. *Une institution du droit des nations*, c'est-à-dire que chez tous les peuples en rapport avec les Romains, la propriété d'un individu, ou d'une collectivité, sur un être humain, était uniformément admise par la loi. Mais là s'arrêtait la conformité universelle de principes et de coutumes qui constituait le droit commun, le *jus gentium*. Les conditions et les limites des pouvoirs accordés au maître, en vertu de cette propriété, pouvaient varier et variaient en effet suivant les pays.

Les Hébreux, les Grecs, les Romains, qui successivement se sont trouvés dans des relations prolongées, soit de soumission, soit de conquête, avec l'Égypte, avaient réglé, nous l'avons vu, de manières très différentes, les effets civils et les conséquences de la servitude.

Ce n'est pas à l'esclavage romain de la loi des Douze Tables, réduisant l'homme à l'état de chose, détruisant tout lien de famille, toute paternité possible, qu'il faudrait comparer l'esclavage égyptien. Un acte démotique, dont je vous ai parlé et que je vais vous lire encore, en vous priant d'en prendre note à cause de sa grande importance, en est la preuve incontestable.

On y voit vendre, avec les enfants qu'il engendrera, un esclave mâle dont la filiation est indiquée non seulement du côté de sa mère, mais du côté de son père, esclave déjà vendu par un autre propriétaire purement et simplement l'année précédente et qui maintenant intervient pour renoncer lui même à toute revendication de liberté.

« An VI, thot, du roi Darius. Le pastophore d'Amon du temple d'Amon-Ra sonter Hor, fils de Neschons et dont la mère est Neschons, dit à la femme Tsenhor, fille du choachyte de la nécropole Nesmin et dont la mère est Reru : Tu m'as donné et mon cœur en est satisfait, l'argent pour faire à toi esclave le jeune homme Psen.... fils de Thotmès et dont la mère est Sethekban, mon serviteur, que j'ai acheté pour argent de Ahmès, fils de Pamin et dont la mère est Ha Amen Eroou, qui m'a écrit à ce sujet un écrit en l'an V pharmouthi du roi Darius. Je te l'ai donné comme serviteur. Qu'il soit ton serviteur, celui-là, ainsi que ses enfants et totalité de ce qui est à eux et de ce qu'ils feront être (de leurs biens présents et à venir). Ils ne pourront faire opposition à la faction d'esclave ci-dessus. Je n'ai plus aucune parole au monde (aucune réclamation) à ce sujet, personne au monde n'a à en connaître. C'est moi qui éloignerai de toi les tiers évicteurs depuis le jour ci-dessus à jamais. Celui qui viendra à toi à cause de lui soit en mon nom soit au nom de quiconque au monde, je le ferai s'éloigner de toi. Que j'en justifie par tout acte, toute parole au monde. »

ADHÉSION

« Le jeune homme Psen... fils de Thotmes et dont la mère est Sethekban, ci-dessus nommé, dit: J'ai écrit pour accomplir toute parole ci-dessus; mon cœur en est satisfait. Je suis ton esclave ainsi que mes enfants et totalité de ce qui est à nous et de ce que nous ferons être. Je ne puis faire opposition à la faction d'esclave ci-dessus à jamais ! »

Remarquez-le bien, messieurs, c'est d'un homme, c'est d'un mâle qu'il s'agit, et il est dit que ses enfants deviendront la propriété de l'acheteur. Or pour qu'on puisse ainsi rattacher à la condition de leur père les enfants engendrés par lui, il faut d'abord qu'on reconnaisse entre eux des liens de famille, basés sur une union légale. L'esclave égyptien était donc traité à ce point de vue comme un homme libre. Comme un homme libre, il était fils d'un père connu : le père de l'esclave est nommé dans cet acte; et dans un autre acte démotique, déjà cité, on note pareillement quel est le père légal de chacun des esclaves cédés à une femme par son mari. Comme un homme libre, l'esclave égyptien pouvait vivre de la vie commune avec une épouse, et pouvait avoir des enfants, une lignée, pour ainsi dire. Comme un homme libre enfin, il intervenait dans l'acte le concernant : et son intervention est tellement sérieuse qu'elle remplace l'amende que s'imposait dans l'acte précédent le vendeur en cas de tentative d'éviction. Ajoutez à cela le texte de Diodore (I, LXXVII, 6), d'après lequel le meurtre d'un esclave était puni à l'égal du meurtre d'un homme libre (1), et vous ne douterez pas que l'esclave égyptien, bien qu'esclave, fût toujours un homme.

A Rome, sous la législation de la loi des Douze Tables, il y avait une condition fort analogue. Mais ce n'était pas celle des esclaves proprement dits : c'était celle des hommes libres, citoyens et fils de Romains, qui se trouvaient, à côté des esclaves, *in mancipio*, dans la possession et la propriété d'autrui.

Ceci était la conséquence du pouvoir sans borne du père de famille. Le *pater familias* romain, ayant droit de vie et de mort

1. Cette loi fut empruntée par Athènes à l'Égypte, comme tant d'autres déjà signalées par Diodore de Sicile. Voir Antiphon, *de cæde Herodis*, § 49. Selon cet auteur, le meurtre d'un esclave était aussi puni à Athènes comme celui d'un homme libre et l'esclave meurtrier, même si c'était son maître qu'il avait tué, devait être jugé par le peuple, c'est-à-dire par le grand jury des héliastes.

sur son fils ou son petit-fils, seul maître d'ailleurs de tous les biens dont celui-ci héritait ou qu'il acquérait, de tous les produits de son travail, pouvait en outre le vendre lui-même par l'airain et par la balance, *per æs et libram*, au moyen de la *mancipation*, mode solennel d'aliénation qu'il eût également employé pour une chose lui appartenant. Il pouvait le céder ainsi, par exemple, en réparation d'un préjudice, pour échapper à la responsabilité pécuniaire qu'il encourrait par suite du délit d'un descendant, comme du délit d'un esclave, s'il ne renonçait pas à ses droits sur lui au bénéfice du plaignant. Le mot *mancipium*, appliqué d'autre part à l'esclave lui-même, désignait alors la situation de cet homme libre vendu. Cette situation était toute particulière. L'homme *in mancipio* n'était pas à titre de fils dans la famille de l'acheteur, mais plutôt à titre d'esclave, *loco servi*, suivant l'expression des jurisconsultes. Comme un esclave, à la mort du chef, il faisait partie de sa succession, sujet à être cédé de nouveau par les héritiers naturels ou testamentaires, s'il n'était pas émancipé. Cependant il gardait sa personnalité, la faculté d'avoir une femme légitime, des enfants rattachés à lui par une filiation légale et qui naissaient, dans certains cas du moins, soumis au même *mancipium*. Il avait d'ailleurs cet avantage sur les fils de son acheteur que celui-ci ne pouvait pas le tuer, ni le maltraiter et l'insulter impunément, bien que rien ne l'empêchât de le faire travailler à son profit et de s'approprier tout ce qu'il acquérait d'une façon quelconque. Ce n'était que sur les esclaves proprement dits que le pouvoir du maître égalait la puissance du père. Sur les *nexi*, sur les hommes libres *in mancipio*, il avait été limité par des lois populaires et le droit des préteurs. Despotisme du maître, despotisme du père, c'étaient là en effet les bases essentielles de la famille, telle que l'avait organisée la loi des Douze Tables; et les droits du chef sur l'homme libre *in mancipio*, tenant la place d'un esclave, *loco servi*, ou sur sa propre femme légitime en puissance, *in manu*, assimilée à une fille, *loco filiæ*, n'en étaient que des imitations, très atténuées dans leurs résultats effectifs.

Entre le *mancipium* romain exercé sur un homme libre et l'esclavage hébreu ou égyptien, les différences, s'il en existait, devaient être bien peu marquées, et elles devaient se rapporter surtout aux différences de la vie politique chez les deux peuples.

Nous ne savons pas si le maître égyptien, qui devait respecter la vie de son esclave, l'aurait insulté, maltraité à sa fantaisie, impunément. Cela ne serait pas impossible, car c'est la dignité du titre de citoyen dans la république romaine, alors que le vote des citoyens, sans distinction de plébéiens ou de patriciens, faisait souverainement les lois, qui ne permettait pas de supporter une injure venant de tout autre que d'un père.

Et encore fallut-il du temps pour que ce principe fût appliqué à Rome d'une façon un peu générale. Tite-Live nous raconte comment les hommes libres qui se donnaient en gage ou que leur père livrait en gage à un créancier, ceux qu'en terme de droit on nommait les *nexi*, étaient, tant que durait ce lien créé par l'airain et par la balance, tant que la dette n'était pas payée, presque assimilés à des esclaves par rapport à celui qui les faisait travailler pour se couvrir, au moins en partie, des intérêts de son argent. Ce fut à la suite d'une injure atroce, d'une violence abominable faite à l'un d'eux, que le peuple romain se souleva et qu'une loi fut portée pour modifier dans un sens libéral cette législation des *nexi*. Les hommes *in mancipio*, différant des *nexi* en ce qu'ils avaient été cédés définitivement en propriété et non provisoirement en gage, différence peu sensible du moment où le gagiste avait la possession, durent nécessairement profiter de ce soulèvement populaire. Les *addicti*, c'est-à-dire ceux qui, ne s'étant pas volontairement livrés en garantie de leur dette, avaient été par jugement placés en la possession de leur créancier, en attendant qu'ils fussent licités pour ainsi dire dans leur personne s'ils ne s'acquittaient pas dans un délai fixé, durent eux-mêmes voir leur situation s'améliorer parallèlement. Les privilèges de la liberté devenaient plus inaliénables à mesure que les classes pauvres acquéraient un pouvoir plus grand dans un peuple libre.

Mais dans l'Égypte monarchique, il ne pouvait se produire aucune influence de ce genre pour faire changer la législation.

Remarquons pourtant que dans la loi juive, imitée de celle des Égyptiens, et qui punissait également de mort le meurtre d'un esclave, celui-ci devenait libre, quand le maître lui avait cassé une dent ou fait subir toute autre violence réputée grave.

Il est vrai que l'esclavage hébreu avait souvent pour origine, à la façon du *mancipium* romain, une vente d'un homme libre. La seule différence était que l'homme libre se cédait lui-même, comme nous avons vu en Égypte, dans un contrat démotique, un homme libre se céder lui-même aux dieux d'un temple avec toute sa descendance et, dans un autre acte, une femme se céder elle-même en esclave à l'homme dont elle allait être la concubine. L'esclavage devient nécessairement moins dur quand il s'applique à des hommes libres de naissance et du pays, à des concitoyens, qui subissent un joug soit par leur propre volonté soit par la volonté d'un père. Il se rapproche par certains côtés de la condition des originaires qui, eux aussi, libres de naissance, avaient leur liberté restreinte par les coutumes ou les lois.

Chez plusieurs peuples de l'antiquité, à diverses époques, les liens d'origine vinrent en effet influer d'une façon considérable sur la condition des personnes. Nous avons donc dû rechercher quelle était en Égypte la puissance de ces liens.

D'après une multitude de contrats démotiques, nous avons vu la profession de choachyte se perpétuer héréditairement dans telle ou telle famille durant des siècles. Il y avait donc du vrai dans les récits concordants des Grecs sur l'hérédité des professions, ou du moins de certaines professions.

Nous avons vu encore que le décret de Canope dans ses trois versions, hiéroglyphique, démotique et grecque, prouve d'une manière irrécusable l'attribution des enfants de prêtre à une tribu sacerdotale dès le moment de leur naissance, que des textes nombreux nous montrent sous les Ptolémées les restes durables de la division primitive du sol en terres des prêtres, terres des guerriers et terres du roi. Il n'est donc pas possible aujourd'hui de ne pas admettre l'existence des deux castes nobles, celle des prêtres et celle des guerriers, même alors qu'un peuple étranger s'étant emparé de l'Égypte, les plus hautes fonctions ne furent plus réservées à celle des prêtres.

Il se présente en dehors de ces deux castes, du temps des contrats démotiques, des Égyptiens qui sont désignés par les mots *pehir*, *pahir*, *penhir*, le supérieur ou seigneur, monseigneur, notre seigneur, au féminin *tehirt*, *tahirt*, *tenhirt*, la dame, madame, notre dame. Ce n'étaient pas des prêtres ; ce n'étaient pas des guerriers ; ils n'exerçaient d'ailleurs aucune des professions qui sont si soigneusement indiquées dans les actes. C'étaient des riches, des rentiers. On sait qu'à Rome, à côté de la vieille noblesse patricienne, les hommes riches, les chevaliers, formaient une sorte de noblesse qui devait ses droits à l'argent.

Évidemment l'hérédité ne regardait pas cette noblesse ; et à l'époque où nous la trouvons, il devait exister aussi toute une classe moyenne, correspondant à notre bourgeoisie, en dehors des coutumes de caste.

Mais existait-elle avant Bocchoris, avant le code des contrats ?

Chez nos choachytes, qui n'appartenaient pas à cette bourgeoisie, d'après nos actes démotiques les fils qui viennent à renoncer à la profession de leur père renoncent en même temps à son héritage et à tous leurs droits sur ses biens.

Ils sortent donc de la famille. Ainsi en sortaient à Rome les fils émancipés qui, trois fois vendus par leur père, ne retombaient plus sous sa puissance ; il fallait pour cela trois ventes, la loi des Douze Tables l'exigeait. Trois fois, le fils affranchi par l'acheteur, au lieu de devenir *sui juris* comme un esclave en pareil cas, retombait sous la main du père. Après la première ou la seconde manumission qui l'affranchissait, le père reprenait tous droits sur lui. Il pouvait en faire ce qu'il voulait. Contre le *pater familias* romain, le fils n'avait aucun recours, pas plus que le véritable esclave.

Nous en voici arrivés à une question nouvelle, que nous aborderons aujourd'hui.

Au point de vue de la condition, en laissant de côté l'esclavage, l'organisation de la famille en Égypte comportait-elle, comme à Rome, une distinction fondamentale entre les personnes non seulement libres, mais *sui juris*, c'est-à-dire ayant par elles-mêmes la jouissance des droits civils, et celles qui, bien que de condition libre, étaient néanmoins pleinement soumises et subordonnées au droit d'autrui?

A Rome, le fils de famille, l'homme *in mancipio*, la femme *in manu* étaient uniformément *alieni juris*. Ils ne possédaient rien en propre, ils ne pouvaient jamais acquérir, du moins sous le droit des Douze Tables, qu'au profit d'un chef, d'un *pater familias* qui, seul dans la famille, se trouvait être *sui juris* et qui pouvait les vendre eux-mêmes.

Rien de plus violemment contraire à la nature que cette conception de la loi des Douze Tables qui annihilait complètement, au point de vue civil, des citoyens adultes, tant qu'ils avaient encore un ancêtre; et cette conception devait être relativement récente et dépendre de la révolution sociale dont nous parlerons à propos de l'hérédité, puisque dans les races congénères, ayant primitivement une semblable organisation, à Athènes par exemple, on ne découvre nulle trace de ces excès de la puissance paternelle : l'adulte mâle est en fait pleinement libre.

Les comédies d'Aristophane nous montrent même des fils exerçant dans cette ville une sorte de tutelle par rapport à leur père, une protection affectueuse, mais ne reculant pas devant l'emploi de la force pour devenir plus efficace. Dans les *Guêpes*, par exemple, pièce que Racine a si bien imitée dans ses *Plaideurs*, on voit un fils, devenu riche et appartenant à la meilleure société d'Athènes, se mettre en tête de corriger les goûts, les habitudes, les mœurs de son vieux père, citoyen pauvre et d'une éducation tout à fait rustique. Le père, devenu, par la désignation du sort, héliaste, c'est-à-dire un des six mille jurés qui décidaient de tous les procès à Athènes, voulait absolument tous les jours aller juger afin de recevoir l'indemnité de trois oboles, une demi-drachme, qui était allouée à chaque héliaste pour prix de sa journée perdue. Le fils rougissait de voir son père réclamer ainsi ses trois oboles, se lever dès le point du jour afin d'arriver à temps pour la paye et rapporter triomphalement à la maison un salaire si mince. Ne parvenant pas à le convaincre, il le traita en maniaque, le fit enfermer à la maison et surveiller par ses esclaves, le fit saisir et retenir quand il parvenait à s'échapper par escalade, etc., et en définitive, à force de volonté, à force de cajoleries, à force de promesses, lui fit accepter de ne plus juger d'autres causes que les délits commis à la maison par des animaux domestiques. Il s'engageait à lui prodiguer toutes les douceurs de la vie ; et le père se décida à subir la domination d'une sollicitude tendre et minutieuse : « Il a raison de veiller sur moi de peur que je me perde, dit-il (vers 1859) ; ne suis-je pas son père unique ! »

Quel contraste frappant avec les lois romaines, avec cette autorité sans bornes, ce pouvoir de vie et de mort que la loi des Douze Tables avait reconnu au père, soit naturel soit adoptif, sur tous les membres de sa famille. Quand à Rome, un homme *sui juris, paterfamilias*, voulait entrer en qualité de fils adoptif dans la famille d'un autre homme, il fallait que le peuple intervînt, car il fallait qu'il conférât formellement ces droits excessifs à un citoyen sur un autre, également indépendant avant cette loi d'adoption. Aulu-Gelle, dans le V° livre de de ses *Nuits Attiques*, nous a conservé la formule de la proposition de loi que l'on faisait alors et sur laquelle le peuple avait à se prononcer : « Velitis, jubeatis, quirites, uti Lucius Valerius, Lucio Titio, tam jure legeque filius sibi siet, quam si ex eo patre, matreque familias ejus, natus esset : utique ei vitæ necisque in eo potestas siet, uti patri endo filio est. Hæc uti dixi, ita vos, quirites, rogo. » Ainsi, sous le régime des Douze Tables le pouvoir de vie et de mort était à Rome tellement inséparable de la paternité légale qu'il paraissait en découler naturellement pour quiconque engendrait un fils dans un mariage légitime et qu'en assimilant, au point de vue de la loi et du droit, les effets de l'adoption à ceux de la naissance, on le mentionnait, à titre d'exemple, comme une conséquence forcée de cette assimilation même. Il en résulte que l'adoption a des effets absolus à Rome ; le fils adopté ou adrogé n'a aucun recours contre son père, pas plus que le fils né de lui. Il doit obéir à ses caprices, du moins en tout ce qui ne touche pas le gouvernement du peuple romain ; car le consul, ou tout autre magistrat qui a reçu l'*imperium* d'une loi curiate, représentant en principe dans leur pleine étendue les pouvoirs et la majesté du peuple romain, devait sauvegarder sa dignité par rapport à tous, et même par rapport au chef de famille. C'est ainsi que le fils de Fabius Maximus, à ce que rapporte Aulu-Gelle d'après les annales de Claudius, étant lui-même consul en exercice tandis que son père était simplement proconsul, lui fit ordonner par ses licteurs de descendre de cheval quand il le croisait dans la rue, bien qu'il fût son père, l'ayant en puissance, et que : « inter eos sciebant maximâ concordiâ convenire. » Le père félicita son fils d'avoir si bien manifesté l'*imperium* qu'il tenait du peuple. Mais c'étaient là surtout des traces du vieux droit aristocratique, qui, avant le code des Douze Tables, avait réglé bien différemment les familles des patriciens. Nous aurons à revenir sur toutes ces questions.

Notons seulement, en ce qui touche l'adoption, qu'elle était loin de créer ailleurs des liens aussi étroits qu'elle les créait à Rome. A Athènes, notamment, où le pouvoir du père se faisait à peine sentir même dans la famille naturelle, elle n'empêchait nullement celui qui avait reçu le nom de fils, d'entrer en discussion avec son nouveau père, de rompre violemment avec lui, de reprendre les biens qu'il lui avait apportés, en répudiant toute parenté fictive, ainsi que nous le montre Démosthène dans un plaidoyer que nous aurons à citer plus tard à propos des mariages athéniens.

Si l'adoption était très usitée chez les peuples grecs, c'était en guise de dernier expédient pour assurer la transmission des biens, la perpétuité des maisons supportant les charges publiques et dont le nombre était souvent prévu dans l'organisation primitive des cités.

Nous n'avons trouvé jusqu'ici pas le moindre indice dans la vallée du Nil de cette fiction légale gréco-romaine. La *cognation* y était toute naturelle. La loi égyptienne, qui n'admettait pas de bâtards et voyait, dans tous les enfants, des fils légitimes, ne pouvait pas non plus admettre une parenté de convention reposant seulement sur le caprice. D'ailleurs la filiation maternelle était aussi importante que la filiation paternelle dans ce pays où la femme était pleinement l'égale de l'homme. Quand on disait « fils d'un tel» on disait donc aussi et surtout « enfanté par une telle. » Le nom de la mère a été d'abord la principale indication généalogique, pouvant suffire à elle seule ; et encore à l'époque de nos contrats, la mère est toujours indiquée à côté du père. Celui-là qui n'avait pas de fils, lui succédant au point de vue religieux et au point de vue civil, devant lui « donner l'eau » des libations après sa mort et accomplir pour lui les sacrifices funéraires, se trouvait (comme l'Hébreu sans enfants) sous une sorte de malédiction. On ne s'étonnera pas dès lors, dit à ce sujet M. Chabas, « qu'une maxime de l'ancienne sagesse des Égyptiens conseille à l'homme de se marier avec une femme jeune, capable de lui donner des enfants mâles et d'assurer dans sa descendance la perpétuité du sacrifice funéraire, gage d'une nouvelle vie. » Le livre sapiential du scribe Ani ne dit-il pas : « Apporte la libation à ton père et à ta mère qui reposent dans le tombeau... ce que tu auras fait pour ton père, ton fils le fera également pour toi. » Ailleurs, dans les plus terribles malédictions, quand le coupable doit être voué à la flamme de la déesse Apto au jour de sa fureur, on ajoute : « Ni son fils, ni sa fille ne lui donneront l'eau. » Dans un autre texte, parmi les circonstances que peuvent produire le bouleversement de l'univers, la destruction du monde cosmique, figure spécialement *la cessation de l'effusion de l'eau pour*

le dieu qui est dans l'arche, c'est-à-dire pour le mort assimilé
à Osiris. Certes la sanction est terrible, et cependant pour
l'éviter l'Égyptien n'a que le fils « né de son flanc. » Aussi
l'illustre égyptologue que nous citions tout à l'heure compare-
t-il, sous ce rapport, les Égyptiens aux Hindous. D'après
les livres sacrés de l'Inde, l'homme qui ne laissait pas après
lui un fils pour célébrer en son honneur le *suâddha* ou service
funèbre était précipité dans le *Pout*, région infernale. Par
la naissance d'un fils, le père acquittait sa dette envers les
ancêtres. Les lois de Manou renferment à ce sujet une foule
de prescriptions semblables à celles du scribe Ani. Celui qui
était sans postérité mâle n'avait qu'une seule ressource,
consistai à charger sa fille de lui donner un fils. Chez les
Juifs, c'était la femme du mort qui, avec un parent de celui-ci,
devait continuer sa race. Les Égyptiens admettaient-ils qu'on
fît ainsi un enfant pour le mort? Cela est bien douteux. Il me
paraît plus probable qu'on avait franchement recours, pour les
services religieux comme pour l'hérédité, à la parenté collatérale. En tout cas le désespoir était grand et on s'adressait à
tous les dieux pour éviter un pareil malheur : plusieurs stèles
le prouvent, même à l'époque lagide. Cependant il ne venait
à personne l'idée de croire qu'un acte libre de volonté abs-
traite pût remplacer l'œuvre de la nature.

En Égypte, en effet, messieurs, commençons par bien le
reconnaître, les traditions étaient essentiellement différentes
de celles de notre Occident, tant en ce qui touche la paternité
fictive qu'en ce qui touche les conséquences légales de la
paternité réelle. Relativement à celles-ci, on peut tout d'abord
affirmer qu'il n'existait rien d'analogue à la puissance paternelle absolue des Romains. C'était d'ailleurs aussi le cas
dans presque tout le reste du monde. Les jurisconsultes
latins l'avaient remarqué depuis longtemps quand ils avaient
affirmé qu'aucun autre peuple n'avait compris la puissance paternelle telle que l'avaient comprise les auteurs de
leur législation : « Jus autem potestatis quod in liberos habemus proprium est civium Romanorum ; nulli enim alii sunt

homines qui talem in liberos habeant potestatem qualem nos habemus » (Gaïus, I, § 55).

Toutefois, en dehors de cet absolutisme illimité créé à Rome par la loi des Douze Tables, l'autorité du père était susceptible de recevoir une extension plus ou moins grande, suivant les époques et suivant les pays.

Je crois qu'il faut distinguer pour l'Égypte plusieurs périodes différentes :

Dans la première, que nous font connaître les monuments de l'ancien empire et particulièrement ceux de la XII⁰ dynastie, nous sommes en présence d'un fond de vie tout patriarcal. L'autorité paternelle du seigneur ou chef de tribu, réel possesseur et maître des biens, peut se comparer à celle d'Abraham dans le récit de la Genèse; car tout est alors similaire dans la vie sociale des Sémites et des Égyptiens.

Vint ensuite le moment de l'expulsion des pasteurs sémitiques et de l'organisation définitive des castes. Dans ce système, qui est celui de Sésostris, la puissance royale prend le dessus et ne laisse subsister à côté d'elle que deux castes nobles. L'individu disparaît derrière la race, et le père, représentant de cette race, garde nécessairement un assez grand prestige.

A ces deux premières périodes remonte l'origine de la plupart des livres de maximes, et ils sont fortement empreints de ces traditions de respect et d'obéissance filiale, comme les stèles funéraires, les livres religieux, etc. Ce respect n'allait pourtant pas jusqu'à la servitude complète — au *mancipium* des Romains, dont on ne trouve ailleurs nul vestige.

C'est contre ces traditions toutes religieuses et sacerdotales que réagit le roi novateur Bocchoris. Dans son code des contrats, il voulut rendre à l'individu ce que les siècles lui avaient progressivement enlevé. Sans détruire les castes, il les énerva pour ainsi dire en ne leur laissant que la propriété éminente des terres, et, si je puis me servir de ce terme, l'estime éminente des populations. Le but de sa réforme fut celui de la loi de Solon qui, les Grecs nous l'a-

vaient dit, l'imita autant que possible : « Le contrat fait la loi. »
La volonté de l'homme devint alors maîtresse, sauf les
droits sacrés et inviolables de la famille, que l'on consacra
de nouveau. Cette révolution juridique, analogue à celle de
notre code civil, diminua singulièrement (ce n'est pas en quoi
elle s'écarterait de celle-ci) l'autorité paternelle et les vieilles
traditions sacrées. « Chacun pour soi », sembla être la nouvelle devise. La tutelle véritable, cette tutelle religieuse s'appliquant à tous et à chacun, disparut définitivement. Les
droits de la femme (dès l'origine honorée), s'accrurent. Elle
devint l'égale de l'homme et put traiter à ce titre avec lui, diriger ses propres affaires, etc. L'enfant participa lui-même
à cette libération. Il avait droit réel à l'héritage de ses parents : à lui de diriger ses biens et de faire les contrats nécessaires, s'il était en âge de parler. Les incapacités légales du
sexe et de l'âge n'existent pas. Évidemment le père peut
encore administrer l'avoir familial ; mais il est là pour ses
fils. S'il les veut frustrer sans leur consentement, un recours
est ouvert contre ses actes. Il en est de même, s'il le fait avec
le concours d'une adhésion qui n'est pas pleinement libre ou
éclairée. Dans le cas où le père vend les biens appartenant directement à son fils, c'est l'enfant qui est seul partie
dans l'acte bien qu'admis peut-être plus tard à réclamer contre
cet acte et à se faire restituer, comme, chez les anciens Romains, les mineurs d'après la loi Plætoria. Le père n'intervient alors qu'à la façon d'un fidéjusseur pour garantir
l'acheteur à cause du manque de discernement du vendeur.
S'il y a plusieurs enfants, l'aîné joue, du reste, le rôle de
curateur naturel des plus jeunes. Il n'a pas l'autorité sur leurs
personnes, mais il l'a en quelque sorte sur leurs biens, sans
pouvoir en bénéficier lui-même. Il représente, par une espèce
de mandat légal, les droits de la famille envers et contre tous,
même à l'égard du père.

Ces trois périodes sont absolument claires. Mais il y en
a en outre une quatrième, plus nuageuse, pendant laquelle,
par suite des idées grecques, les rois Lagides semblent avoir

accru les droits du père ainsi qu'ils avaient accru ceux du mari.

Quoiqu'il en soit à auucune époque, nous ne voyons intervenir de tuteur légal pour l'Égyptien, en dehors du père et du frère aîné. S'il a besoin d'un protecteur, un ami se présente, en fidéjusseur libre, ou stipulateur spontané, si je puis m'exprimer de la sorte, fait faire en son nom les actes à l'avantage de son pupille, ou plutôt encore de sa pupille volontaire.

Ce point est bien remarquable. Le tuteur tel que nous le comprenons, l'*épitrope*, est en effet d'origine grecque. Création parallèle à celle de l'enfant adoptif (1), il provient des idées philosophiques qui ont donné naissance à la plupart des constitutions grecques.

On sait que la coutume était, en Grèce, de choisir un rêveur pour législateur de la cité. Souvent il calculait le nombre des maisons ou des familles devant constituer cette cité idéale, ordonnant de tuer ou d'envoyer aux colonies les enfants qui dans chacune faisaient excédent. Si, au contraire, il en manquait dans quelque maison, par suite de ce calcul trop exact, l'adoption suppléait au vide; et ce nouveau venu, réel successeur des ancêtres, faisant les sacrifices du foyer, s'acquittait des nombreuses obligations pécuniaires et autres que la cité imposait alors à ses membres. De même s'il ne restait qu'un enfant en bas âge, ne pouvant remplir les charges publiques, il fallait désigner quelqu'un à sa place : c'était l'épitrope. Mais cet épitrope tel que les orateurs athéniens nous le montrent avait des droits bien plus étendus que ceux du tuteur dans nos lois actuelles. Il remplaçait complètement l'enfant et était maître absolu de ses biens (2), sauf à en rendre compte plus tard, à

---

1. Le texte d'Aulu-Gelle sur la loi d'adoption que nous avons cité plus haut semble prouver que c'était là une importation nouvelle du *jus gentium* et que les Romains n'avaient d'abord connu que l'enfant réellement engendré par le père.

2. Voir les plaidoyers de Démosthènes contre ses tuteurs, etc. Au sujet de l'hérédité de Cléomène, Isée raconte que celui-ci, bien que chérissant ses petits-neveux, les avait déshérités parce que leur tuteur était son ennemi. Il craignait de mourir avant qu'ils ne fussent sortis de tutelle, et il ne pou-

moins qu'il ne préférât louer en entier et à haut prix cette hérédité, cette personnalité civique.

Au contraire « selon le droit primitif et rigoureux des Romains, Ortolan l'a fort bien dit, un citoyen ne pouvait être représenté par un autre; lui seul pouvait agir pour son compte et remplir les diverses solennités des actes soit par lui-même, soit, dans certains cas, par les personnes soumises à sa puissance, parce qu'elles étaient censées ne faire qu'une seule et même personne avec lui. Cependant, avec le temps, on se relâcha de cette rigueur. Le principe primitif fut toujours maintenu en ce qui concerne les actes du droit civil qui devaient s'accomplir par le moyen de paroles et de solennités prescrites..... Pour les actes de cette nature, nulle représentation ne fut possible; chaque citoyen fut toujours obligé d'agir lui-même. A l'égard des autres actes, des contrats et opérations du droit des gens, il fut admis qu'on pourrait en confier le soin à des procureurs, qu'ils pourraient être faits par des agents d'affaires. Et, bien que selon la stricte application des principes, le procureur, le gérant d'affaires ne fussent jamais que des personnes agissant en leur propre nom dans l'intérêt d'un tiers, s'engageant eux-mêmes et engageant les autres envers eux comme, chez les Égyptiens, nous le verrons à propos du mandat); cependant à l'aide d'actions de comptes réciproques, d'actions utiles, de moyens indirects et d'interprétations variées selon les cas, on parvint à reporter sur celui à qui l'affaire appartenait réellement les avantages et les désavantages des négociations. La connaissance de ces principes généraux peut seule donner la clarté et la couleur locale à ce qui concerne la nature des pouvoirs du tuteur dans l'administration des biens. »

Le tuteur n'était, d'après la loi des Douze Tables, que le gardien de la chose : « uti legassit super pecunia tutelave suae rei ita lex esto. » Lorsque ce gardien avait la charge

---

vait se résigner à voir passer après sa mort son hérédité, sorte de continuation de sa personne légale suivant les idées athéniennes, à celui que pendant sa vie il détestait cordialement.

d'un enfant ne parlant pas encore, il ne pouvait qu'administrer ses biens, sans recourir à aucune des solennelles formalités du droit civil. Quand l'enfant devenait un peu plus grand, il lui faisait faire à lui-même les actes nécessaires et il les affermissait à l'égard des tiers par ce qu'on a nommé l'*auctoritas*. Ce n'est que tardivement qu'on lui a permis de faire, à l'imitation de l'épitrope, tout ce qui rentrait dans le *jus gentium*, ou le droit importé des Grecs; mais avec des garanties pleinement romaines que n'avaient jamais connues ceux-ci. Toujours d'après ce même ordre d'idées, en vertu du principe de protection des incapables, les Romains, qui avaient établi la majorité légale à la puberté ou à quatorze ans et limité à ce terme les droits du tuteur, pensèrent bientôt que cet âge était insuffisant. Ils décidèrent donc d'abord par la loi *Plætoria*, déjà citée par nous, qu'on poursuivrait les créanciers abusant de l'inexpérience des jeunes gens de moins de vingt-cinq ans. De leur côté, les préteurs introduisirent en faveur des mêmes la *restitutio in integrum*. Enfin Marc-Aurèle ordonna qu'ils seraient mis en curatelle. La différence entre la tutelle des enfants de moins de quatorze ans et la curatelle des adolescents fut que la première concernait les personnes et englobait aussi les biens, et que la seconde était restreinte aux biens seuls. Il va sans dire que la puissance du père de famille excluait toute espèce de tutelle ou de curatelle. Le père était tout et possédait tout.

Le tuteur ou épitrope et le curateur n'existaient pas, nous l'avons dit, dans la vallée du Nil, pas plus, du reste, que l'omnipotence paternelle. Et pourtant on en peut rapprocher quelque chose en droit égyptien. Le père a toujours conservé un certain pouvoir (très limité) sur la personne et les biens de son fils. Il est en cela comparable au tuteur. L'aîné, au contraire, n'a puissance que sur les biens, qu'il est chargé de défendre comme le curateur romain.

Ces données étaient indispensables pour bien comprendre ce qui va suivre, qu'on m'excuse donc de m'y être si longtemps appesanti avant d'aborder l'examen détaillé des textes de l'époque contractuelle rédigés en vertu du code de Bocchoris.

En Égypte les enfants gardaient leurs droits spéciaux et une très large part d'indépendance. Le père avait, depuis l'époque du scribe Ani (1) et spécialement sous les Lagides, la coutume de céder de son vivant ses biens à sa femme et à ses enfants. Il n'en était en quelque sorte que l'usufruitier, et, après la cession, il y restait, mais à leur place. De là l'expression curieuse *qui pour son fils*, que l'on rencontre sans cesse dans nos contrats. De là aussi la mention constante dans les contrats de mariage du « fils aîné qui doit être le maître des biens présents et à venir » du père.

Même avant ce moment le père de famille était si peu le propriétaire absolu des biens possédés par lui qu'il devait obtenir l'assentiment de ses enfants ou héritiers naturels pour les aliéner, sans contestation ultérieure, d'une façon définitive (2). On possède à ce sujet bon nombre de contrats renfermant des adhésions d'enfants aux aliénations consenties par leurs parents. Je citerai par exemple un papyrus de Wilkinson de l'an II de Philopator dans lequel deux enfants de Tanofré adhèrent à une cession faite par leur mère, le papyrus 374 de Leyde dans lequel deux enfants d'Hor Ut'a consentent à une vente de leur père, etc. On se souvient aussi sans doute de ce passage du roman de *Setna* où le prince voulant léguer à la femme Tabubu dont il était épris la totalité de ses biens, fait

---

1. Je traduis ainsi la 18e maxime du scribe Ani :

« Ne fais pas dispersion (et largesse) pour l'inconnu, il vient à toi en perdition.

« Et si les biens sont livrés aux enfants, il vient à toi comme second.

« Fais un lieu de réserve à tes biens pour toi-même, trouvent cela tes gens sur ton chemin. »

Cela veut dire : « Ne te fie à l'inconnu ni pour toi-même ni pour tes fils. Garde tes biens au lieu de les livrer à tes enfants. Sois économe et après ta mort tes gens trouveront ce que tu as amassé. »

2. En revanche, des pères et mères et, spécialement les mères, adhèrent souvent à des actes de leurs enfants même majeurs. Mais, comme nous le verrons à propos de l'hérédité, ces adhésions sont moins une approbation qu'une garantie exigée par cause de la communauté d'intérêts et afin d'éviter les procès à venir à la charge de l'acheteur.

intervenir ses enfants sur l'acte; et nous avons raconté une aventure tout à fait parallèle de Patma.

Patma, veuf et ayant une fille, s'était remarié en l'an 33 de Philadelphe à une jeune femme avec l'intention de l'avantager. En conséquence il lui fit d'abord un contrat de mariage très favorable, en ajoutant aux clauses principales : « Fils, fille provenant de moi qui viendra à toi pour t'inquiéter à cause de ces choses te donnera vingt argenteus ou cent sekels (quatre cents drachmes) et il t'abandonnera de plus ces choses sans aucune opposition (1). » Puis, trois ans après, il se reconnut débiteur d'une dette fictive pour laquelle il lui hypothéqua tous ses biens, s'engageant à les lui céder en paiement à une date déterminée (trois ans encore après) s'il ne lui avait pas rendu la somme avec les intérêts, et disant cette fois : « Fils, fille m'appartenant qui viendra à toi t'inquiéter à cause de ces biens énumérés ci-dessus, tu l'obligeras aux argenteus ci-dessus avec leurs fruits depuis le moment où je t'ai fait mon écrit sur ces biens. » La date fixée arriva, et Patma se dépouilla entièrement. Sa fille, du premier mariage, intervint alors en bas de cet acte de cession définitive qui la privait de tout héritage et elle s'associa elle-même en ces termes à cette prétendue vente : « Ati, fille de Patma, ayant pour mère Tsémin, dit : Reçois cet écrit de la main du pastophore d'Amon Api de l'occident de Thèbes, Patma, fils de Pechelchons, ayant pour mère Neschons, mon père sus-nommé, pour qu'il soit fait selon toutes les paroles ci-dessus. Je t'ai donné cession de toutes choses, tous biens énumérés ci-dessus, au sujet desquels il t'a fait écrit. Mon cœur en est satisfait. »

Voici le passage analogue du Roman de *Setna* :

—« Setna passa un jour heureux avec Tabubu. Mais il ne vit pas encore ses formes. Il dit donc à Tabubu : Finissons ce pour quoi nous sommes venus ici.

« Elle lui dit : Tu y arriveras ! ta maison est celle où tu es.

1. Voir ma *Chrest. démotique*, p. 245.
2. *Ibid.*, p. 255.

Moi, je suis sainte; je ne suis pas une personne du commun. Est-ce que, si tu veux faire ce que tu désires avec moi, tu ne me feras pas un *écrit d'adjuration* et un *écrit pour argent* (acte de reçu du prix pour une vente) sur la totalité des biens qui t'appartiennent?

« Il lui dit : Qu'on amène le scribe de la *maison d'enseignement*. On l'amena à l'instant. Il lui fit faire en faveur de Tabubu un écrit d'adjuration et un écrit pour argent sur la totalité des biens qui lui appartenaient.

« Une heure se passa.

« On annonça à Setna : Tes enfants sont en bas. Il dit : Qu'on les fasse monter.

« Tabubu se revêtit alors d'une étoffe de byssus. Setna vit tous ses membres à travers le vêtement : sa passion alla s'agrandissant bien plus encore qu'auparavant.

« Setna dit à Tabubu : Que j'accomplisse ce pourquoi je suis venu ici. Elle lui dit : Tu y arriveras, ta maison est celle où tu es. Moi je suis sainte. Je ne suis pas une personne du commun. Est-ce que, si tu veux faire ce que tu désires avec moi, tu ne feras pas écrire tes enfants sur mon écrit (sur la donation en ma faveur) afin qu'ils n'entreprennent pas de disputer avec mes enfants sur tes biens?

« Il fit amener ses enfants. Il les fit écrire sur l'acte. »

Les enfants de Setna qui adhéraient ainsi aux volontés de leur père étaient en bas âge : et ils pouvaient néanmoins signer une renonciation valable. Il faut, il est vrai, noter que dans ce cas et les cas analogues de nos contrats, c'était le père qui avait rédigé l'acte. Cependant une approbation tacite de ce genre ne suffirait pas dans notre droit actuel pour valider une elle renonciation faite au détriment du pupille et à l'avantage du tuteur. En Égypte les enfants avaient donc une véritable personnalité légale.

Il serait possible que cette personnalité dût être augmentée par ce que les Romains appelaient *auctoritas* (mot venant, selon eux, du verbe *augere*), quand il s'agissait de traiter eux-

mêmes directement avec des tiers, qu'ils fussent en un mot
sous une sorte de tutelle paternelle.

A ce point de vue on peut citer particulièrement trois actes
du règne de Philopator où les pères interviennent pour corro-
borer des ventes faites par leurs enfants, peut-être, il est vrai,
à cause de la communauté d'intérêts.

Dans un acte de l'an XVI de Ptolémée Denis, c'est encore
le père qui figure après ses quatre enfants pour une cession,
à leur cousine, d'une maison leur *venant de leur mère*, et
semble en quelque sorte agir en leur nom. A ce lieu et à cette
époque, les signatures des parties cédantes étaient devenues
exigibles, outre celle du notaire; et quoique l'aîné joue le rôle
de partie principale, escorté seulement des fils cadets intitulés
« les trois frères de Nechutès ci-dessus, en tout quatre, » on
ne lit en bas du papyrus que la seule signature du père, placée
après son consentement détaillé et l'enregistrement grec.

Mais il faut remarquer qu'ici le père, dans son adhésion
finale, représente peut-être une sorte de fidéjusseur. Il s'en-
gage à payer une certaine somme si ses enfants, qui sont
censés avoir eux-mêmes passé l'acte, n'en accomplissent pas
formellement la teneur. Ce pouvait donc être une espèce de
coreus promittendi, exigé parce que l'aîné était trop jeune
pour rassurer l'acheteur contre les réclamations possibles des
cadets. Nous possédons beaucoup d'interventions analogues
provenant soit de tiers qui promettent et s'engagent, soit, et
plutôt encore, de tiers qui stipulent pour eux en apparence, mais en réalité dans l'intérêt de quelque pupille, en qualité de tuteur officieux, si je puis m'exprimer ainsi. Souvent
c'est un étranger, le premier venu, qui se met en avant de la
sorte en faveur d'un enfant ou d'une jeune fille, même à
l'égard du futur mari de celle-ci, ou de son père ou de sa mère
(à notre point de vue, naturellement ses tuteurs légaux) et
fait au besoin, en son propre nom, mais en faveur d'autrui,
tous les actes nécessaires. Nous aurons à traiter longuement
de cette question à propos du mandat et à fournir les preuves,
qui sont très nombreuses.

De telles données nous éloignent bien de la tutelle proprement dite, et l'on peut penser que si notre contrat de Ptolémée Denis est exceptionnel par rapport aux autres, c'est à cause de sa date tardive. Ce qui tendrait à faire croire à quelque acte pouvant mieux rentrer dans ce qui représente une vraie tutelle, c'est la signature du père figurant seule. Il signerait pour les mineurs, ayant traité en leur nom. Quant à son adhésion séparée, elle signifierait simplement ainsi qu'il se porte fort pour ses fils.

Il serait d'ailleurs assez naturel qu'à la dernière période lagide et lorsque la femme mariée était en quasi-tutelle par suite du prostagma de Philopator, il existât une tutelle pour les enfants mineurs, tutelle qui n'excluait pas la valeur réelle du consentement personnel de ces enfants quand il accompagnait celui de leurs parents et tuteurs naturels. En tout cas, cette tutelle n'était pas, suivant les principes adoptés dans notre droit français, au seul profit de l'impubère; mais elle devait être surtout une sauvegarde pour les intérêts de celui qui l'exerçait (comme à Rome la tutelle du patron par rapport aux enfants de l'affranchi), ou plus exactement pour les intérêts de la famille (comme la tutelle romaine des agnats), car jusqu'ici nous ne l'avons vu exercer que par le père, la mère ou le frère aîné et jamais par un étranger.

Le père pouvait, du reste, dans certains cas, nous en avons plusieurs exemples, engager ses enfants avec lui en garantie d'une dette, peut-être, il est vrai, en qualité d'héritiers légaux.

De leur côté les enfants impubères pouvaient signer aux actes, intervenir dans les contrats du père, etc. Ils agissaient donc spontanément, du moins en apparence, et il n'est pas impossible qu'en Égypte un frère aîné impubère ait été κύριος en vertu des droits que nous spécifierons plus loin.

L'acte de Denis que nous citions tout à l'heure semble prouver l'existence de ces droits de κύριος inexerçables par défaut d'âge, de ces droits *liés*, pour nous servir d'une expression des canonistes. L'aîné des enfants impubères y figure à titre d'aîné d'une façon toute spéciale à côté du père tuteur, et nous aurons l'occasion de voir qu'en effet les enfants étaient *en même temps*, bien qu'à des points de vue différents, sous la direction du père et sous celle du fils aîné, ou aussi à l'ancienne époque, de la fille aînée.

A Rome on avait la tutelle légitime décernée à des enfants impubères (eux-mêmes en tutelle) par rapport aux agnats, (petit frère pour une grande sœur, petit neveu pour une grande tante, petit fils de patron pour une grande affranchie) et même primitivement par rapport à leur propre mère. Ils ne l'exerçaient pas sans doute quand ils manquaient de discernement ; mais la nécessité de leur *auctoritas* était établie à leur profit.

On songerait volontiers à rapprocher encore des actes de tutelle les autorisations données par les pères et mères aux mariages de leurs enfants : nous en citerons particulièrement trois que nous avons publiés dans la *Revue Égyptologique*.

Dans le premier de ces actes, datés de l'an III de Philopator, il s'agit à la fois d'un mariage par établissement pour femme, avec communauté du tiers pour l'épouse dans tous les biens de son mari, et de la reconnaissance par ce dernier, d'enfants déjà nés. Il est donc question d'introduire de nouveaux membres dans la famille. Le père du mari intervient en ces termes : « Hor fils de Paha, dont la mère est Tséchons, son père dit : Reçois cet écrit de la main du tisseur d'étoffes, de la fabrique d'Amon, Imouth fils de Hor, dont la mère est Taoukès, mon fils susnommé, pour qu'il soit fait selon toutes les paroles ci-dessus. Mon cœur en est satisfait, sans avoir à alléguer aucune pièce, aucune parole au monde avec toi. »

Dans le second, daté de l'an XI de Philometor, il s'agit d'une dot assez importante que la femme est censée avoir apportée en nature et qui doit lui être remboursée en argent suivant une estimation spécifiée dans l'acte, sans qu'elle ait à faire par serment la preuve légale de cet apport : « Tu n'auras pas à faire serment par la suite, dit le mari, au sujet de tes biens mobiliers de femme indiqués plus haut, sous prétexte que tu ne les as pas apportés à ma maison avec toi. C'est toi qui prends puissance à cet égard à ma place. » Le père adhère dans des termes semblables à ceux de l'acte précédent.

Enfin dans le troisième contrat, de l'an XL d'Evergète II, il s'agit encore d'une dot, cette fois en argent, reconnue à la femme par le mari et dont la mère de celui-ci répond : « La femme Héribast, fille de l'archentaphiaste Téos, dit : Reçois l'écrit ci-dessus de la main de l'archentaphiaste Petèsi, fils de Pétimouth dont la mère est Héribast, mon fils aîné ci-dessus nommé. Qu'il agisse envers toi comme il est écrit ci-dessus. Mon cœur en est satisfait. S'il n'agit pas envers toi selon toutes les paroles ci-dessus, comme il est écrit ci-dessus, moi-même je les accomplirai, de force, sans délai. »

Dans ces cas l'adhésion du père ou de la mère s'explique-rait peut-être en partie par la garantie hypothécaire donnée à la femme et frappant les biens patrimoniaux sur lesquels le père ou la mère avait des droits soit de propriété, soit d'usu-fruit, soit d'hypothèque.

Mais l'ingérence du père dans les mariages de ses enfants, résulte également d'autres textes.

Je citerai particulièrement un contrat de mariage après sé-duction dans lequel cette autorité du père de la jeune fille est très expressément reconnue. A propos des contrats dont le séducteur abandonne le profit à sa fiancée de nécessité, il s'ex-prime ainsi : « Tout écrit fait à mon bénéfice, ou que j'ai fait à quiconque au monde, rentre dans les écrits qui t'appartien-nent ; et *ton père* et tes gens ont puissance en ta main (à ce su-jet). » C'était sans doute le père de la fille qui avait forcé au mariage et prenait en tout l'initiative. D'autre part, dans un livre de morale écrit en démotique, mais certainement traduit d'un livre hiératique fort ancien, on lit cette maxime : « Ne fais prendre à ton fils une femme que selon son cœur à lui. » Le mariage des enfants, au moins à l'époque primitive et patriarcale, pouvait donc avoir lieu parfois sans leur consen-tement exprès et par suite de la seule autorité paternelle.

Là ne se bornait pas cette autorité ; le droit de correction y était certainement compris, puisque notre livre sapiential dit encore : « Ne châtie pas tes enfants jusqu'à user de violence, pour qu'ils grandissent en âge et en force. — Ne maltraite pas ton fils avec violence. Prends sa main. — Ne laisse pas ton fils se lier avec une femme qui a un mari, etc. »

Dans le roman de *Setna* dont nous parlions tout à l'heure, le prince, après avoir fait adhérer ses enfants à l'acte qui les dépouillait, se laisse entraîner à les faire mourir. Le père de famille avait certainement le droit de vie et de mort sur ses enfants chez les Romains. Mais il ne paraît pas en avoir été ainsi chez les Égyptiens, puisqu'en Égypte le maître lui-même était puni quand il tuait ses esclaves. Diodore de Sicile (1) (I, LXXVII, 7) ajoute que dans ce pays le père qui tuait son enfant était forcé de tenir pendant trois jours embrassé le corps de sa victime. On croyait cette punition plus dure que la mort même. Setna n'avait donc pas le droit de tuer ses enfants. Mais il était prince et passionné; son ordre de meurtre rentre simplement dans les crimes royaux, toujours si facilement excusés (2).

Le père resta, d'ailleurs, même sous le code de Bocchoris, un véritable magistrat familial, pouvant imposer des amendes dans certains cas à ses enfants, s'ils désobéissaient à son autorité légitime. Nous vous citions tout à l'heure cette phrase de Patma adressée à sa femme dans son contrat de mariage : « Fils, fille provenant de moi qui viendra à toi (pour t'inquiéter) à cause de ces choses, te donnera vingt argenteus ou cent sekels (quatre cents drachmes) et il t'abandonnera de plus ces choses sans aucune opposition; » et cette autre, adressée à la même, trois ans après, pour une créance fictive : « Fils, fille m'appartenant, qui viendra à toi t'inquiéter à cause de ces

---

1. Quant au fils qui avait tué son père, le même historien nous décrit longuement les supplices terribles auxquels il était condamné.

2. Tabubu lui dit : « Est-ce que si tu veux faire ce que tu désires avec moi, tu ne feras pas tuer tes enfants, afin qu'ils n'entreprennent pas de disputer avec mes enfants sur ton bien ? » Setna dit : « Qu'on fasse l'abomination qui est entrée dans ton cœur. »

Elle fit tuer ses enfants devant lui. Elle les fit jeter par la fenêtre devant les chiens et les chats. Ils mangèrent leurs chairs, et il les entendait pendant qu'il buvait avec Tabubu.

biens énumérés ci-dessus, tu l'obligeras aux argenteus ci-dessus avec leurs fruits depuis que je t'ai fait mon écrit sur ces biens. » Il est vrai que cette dernière mention pouvait rentrer dans la classe des obligations collectives et être insérée en prévision de l'hérédité qui ferait des enfants les continuateurs de la personne de leur père avec ses dettes et ses créances. Dans tous les contrats de prêt ordinaires, le débiteur ne dit-il pas : « Cet écrit est sur ma tête et sur celle de mes enfants. » Mais le premier exemple est plus difficilement explicable de cette manière et nous avons d'autres formules fort analogues qui, cette fois, rentrent bien certainement dans l'exercice de l'autorité du père, magistrat de sa famille.

C'est ainsi que dans les contrats de *parts* (ou de partage) faits par le père entre ses enfants, on lui voit *donner* à chacun d'eux sa part d'hérédité légale en ajoutant une pénalité pour celui des enfants qui inquiéterait les autres.

Par exemple Horus, sous Evergète II, dit à chacun des siens (1) : « Fils, fille, petit-fils, homme quelconque au monde m'appartenant qui viendra à toi (pour t'inquiéter) à cause de ces biens, tu l'obligeras à trois mille argenteus (en talents dix, ci : trois mille argenteus) à l'équivalence de vingt-quatre pour deux dixièmes d'argenteus d'argent. Qu'il te les donne, et qu'il t'abandonne ces biens en outre. »

De même, en l'an VII de Philopator, dans l'acte fait par Amenhotep à sa fille, on lit : « Fils, fille provenant de moi qui viendra à toi pour t'inquiéter à cause de ces biens, tu l'obligeras à vingt argenteus (en sekels cent, ci : vingt argenteus). Qu'il te les donne, en t'abandonnant les lieux ci-dessus en outre, sans opposition (2). »

Nous aurons l'occasion de voir que cette formule constitue même la seule différence entre les actes de donations ou de parts faits par le père et les actes de donations ou de parts faits par le fils aîné. L'un et l'autre sont magistrats de la famille

1. Voir ma *Chrest. démotique*, p. 326.
2. Voir ma *Chrest. démotique*, p. 373.

et peuvent donner ; tandis que les cadets ne font qu'abandonner à leurs frères, y compris l'aîné, les parts qui leur reviennent individuellement. Mais l'autorité du père semble s'étendre aux biens et aux personnes, tandis que celle de l'aîné ne s'étend qu'aux biens.

Ajoutons du reste que cette autorité s'appliquait aux enfants nés hors mariage aussi bien qu'aux enfants nés dans un mariage régulier. La fille de Patma qui renonce volontairement à sa succession paraît rentrer dans la première catégorie. Sa mère n'a jamais eu de contrats ; et cependant, nous aurons occasion de le voir à propos de l'hérédité, ses droits réels à l'héritage du père n'en étaient pas moins indiscutables, comme l'autorité de son père sur elle. Selon le témoignage fort exact de Diodore (I, LXXX, 3 et 4) il n'y avait pas de bâtards en Égypte ; tous les enfants étaient réputés légitimes. Il y avait seulement des enfants dont le père était inconnu. Ce sont ceux-ci qu'on trouve nommés en grec απατωρες et que les textes démotiques correspondants désignaient par une expression énergique (1) revenant au même, mais intraduisible en français. Parfois on se borne à nommer la mère. Jamais dans les listes d'individus ou autres documents de ce genre on ne trouve en grec le mot propre (νοθος) qui signifiait bâtard en cette langue, employé pour un Égyptien né hors mariage. Les contrats démotiques nous fournissent cependant une foule de reconnaissances faites par le père, reconnaissances qui donnaient aux enfants une filiation incontestable et les mettaient sous sa puissance, au lieu de les laisser à la seule direction de la mère, que les plus anciens textes hiéroglyphiques indiquent toujours en premier lieu et parfois uniquement dans les généalogies à propos d'enfants légitimes.

Mais on ne saurait imaginer une puissance paternelle illimitée dans de telles conditions, et les contrats nous prouvent en effet qu'il n'en était point ainsi.

---

1. *Se-ka* : videlicet : filii concubitus, seu filii tauri, seu filii maris, seu filii phalli. Le déterminatif représente ce dernier terme.

Dans une multitude d'actes nous voyons des enfants, sans doute majeurs, vendre, acheter et faire toutes les transactions possibles du vivant du *pater familias* et sans qu'il intervienne en rien. Ils devenaient donc à un certain moment maîtres complets de leurs actions. Le moment de la pleine majorité paraît être environ celui de la puberté, c'est-à-dire en Égypte entre treize et quatorze ans. Les textes relatifs au roi Épiphane et les inscriptions de Pséptah et d'Imouth nous montrent que les souverains prenaient alors la direction des affaires (laissées jusque-là aux tuteurs royaux), que les grands prêtres étaient alors intronisés et pouvaient procéder (à quatorze ans par exemple) au couronnement des souverains. C'était vers le même âge que les filles étaient circoncises, et mariées.

Jusqu'à ce moment les enfants pouvaient, il est vrai, acquérir des biens sans que leurs parents viennent figurer dans le contrat à aucun titre : tel est le cas pour la petite Chachpéri. Mais cela peut tenir à ce qu'en droit égyptien, d'après le code de Bocchoris, les actes étant, ainsi que nous vous le montrerons, essentiellement unilatéraux, le vendeur seul, quand il s'agissait d'une aliénation, portait la parole pour garantir de toute éviction le nouveau possesseur de la chose vendue.

Le fait de Chachpéri est d'ailleurs fort intéressant à bien des points de vue. Cette enfant de onze ans achète de Néchutès et en son nom personnel une maison en l'an L d'Evergète II, et c'est son père qui, quatre ans plus tard, en l'an LIV, l'aliène en faveur de sa propre sœur, tante de Chachpéri, dans un curieux sous-seing privé (1). Voici les termes mêmes de cette pièce en ce qui concerne la maison :

« Osoroer, fils d'Hor, celui qui dit à Tavé fille d'Hor, sa sœur : Je t'ai abandonné l'appartement que j'ai reçu, avec mes parts, de Néchutès fils d'Asos, appartement situé dans le quartier sud de Thèbes, à la partie occidentale du dromos de Chons, ayant au sud la maison de Petchons le musicien, à l'orient

1. Voir mon *Procès d'Hermias* en cours de publication.

l'appartement de Péchytès, à l'occident l'appartement d'Asos, au nord le chemin qui est entre eux ; une portion de cour est comprise dans cette vente qui a été faite en son nom à Chachpéri ma fille. — Le tout est cédé sans qu'Osoroer et Chachpéri sa fille puissent te donner garantie par écrit quelconque ou pièce quelconque en dehors de (celle de) Néchutès fils d'Asos, qui nous a vendu. — Que nous versions le prix de l'appartement décrit plus haut à Néchutès, fils d'Asos, entre nous quatre : au nom d'Osoroer, fils d'Hor ; Nechtmonth, fils d'Hor ; Petosor, fils d'Hor ; Tavé, fille d'Hor, en tout quatre (1). »

Evidemment Osoroer agissait en qualité de père. Toutefois s'il pouvait dessaisir sa fille de sa propriété sans la dédommager ni la faire paraître, ce doit être parce que la maison n'avait pas encore été payée. Et cependant l'acte de reçu du prix fait primitivement par le vendeur Nechutès à Chachpéri, fille d'Osoroer, porte expressément que *tout avait été soldé sans aucun reliquat*. Mais, nous le verrons, le droit égyptien exigeait, pour qu'il y eût vente, que le paiement intégral du bien vendu fût attesté dans l'acte même, et quand ce paiement n'était pas effectué en réalité, le vendeur étant censé confier à l'acheteur le prix versé, les parties rédigeaient en même temps un contrat de prêt. Dans le cas actuel, Osoroer, qui sans doute avait souscrit à l'emprunt en son propre nom, avait pu prendre plus tard l'acquisition à son compte en faisant spécifier qu'elle serait payée par toute la famille, c'est-à-dire par lui et ses frères cadets, puisque la maison en question devait désormais constituer la part d'héritage de sa sœur. Cette disposition du sousseing de partage fut ensuite confirmée dans le partage définitif effectué devant l'agoranome par Horus, le père d'Osoroer, grand'père de Chachpéri.

Ici nous trouvons donc en une sorte de conflit les droits :

1° Du fils aîné agissant à titre de κυριος tant au nom de ses frères, qu'il oblige à un paiement, qu'au nom de sa fille ;

2° Du *pater familias* alors vivant encore et qui, lui aussi,

1. Voir ma *Nouvelle Chrest. démotique,* p. 11 et 12.

agit comme tel, en confirmant du reste, mais sans les mentionner, les dispositions prises par son fils aîné.

Le même conflit se remarque plusieurs fois dans la même
famille.

C'est au fils aîné κυριος qu'en l'an XLVI et avant tout partage, Chapochrate son frère s'adresse pour renoncer à sa
part de l'héritage paternel, dont il fait abandon tant à cet
aîné qu'à ses frères et sœurs énumérés après lui (1). Les deux
enfants de Chapochrate, nés de deux mères différentes, confir-
mèrent plus tard cet abandon, quelques années après le dernier partage grec consenti par Horus devant l'agoranome et
dont Chapochrate avait été naturellement exclu. Au moment
de la renonciation de Chapochrate, Petémestus était encore au
nombre des héritiers ; par conséquent la part de Chapochrate ne
se montait qu'à un sixième et ce sixième était seul en cause
dans les actes de ses enfants représentants de sa lignée après sa
mort. Voici comment son fils Snachomneus parle à l'aîné de
la famille : « Snachomneus, fils de Chapochrate, dont la
mère est Artémis, dit au pastophore du mont de Djême,
Osoroer fils d'Hor, dont la mère est Chachpéri : Je te cède
à toi et à Nechthmonth fils d'Hor, Petosor fils d'Hor, Tavé
fille d'Hor, trois hommes et une femme, en tout quatre, tes
frères, mon sixième de la maison bâtie, couverte, et de ses dé-
pendances dont *tu as* l'autre part (les cinq sixièmes pour compléter le lieu entier.) » Puis, après la description de la susdite
maison, il poursuit : « Tu me feras observer le droit de l'écrit
de cession en écriture égyptienne qu'a fait *à toi* précédemment
Chapochrate fils d'Hor, mon père, ainsi qu'à tes frères, et le
droit de l'écrit grec qu'a fait à toi Hor fils d'Hor le père de Chapochrate fils d'Hor, mon père, précédemment aussi ; — au total
deux écrits — et toutes les paroles qu'ils renferment. Que je
fasse *à toi* leur droit, en outre de cette cession ci-dessus, ce qui
complète trois écrits. — Que je l'accomplisse en tout temps. Si je
recule pour ne pas faire *à toi* selon toute parole ci-dessus, je te

1. Voir ma *Chrestomathie démotique*, p. 303 et suiv.

donnerai trois mille argenteus ou dix talents. » La fille de Chapochrate s'exprime à peu près de même, toujours au nom de
son père, et toujours comme si elle en était l'unique hé-
ritière. Seulement elle ne nomme qu'Osoroer au début de
l'acte (1) et lui dit : « Je te cède, ainsi qu'à tes frères dont je
donnerai les noms ci-dessous. » Elle aussi, elle reconnaît le droit
résultant de la renonciation démotique de Chapochrate et du
partage grec d'Horus; et à ce propos elle parle tantôt à Osoroer
à la deuxième personne du singulier, comme Snachomneus,
et tantôt à lui et à ses frères, à la seconde personne du pluriel.

C'est pareillement à Osoroer en qualité de fils aîné κύριος
que, du vivant de son père Horus, en l'an LII, le prêtre d'Amon
Ra em Uas Imouth fils de Thotsetem, s'adresse, pour abandonner à la famille un terrain de dix aroures. Là encore Osoroer
figure seul dans l'en-tête; mais, après la description du terrain,
la phrase suivante prouve qu'il ne s'agit pas d'un bien exclusivement personnel à Osoroer : « Tels sont les voisins de *ton* étendue de dix aroures qui est (indivise) entre toi et tes frères
Nechthmonth, fils d'Hor, Petosor, fils d'Hor, Tavé, fille d'Hor,
les trois ayant pour mère Chachpéri, tes frères, — pour compléter les quatre, — par part du quart à chacun de vous (2). A
toi ton étendue de dix aroures, etc. »

C'est le même fils aîné Osoroer qui, dans le partage de
l'an LIV, dit, en présence de son père Horus, consentant à tout,
et après la mention relative à la maison de Chachpéri : « Que
nous fassions la bonne demeure (le tombeau) d'Hor fils d'Hor,
notre père, entre nous quatre. Les frais, que nous les parta-
gions. Que nous donnions cela entre nous quatre. Le surplus
des biens qui sont dans la maison : argent, airain, bien meuble
d'appartement quelconque, qui sont à Hor notre père, parta-
geons-les entre nous, par part du quart à chacun de nous
quatre, selon l'adjuration du Dieu. Que nous la fassions entre
nous. »

1. Voir pour ces deux actes ma *Nouvelle Chrestomathie démotique.*
2. Cet acte maintenant à Turin sera bientôt publié par moi.

Plus loin, les frères disent, à leur tour, à l'aîné :

« Que la maison de Propmoun amen soit divisée entre nous quatre. Le jour de partage de nos liturgies que nous fixerons, que nous jettions le sort à leur sujet, sans que puisse Osoroer, fils d'Hor, choisir part de liturgies selon l'adjuration de Dieu. »

On craignait de voir Osoroer, déjà avantagé à titre d'aîné dans le partage de l'an XLVI, s'attribuer, en vertu de l'adjuration au Dieu, une part trop grande dans l'héritage de ses parents.

Nous avons en effet des adjurations de ce genre faites par des aînés au détriment de leurs cadets ; dans l'une d'elles, qui se trouve à Londres, l'aîné, établi κυριος des biens meubles patrimoniaux, atteste que selon l'intention de ses père et mère il devait les conserver pour lui-même et non les partager.

« Copie du serment qu'a fait Pana, fils de Pilous, pour invoquer Djom. Adjuré soit Djom, qui repose à jamais avec tout dieu qui repose avec lui, au sujet des biens que je possède aujourd'hui et qu'Osoroer et Tanofré veulent m'obliger à rendre, biens venant de Taamen fille de Pana. Je suis venu ici attester les dieux pour cela : les biens qu'elle avait en main, Taamen fille de Pana, ma mère, elle me les a donnés pour ma part de fils, sans qu'il y ait convention entre moi et elle de les donner à Osoroer et à Tanofré ses enfants.

« Il (Pana fils de Pilous) a fait serment à Djom de cela. »

« Osoroer et Tanofré ont donc abandonné à Pana fils de Pilous les biens de Taamen, fille de Pana leur mère, sans avoir plus aucune parole (aucune réclamation) à lui faire, depuis le jour ci-dessus, pour les biens qu'il possède aujourd'hui, afin de l'obliger à les donner. »

Cette renonciation formelle, consentie en vertu du serment décisoire, fut ensuite régularisée solennellement dans un acte de cession définitive, que nous possédons également.

Dans une autre adjuration du musée de Turin, l'aîné dispose aussi souverainement de l'héritage de son père et en spécifie l'état et les charges (1).

---

1. Voir mes articles sur le *serment décisoire.*

L'aîné abusait donc parfois de son investissement provisoire lorsqu'il s'agissait de ces biens meubles au sujet desquels, dans nos droits modernes, on a créé l'axiome : « Possession vaut titre. » Au lieu de distribuer à ses frères, il lui arrivait de garder le tout. Il lui arrivait aussi de partager, non par parts égales tirées au sort comme le font notamment Osoroer et le fils aîné de Téephib ; mais par parts inégales comme Imouth qui s'attribue à lui-même un tiers et un douzième, laisse un tiers à son frère et un quart à sa sœur (1), etc. Mais qu'il s'agisse de biens meubles ou d'immeubles, alors même que les parts sont pleinement égales comme dans le partage opéré par Téos, c'est toujours, je le répète, le frère aîné qui *donne* et les autres ne font que lui *céder* ou lui abandonner sa part. Ces partages faits par Téos, fils aîné d'Horma, sont du reste curieux à bien des points de vue ; on y sent toujours le droit d'aînesse à la base de tout. Quand Téos liquide la part appartenant à sa sœur défunte, c'est au fils aîné de celle-ci qu'il s'adresse, en lui disant : « Je te donne, ainsi qu'à Harmachis, fils d'Harmachis, et à Pséchons fils d'Harmachis, tes deux frères, les enfants de ma sœur cadette Nofretum, *pour ton action de te tenir debout pour les trois,* la part du quart de la maison, etc. » Cette *action de se tenir debout pour ses frères* était le privilège de l'aîné, χύριος des biens, privilège que ne paraît pas avoir possédé à un égal degré le père de famille. Aussi, d'une autre part, est-ce le fils aîné de la sœur de Téos qui lui répond seul dans l'adhésion et ses frères ne paraissent-ils même pas (2). Le fils aîné remplissait donc bien le rôle d'une sorte de magistrat familial. Son droit de χύριος était d'ailleurs spécifié dans les contrats de mariage renfermant cette clause : « Mon fils aîné, ton fils aîné sera le maître-(*neb*, χύριος) de tous mes biens présents et à venir. » Il était χύριος, du vivant même du père et de la mère : ses droits sur l'héritage étaient réels et immédiats, comme l'espèce de

---

1. Nous aurons l'occasion de revenir sur tous ces actes à propos des successions.

2. Voir la *Chrest. démotique,* p. 401 et suiv.

magistrature qu'il exerçait alors à ce point de vue sur ses frères, avec lesquels il partageait pourtant d'ordinaire à égales parts. Cela n'empêchait pas, du reste, le père de procéder lui-même, s'il le voulait, au partage de ses biens. Mais s'il ne l'avait pas fait ou s'il ne l'avait fait qu'en partie, ce soin incombait à l'aîné, qui pouvait obliger ses frères, du vivant même de leur père commun.

Cette situation du fils aîné κυριος et participant avec le père à la direction de la famille, est aussi particulière à l'Égypte que l'est à Rome la manière dont la législation comprenait la puissance paternelle. Elle ne s'explique que par la succession de deux couches juridiques. Lors de la première, hiératique, antérieure à Bocchoris, l'aîné des grandes familles avait sans doute des droits d'aînesse complètement féodaux. Dans le peuple au contraire, ainsi que dans certaines coutumes populaires et roturières de la France avant la Révolution, on partageait les biens du père par égales parts. Vint ensuite le moment d'unification du droit opérée par Bocchoris lorsque ce prince, d'abord soumis aux rois éthiopiens et n'étant guère plus à leurs yeux qu'un préfet local, s'appuya sur le peuple pour se soulever contre eux et se proclamer roi d'Égypte, à la façon de son père Tafnecht (1). Comme pour la loi des Douze Tables à Rome, le peuple avait sans doute demandé un code s'appliquant à toutes les classes de la société. On institua donc une sorte de combinaison du droit féodal et du droit populaire. Le fils aîné devint κυριος des biens paternels, second du père en quelque sorte et magistrat de la famille. Ce fut à lui qu'incomba le devoir de faire les partages, sous sa propre responsabilité ; à lui qu'il appartint d'entamer les procès et de représenter la famille devant les tribunaux, — nous en avons la preuve dans le papyrus grec Ier de Turin et beaucoup d'autres pièces analogues ; — à lui aussi que revint le soin de reprendre la tutelle du père et d'assister à titre de κυριος, en cas de besoin, ses sœurs, même majeures, quand il s'agissait de faire à la

1. Sur Bocchoris, voir plus haut, p. 50.

mode grecque un acte devant l'agoranome (1). D'une autre
part, suivant le code égyptien proprement dit, d'abord, la sœur
aînée joua, elle aussi, le rôle de κυρια par rapport à ses frères
et sœurs cadets. Nous citerons à ce point de vue un fort intéressant contrat du temps du roi Darius Codoman que vainquit
Alexandre. Il s'agit de l'héritage de deux frères, héritage qui
donna lieu à diverses transactions et à des échanges entre leurs
enfants. La fille aînée de l'une des branches traite au nom de
ses frères et sœurs avec le fils aîné de l'autre branche et fait
seulement adhérer sa mère à l'acte (2). Voici comment elle
s'exprime :

« Je te cède le droit sur les maisons, les terrains et totalité
de biens au monde appartenant à Ha, fils de Pchelchons, mon
père, le frère cadet de Nesmin, fils de Pchelchons, ton frère.
Je n'ai plus aucun droit de jugement (d'appel en justice) d'adjuration (à exiger) de parole quelconque au monde à te faire
(à faire valoir à ton égard). Depuis le jour ci-dessus celui
qui viendra à toi à cause de part de maisons, de terrains nus,
de biens quelconques au monde (appartenant à Ha fils de
Pchelchons, mon père) parmi les enfants mâles, les enfants
femelles quelconques au monde provenant de Ha fils de
Pchelchons, mon père, je le ferai s'éloigner de toi ; si je ne
le fais pas s'éloigner (spontanément) je le ferai s'éloigner (par
contrainte). Je t'obligerai à respecter le droit de l'écrit que
tu m'as fait (en échange) en l'an II athyr du roi Darius, sur le
προκυλιον et son pavillon derrière lui, etc., que tu m'as donnés
pour (contre) ma part de maison, de terrains nus et de totalité
de biens au monde et pour (contre) les parts de maison et de
terrains nus appartenant à Pchelchons, fils de Ha, à la femme
Muamenra, fille de Ha, à la femme Tamin, fille de Ha, à la
femme Tanofré, fille de Ha — ce qui complète cinq parts, —

---

1. Voir le papyrus II de Leyde sur lequel nous reviendrons dans la prochaine leçon.
2. Voir ma *Chrest. démotique*, p. 295 et dans le second volume de ce
cours mes leçons sur l'hérédité.

dans la maison, les terrains nus de Ha, fils de Pchelchons, notre père. »

Ici évidemment la fille aînée se portait forte pour tous ses frères et sœurs et usait de son droit de chef de famille, de κυρια, pour échanger l'hérédité entière de sa branche contre une autre hérédité. Elle se tient debout pour les cinq, pour me servir de l'expression du contrat de Boulaq cité plus haut.

Mais, à côté de ces droits du fils aîné κυριος ou de la fille aînée κυρια, on conserva la coutume des partages égaux entre les enfants, qui purent, en cas d'abus, déférer le serment à leur frère aîné.

Tel fut le singulier résultat de l'égalité dans les partages combinée avec le droit d'aînesse, c'est-à-dire, avec un droit qui n'était plus guère devenu qu'un devoir, un privilège transformé en une sorte de charge publique.

LA SITUATION LÉGALE DE LA FEMME

Messieurs,

Nous venons d'étudier la puissance du père en Égypte et le rôle, si particulier, qui était attribué à l'ainé en qualité de maître, *neb* ou κυριος, c'est-à-dire de représentant de l'hérédité, chargé du partage.

Nous avons vu que la puissance du père égyptien était bien loin d'être comparable à la *potestas* si absolue du *pater familias* romain sur tous les membres de sa famille et ne comportait aucunement un droit exclusif de propriété et de maîtrise, un *dominium* semblable au domaine quiritaire, sur les biens acquis par eux tous.

En Égypte, les fils de famille pouvaient avoir des biens personnels du vivant de leurs ascendants, sans être sortis de la famille par aucune émancipation; et bien plus, de même qu'à Athènes, suivant Lysias qui rappelle cette coutume dans un plaidoyer, ceux-ci leur abandonnaient en général, bien avant leur mort, sinon la totalité, du moins une très notable partie de ce qui leur appartenait. Dans les plus anciens contrats démotiques, on trouve sans cesse la mention de maisons ou de fonds de terre, que des pères possédaient pour leurs fils; c'est-à-dire, dont ils leur avaient cédé déjà la propriété, tout en en gardant la jouissance.

Nous aurons à revenir bientôt sur tout ceci et sur le rôle du fils aîné, κυριος, à propos des hérédités, puis à propos du

régime des biens. Mais auparavant, relativement à la condition
des personnes, il nous reste à examiner avec soin une question importante, dont j'ai dit déjà quelques mots, en passant,
dans ma leçon d'ouverture, celle de savoir si chez les Égyptiens, comme chez plusieurs autres peuples de l'antiquité, le
sexe a été cause d'une diminution, plus ou moins grande, de
la capacité légale.

Dans le droit romain des Douze Tables, par exemple, la
femme se trouvait nécessairement toujours soit complètement annihilée, soit en tutelle « par suite, disait-on, de la
faiblesse de son sexe, *propter sexus imbecillitatem*. » Elle ne
comptait pas, quand se trouvant, soit sous la puissance d'un
père, soit *in manu mariti*, elle était à titre de fille, soit dans la
famille paternelle, soit dans celle de son mari. Pour savoir
dans laquelle des deux, quand la cérémonie religieuse de la
confarréation ne l'avait pas à jamais rattachée à sa famille nouvelle, on pouvait avoir à rechercher si elle avait été vendue par
cœmptio, per œs et libram, ou si son mari l'avait acquise par
une année de possession ininterrompue; car autrement elle
ne cessait pas d'appartenir à sa famille d'origine, malgré le
mariage accompli ; et celui de ses ascendants qui était *pater
familias* conservait tous ses droits sur elle, même, du moins
dans les premiers temps après la loi des Douze Tables, celui
de rompre le mariage auquel il avait consenti.

Ce n'était donc pas à titre de mari, mais en qualité de chef
de la famille dans laquelle elle était entrée par une fiction
légale au nombre des enfants, que celui qui, l'ayant épousée,
la possédait en outre *in manu*, avait la maîtrise par rapport à
elle. Ceci tenait à cette organisation toute spéciale de la maison
romaine que nous avons déjà rappelée et qu'avait créée la loi
des Douze Tables. Toute propriété et toute maîtrise y étaient
concentrées dans les mains d'un seul, le *pater*. On ne pouvait
être *sui juris* qu'après la mort de ce *pater* ou en lui devenant
étranger.

La différence des sexes n'avait pas de conséquences pour
les personnes *alieni juris*, du moins au point de vue du droit

civil et contractuel, puisque les fils, comme les filles et les femmes assimilées à des filles, quel que fût leur âge, étaient incapables d'avoir en leur nom la propriété de quelque chose, de contracter des obligations efficaces, d'agir autrement que pour le chef de la famille et d'après ses ordres.

Mais si leur père, en puissance duquel ils se trouvaient, venait à mourir, ou s'il les émancipait, les fils qui avaient plus de quatorze ans et qui étaient pubères étaient investis, sans limitation, de tous les droits d'un *pater familias ;* ils pouvaient agir à leur guise : la curatelle des pubères entre quatorze et vingt-cinq ans est une invention prétorienne que n'avait pas prévue la loi.

Les filles, au contraire, et la femme qui avait été *in manu* à l'état de fille, eussent-elles quarante ans ou plus, à cause de la faiblesse du sexe tombaient aussitôt en tutelle. Pour faire un acte valable, même pour tester, il leur fallait l'appoint, l'*auctoritas* de la personne d'un tuteur qui intervenait dans la confection de cet acte et qui l'approuvait.

Je n'ai pas à entrer dans le détail des différents genres de tuteurs attribués aux femmes, tuteurs qu'elles tenaient, suivant les cas, ou de leur père, ou de leur mari, ou des magistrats, ou de la loi.

Ces derniers pouvaient être des enfants en bas âge, car la tutelle légitime d'une femme née libre revenait de droit aux agnats : c'est-à-dire aux parents légaux les plus proches parmi les hommes de sa famille qui, par la mort du chef, se trouvaient *sui juris*. Ainsi, un enfant en nourrice était investi de la tutelle de sa mère, que son père avait eue *in manu*.

C'était contre nature : et la tutelle des femmes pubères, filles ou veuves, devait finir par disparaître sous l'influence du *jus gentium*, le droit commun des nations d'alors.

En effet, si dans certaines parties de la Grèce, particulièrement à Delphes et en Macédoine, la femme, pour agir, avait besoin de compléter sa capacité par l'intervention d'une sorte de tuteur momentané qu'on nommait χυριος, beaucoup d'autres peuples avaient reconnu la pleine capacité de la femme, quand elle n'avait pas de mari. C'est ce droit qui nous est venu, après avoir été admis par les Romains eux-mêmes.

Cela se fit progressivement, d'abord pour la femme qui avait engendré un nombre déterminé d'enfants, puis pour toutes. Sous Justinien, la femme, à son tour, était capable de devenir la tutrice de ses jeunes enfants, au lieu d'être, comme autrefois, sous leur tutelle nominale.

Des modifications semblables du droit des femmes, en différents sens, eurent lieu en Égypte, comme à Rome. Mais il y faut aussi tenir grand compte des questions de nationalité.

En Égypte, messieurs, nous constatons sous les Lagides, en ce qui concerne la tutelle perpétuelle de la femme, deux régimes tout différents : 1° le régime purement égyptien, dont nous aurons à parler longuement dans la suite et en vertu duquel la femme possédait les mêmes droits civils que l'homme ; 2° le régime gréco-macédonien d'après lequel la femme, toujours en quasi-tutelle, n'était reçue à ester en justice ou à faire quelque autre acte solennel qu'assistée de son χυριος.

Ce dernier usage est celui que Cicéron (*pro Flacco*, 30) a signalé pour la Lydie et que Gaïus (Inst., I, 133) constate pour beaucoup d'autres pays grecs, particulièrement la Bithynie quand il dit : « Apud peregrinos non similiter ut apud nos in tutelâ sunt feminæ ; sed tamen plerumque quasi in tutelâ sunt : ut ecce lex Bithyniorum si quid mulier (agat), maritum auctorem esse jubet aut filium ejus puberem. »

Reuvens a remarqué le premier, et fort exactement, qu'une loi de ce genre semble être appliquée dans le papyrus grec N de Leyde, contenant une vente faite devant l'agoranome. Les vendeurs sont les quatre enfants de Petepsaïs nommés : 1° Pimonthès, l'aîné, âgé de trente-cinq ans ; 2° son frère Snachomneus, âgé de vingt ans ; 3° sa sœur Semmouthis, âgée de vingt-deux ans ; 4° sa sœur Tathaut, âgée de trente ans, μετα χυριου τόυ αυτων Πιμωνθου, του συναποδομενου, οι τεσσαρες των Πετεψχιτος « avec leur χυριος Pimonthès, également vendeur, en tout quatre, tous enfants de Petepsaïs. » Il est clair que des filles de trente et vingt-deux ans devaient être majeures, si l'âge seul avait pu les rendre telles. « Cette sorte de tutelle ressemble donc, dit Reuvens, à la tutelle légitime des agnats à Rome ; mais elle était peut-être moins étendue. » D'ailleurs elle différait de la tutelle des agnats en ce que celle-ci était dévolue à tous les parents d'un même degré collectivement. Dans le cas présent, la tutelle à Rome eût été exercée à la fois sur les sœurs par les deux frères Pimonthès et Snachomneus, qui auraient donné leur *auctoritas* simultanément et au même titre. La quasi tutelle en question rentre donc plutôt dans celle que nous décrit Gaïus pour la Bithynie. Remarquons que c'est le frère aîné qui joue le rôle de κυριος ; mais il ne faudrait pas confondre cette espèce d'intervention avec celle du frère aîné jouant le rôle de κυριος, aussi bien par rapport aux garçons (et aux garçons âgés) que par rapport aux filles, en droit proprement égyptien. En effet, dans ce dernier cas, et d'après la loi du pays, le frère aîné agit lui-même, et il peut agir seul, pour la famille qu'il représente. Ici, au contraire, il se borne à compléter, en qualité de κυριος, la personnalité de ses sœurs, qui sont parties dans le contrat.

Pour bien saisir le caractère de cet acte, on ne doit pas perdre de vue que Semmonthis et Tathaut nous sont indiquées comme étrangères à la nationalité égyptienne. C'étaient des Persanes, bien que leurs noms fussent purement égyptiens. Évidemment elles appartenaient à ces colonies militaires que les Perses avaient établies en Égypte après la conquête, notamment à Memphis et au fort de Babylone (1), colonies qui, nous le savons, avaient subsisté sous les Macédoniens vainqueurs. Le papyrus grec O de Leyde est ainsi adressé à un Petimouth, Perse de l'épigonie περσης της επιγονης, dont le nom est également pleinement égyptien.

J'en dirai autant de la Persane qui contracte devant l'agora-

---

1. Strabon, XVII, I, 30, dit que Babylone était un fort fondé par les Babyloniens. Il suit ainsi l'une des deux opinions exprimées par Diodore (1,56), Josèphe (Ant. 1,15) admet au contraire que c'est une fondation du roi perse Cambyse. Une des trois légions romaines qui occupaient l'Égypte sous Auguste y tenait garnison.

nome dans le papyrus grec 17 du Louvre. Elle non plus n'a pas un nom persan, mais un double nom grec et égyptien : Asclépias appelée Senimouth, ce qui revient exactement au même puisque Senimouth signifie en égyptien fille d'Imouth, et que Imouth était alors assimilé à Asclépios. Aussi bien que Semmonthis et Tathaut, Asclépias-Senimouth est obligée d'avoir recours à un κύριος : Ασκληπιαδι τηι και Σενιμουθιν, πατρος Πανατος, Περσινηι, μετα κυριου Αρπαησιος, του χοαχυτου των απο της αυτης Διοσπολεως ενταφιαστων. Il ne faudrait pas voir, comme l'auteur des tables de l'édition académique, dans κύριος un titre d'honneur : « le sieur ou monsieur » non ! ce mot κύριος correspond exactement dans le papyrus 7 du Louvre, à l'incise κυριος αυτων s'appliquant au tuteur des autres Persanes dans le papyrus N de Leyde et, Reuvens l'a déjà fait remarquer, on le retrouve dans le papyrus 17 du Louvre, contenant une vente faite par une sœur assistée de son frère devant l'agoranome, sous le règne d'Antonin le Pieux : Θινζμεμπως Σαραπαμμωνος, μητρος Θινζμεμποτος, μετα κυριου του ομοπατριου μου αδελφου Παχνουμιος Σαραπαμμωνος, εωνημαι. Le mot κύριος désignait en effet toujours le tuteur des femmes dans les actes grecs de l'Égypte, soit qu'il s'agît de la tutelle d'un frère, soit qu'il s'agît de la tutelle maritale. C'est un mari qui porte ce titre, par exemple, dans le papyrus grec de sir Edmonstone, publié par Young et Letronne et qu'alléguait encore fort à propos Reuvens ; on y lit : Αυρηλια Τηρουτηρου, μετα συνεστωτος του κυριου αυτης ανδρος Αυρηλιου Δωροθεου Σερηνου, et plus loin : Αυρηλιος Δωροθεος Σερηνου ο προγεγραμμενος ανηρ αυτης, συνηστην τη γυναικι μου. Ce dernier papyrus est du temps de l'empereur Constance.

Pour en revenir à nos documents ptolémaïques, il nous paraît probable que si nos trois Persanes ont également recours à leur κύριος naturel, c'est que les Perses, ne faisant pas partie de la race égyptienne, devaient être jugés selon le droit macédonien, appelé à régir tous ceux qui n'étaient pas des enfants primitifs du sol, justiciables de la loi du pays, της χωρας νομος, selon l'expression du papyrus Iᵉʳ de Turin.

Cette obligation de se conformer aux coutumes et règles

des conquérants était surtout stricte quand il s'agissait de contracter à la mode grecque devant l'agoranome grec. En effet rien n'est plus différent que la manière dont on contractait en grec devant l'agoranome ou en égyptien devant le notaire : Nous avons déjà eu l'occasion de le prouver dans notre *Chrestomathie démotique* à propos de la βεϐαίωσις. Nous avons en même temps montré que souvent le droit égyptien se rapproche beaucoup du droit athénien, avec lequel il en arrive parfois à se confondre. Il s'en rapproche beaucoup plus que de celui des Macédoniens (similaire à celui de Delphes et de tout le sommet de la péninsule hellénique) coexistant parallèlement en Égypte sous les Lagides. La législation macédonienne fut du reste respectée , comme la législation égyptienne elle-même, par les Romains vainqueurs de l'Égypte, et elle continua à être en vigueur, mise en pratique à la façon grecque devant ces mêmes magistrats, tandis que les usages nationaux étaient pieusement conservés par les notaires égyptiens. Je vous citais tout à l'heure deux ventes de biens-fonds, l'une et l'autre faites devant l'agoranome, mais dont l'une est de l'époque lagide et l'autre du règne d'Antonin le Pieux : les papyrus grecs IV de Leyde et 17 du Louvre. Toutes les manières de procéder et les formules y sont semblables : le même droit y est appliqué.

Ce droit en ce qui touche spécialement la tutelle des femmes est très éloigné de celui qui ressort de nos contrats démotiques.

A aucune époque l'Égyptienne nubile non mariée n'a eu besoin d'un κύριος pour contracter par-devant notaire ou pour s'engager par lettre ou sous-seing privé. Les papyrus démotiques prouvant la pleine capacité légale de la femme, malgré le sexe, sont innombrables. Vous m'excuserez donc de ne pas vous en donner la liste.

Reste à voir si, en tant qu'épouse, elle conservait cette indépendance, ou si, au contraire, elle avait besoin de l'assistance de son époux. C'est là une seconde question que le titre de κύριος, attribué au mari chez les Macédoniens et généralement chez les Grecs, semble presque y confondre avec la précédente, mais qui en est complètement distincte chez d'autres peuples, particulièrement chez les Romains où le mari ne put jamais agir en qualité de tuteur de sa femme, bien qu'il eût eu d'abord par la *manus* des pouvoirs dépassant infiniment ceux de tutelle.

En droit égyptien, à ce point de vue, il faut distinguer avec soin les époques. L'autorisation du mari pour les actes faits par la femme n'y apparaît qu'à une date parfaitement détermi- née. Pour l'introduire il a fallu la volonté d'un souverain se posant en législateur par des motifs d'ordre public. Ceci est facile à comprendre quand on se rappelle ce qui s'est passé en France lors de la rédaction du code civil. Permettez-moi de vous lire ce que j'écrivais à ce propos dans la *Revue égyp- tologique* (1ʳᵉ année, p. 136).

« Le code partant de principes généraux (sur l'autorité ma- ritale) avait restreint la liberté de la femme dans les conven- tions faites entre époux par un article formel ainsi conçu :

« Article 1538. Dans aucun cas ni à la faveur d'aucune sti- « pulation la femme ne peut aliéner ses immeubles sans le con- « sentement de son mari. Toute autorisation générale soit par « contrat de mariage, soit depuis, est nulle. » Cet article souleva dans le sein des assemblées qui préparaient notre nouvelle législation de furieux orages. Le consul Cambacérès vint lui- même, le 6 vendémiaire, an XII, présenter au conseil d'État, auteur du projet, ses objections appuyées par celles d'un grand nombre de ses collègues. « Comment ! un père qui ne voudra « pas que sa fille soit sous la puissance maritale, telle qu'elle est « établie dans les pays coutumiers (1) ne pourra lui réserver « par le contrat le droit de disposer de ses biens ! » M. Berlier se hâta de répondre que « pour les objets traités en ce nu-

1. Jusque-là une moitié de la France, celle qui était régie par le droit écrit, avait eu la coutume légale de ne laisser au mari l'administration que de la dot seule (qui était absolument inaliénable pour les deux conjoints) et de permettre à la femme d'administrer et d'aliéner, si elle le voulait, ses biens paraphernaux. Ceci était récent dans le droit romain, qui auparavant mettait généralement la femme dans la main de son mari.

« méro, la section avait très clairement entendu prohiber toutes
« dispositions, mêmes *spéciales*, qui y porteraient atteinte,
« parce qu'elle y avait vu des règles qui n'appartiennent plus
« seulement à l'intérêt pécuniaire des époux, mais à l'ordre pu-
« blic. » Et M. Tronchet ajouta : « On confiera, sans doute, au
« mari l'administration soit de la communauté, soit de la dot;
« or, permettra-t-on de changer cette disposition par une clause
« particulière et de stipuler que la femme la régira ou même
« qu'elle régira les biens de son mari (— comme en Égypte —),
« car il faudrait aller jusque-là ! » D'ailleurs M. Tronchet rappela
que la disposition que l'on s'apprêtait à établir avait déjà été
prise, sous l'ancien régime, par le Parlement de Paris, exigeant
pour tous les pays de droit écrit de son ressort, l'autorisation du mari dans toutes les aliénations faites par la femme. »

Or, ce qui paraissait choquant à Berlier, à Tronchet, à la
majorité du conseil d'État, de même qu'à l'ancien Parlement
de Paris, devait le paraître bien plus encore à des Macédoniens s'inspirant des mœurs grecques. Chose étrange, ce fut,
des Lagides, le moins recommandable au point de vue des
mœurs qui, au nom de la morale sans doute, fut l'auteur de
l'innovation dont nous allons avoir à parler.

Antérieurement la femme égyptienne jouissait d'une liberté
absolue pour toutes les stipulations qu'il lui plaisait de faire,
sans l'autorisation de son mari et même à son préjudice. A
Thèbes le mari avait accepté peu à peu un rôle ainsi purement
passif, dont Hérodote et Euripide avaient plaisanté à l'envi.
Le roi Ptolémée Philopator, qui, à ce que prétendaient les
mauvaises langues, s'était soumis à l'esclavage beaucoup plus
dur de maîtresses telles que l'hétaïre Agathocléa (1), boule-
versant sous son nom tout le royaume (τοῦ δὲ Φιλοπάτορος Βασι-
λέως Πτολεμαίου οὐκ Ἀγαθόκλεα ἡ ἑταίρα ἐκράτει, ἡ καὶ πᾶσαν ἀνα-
τρέψασα τὴν βασιλείαν) (2); ce roi qui, selon Polybe encore (3),

---

1. Strabon va jusqu'à nommer ce roi « celui d'Agathocléa. »
2. Polybe, XIV, XI, 5.
3. Ibid., V, 34, 1 ; 36, 1 ; XV, 25, 2.

ne s'occupait en rien des affaires royales et laissait gouverner
par les favoris de ses favorites pendant qu'il vaquait aux plus
honteux plaisirs — ce roi, dis-je, se trouva scandalisé de voir
ses sujets égyptiens soumis depuis si longtemps à l'autorité de
leurs femmes. Il voulut donc étendre à tout son empire la règle
grecque du κυριος, mettant les femmes en quasi-tutelle, et il
rendit, dès les premières années de son règne, un προσταγμα (1)
ou décret royal, portant (comme la décision du parlement
de Paris) que l'autorisation de l'époux devenait désormais
nécessaire dans toutes les aliénations faites par l'épouse.

Aussi, du jour au lendemain, la physionomie des actes
change-t-elle complètement à Thèbes.

Tandis que, sous tout le règne d'Évergète, la femme dispose
encore de ses biens à sa fantaisie, c'est le mari qui, dès l'an IV
de Philopator, dispose des biens de sa femme : et celle-ci se
borne à adhérer à l'acte (2). Cette coutume se continua depuis :
c'est ce que prouvent, par exemple, les partages faits par
Horus entre ses enfants (3) et dans lesquels il distribue les
biens même de sa femme Chachpéri.

Dès lors le mari devient, suivant le système adopté généralement par les nations modernes, une sorte de magistrat
familial, et son titre de mari se lit dans tous les actes où il
agit en cette qualité, au lieu qu'auparavant il ne paraissait
nulle part (4). On le retrouve jusque dans les contrats où la
femme renonce aux avantages à elle faits sous le régime précédent (5) et rend au neveu de son époux ce qui lui revient.

---

1. Le papyrus grec Ier de Turin distingue fort bien le droit ressortant
des προσταγμα, ou, comme l'on disait sous l'ancien régime, des *ordonnances*,
du droit résultant de la loi du pays, της χωρας νομος. Nous reviendrons du
reste bientôt sur cette question.

2. Papyrus 3263 du Louvre p. 369 et suiv. de ma *Chrestomathie*. Voir
Revue, 2e année, p. 121.

3. Voir, par exemple, p. 324, 326 et 327 de ma *Chrestomathie* et p. 8,
9, 10 et 11 de ma *Nouvelle Chrestomathie*.

4. Voir *Revue*, 2e année, p. 132.

5. Voir, *loc. citato*, l'acte daté de l'an 8 de Philopator.

Dès lors les donations entre maris et femmes disparaissent peu à peu, pratiquement, à Thèbes, ou n'ont plus qu'une valeur purement testamentaire (1).

Dès lors, à Thèbes encore, ce n'est plus comme autrefois (2) la femme, mais le mari qui distribue aux enfants les biens de toute la famille.

Dès lors aussi, à Thèbes, à Memphis, les maris interviennent dans les actes où leurs femmes contractent avec des étrangers: nous en voyons également la preuve dans les actes démotiques (3) et grecs (4); et cette règle nouvelle subsista dans la suite, à l'époque byzantine (5), puis à l'époque copte sous les Arabes (6), ainsi que nous l'avons dit ailleurs (Revue, 2e année, p. 108). Encore un peu et l'on aurait admis la règle macédonienne mettant les filles et les veuves en quasi-tutelle (7).

C'était, par un petit arrêté de détail, toute une révolution dans le droit égyptien. L'autorité maritale était fondée et l'omnipotence des femmes avait disparu, car, Tronchet l'a fort bien dit, l'autorisation du mari est une conséquence de la puissance maritale. A quoi bon, par conséquent, se faire céder la propriété de biens dont on n'a pas la libre disposition?

Ajoutons cependant que cette révolution ne se fit pas sans secousses : si les honnêtes femmes se résignèrent à leur

---

1. Nous avons au Louvre sous le n° 2413 une donation testamentaire de ce genre faite à Memphis en l'an 15 de la reine Cléopâtre, répondant à l'an 12 de Ptolémée Alexandre.

2. Voir le numéro premier de la 2e année de la Revue, 5, p. 6 et 7 et ma Chrestomathie démotique, p. CXXXVIII et suivantes.

3. Voir les papyrus 2411 et 3264 du Louvre que nous publierons sous peu dans la Revue.

4. Voir le papyrus grec n° 7 du Louvre.

5. Voir le papyrus grec du temps de Constance, publié en fac-similé par Young, Hieroglyphics, pl. 46, et étudié par M. Letronne dans les Mémoires de l'Académie des Inscriptions.

6. Voir Revue, 2e année, p. 103 et 104, 105 et 106, les actes coptes publiés en note, et ce que je dis de cette question p. 108.

7. Voir ma Chrestomathie démotique, p. LVII, LVIII et CLXIV.

nouveau sort, il en fut différemment des autres, qui continuèrent à se faire abandonner les biens de leurs maris, dont
elles avaient ensuite à se débarrasser. Le mari de Nephoris (1)
dut sans doute son triste destin à l'impossibilité qu'avait, de
son vivant, sa femme d'administrer par elle-même les biens
qu'elle s'était fait céder par lui. Les cas de ce genre durent
être fréquents dans le principe : mentionnons notamment un
acte de Turin étudié par nous (2). Mais les coutumes finirent
par se mettre d'accord avec la loi, et les femmes ne furent
plus en Égypte ni meilleures ni pires que dans les autres
pays.

Les formules des adhésions maritales aux contrats conclus
par les femmes, à partir de Philopator, sont des plus signi-
ficatives.

Je citerai par exemple le papyrus démotique 2,411 du
Louvre, du temps de Ptolémée Denys, contenant une cession
faite par la femme Ntoua, mariée à Pasi, à une autre femme
portant le même nom et qui était mariée à Héreius. Par suite
du προσταγμα de Philopator sur l'autorité maritale, Pasi est
obligé, en tant que mari, d'adhérer expressément à l'acte fait
par sa femme et même, par suite d'une autre réglementation
locale sur la constitution régulière des contrats, de le signer
comme auteur et vendeur principal. De son côté, Héreius,
à titre de κυριος, accepte pour sa femme le marché fait par elle.

Voici les termes de l'adhésion de Pasi :

« L'archentaphiaste Pasi, fils d'Harmachis, dont la mère est
Ntoua, mari de la femme Ntoua susnommée dit : Que je fasse
toute parole ci-dessus. Mon cœur en est satisfait. Je te cède et
je cède à Héreius fils de Petèsé (ton mari) tout ce que vous
a cédé la femme Ntoua, ma femme, au temps et jour ci-dessus.
Je n'ai plus aucune réclamation à vous faire. Depuis ce jour,
celui qui viendra vous inquiéter, je l'écarterai de vous; vous
m'obligerez à vous faire de plus selon toute parole ci-dessus.

1. Voir *Revue*, 2ᵉ année, p. 96 à 97.
2. Voir ma *Chrestomathie démotique*, p. XLXI à CLXII.

Moi, j'obligerai la femme Ntoua sus-désignée et la femme Ntoua ma femme... »

Le reste est indéchiffrable; mais en bas de l'acte on voit très nettement la seule signature de Pasi, fils d'Harmachis : de même dans une précédente leçon nous avons vu la seule signature du père en bas d'un acte rédigé nominalement par ses quatre enfants et auquel il a adhéré dans une souscription spéciale.

Ces formules approbatrices d'adhésion se retrouvent dans le papyrus 3,264 et dans un certain nombre d'autres.

Tout nous prouve donc que la femme mariée était, depuis Philopator, à peu près *loco filiæ*, suivant les termes consacrés pour l'épouse *in manu* chez les Romains. Cette autorité quasi-paternelle, cette quasi-tutelle allait si loin que, nous le disions tout à l'heure, les maris distribuaient eux-mêmes à leurs enfants les biens propres de leurs femmes.

C'est ainsi que dans un contrat de l'an VII de Philopator on lit : « Le pastophore d'Amon Api de l'occident de Thèbes Amenhotep, fils de Pamin, dont la mère est Taoukès, dit à la femme Taeïtooté, fille d'Amenhotep et de Tanofré : Ma fille, je te donne la moitié de mes deux tiers de la moitié de la maison de Petkès de Riret et la moitié de mes deux tiers de la moitié de tout ce qui dépend, du haut en bas, de cette maison située dans la partie sud de Thèbes, dans le quartier de Naret, et dont les voisins sont : au sud la maison du choachyte Pho, qui est là pour ses fils ; au nord la maison de Pamin, que la rue du roi en sépare ; à l'orient la maison du choachyte Krour qui y est pour ses fils ; à l'occident la maison de Patop et la maison de Kloudj et la maison de.... en tout trois maisons ; tels sont les voisins de toute la propriété dont je t'ai donné la moitié des deux tiers de sa moitié, propriété qu'a achetée la femme Tanofré, fille de Pahor, dont la mère est Tahap, ta mère, de la femme Ati, fille de Petkès. »

Tanofré, la femme d'Amenhotep et la mère de Taeïtooté, intervient ensuite personnellement pour consentir au partage de ses propres biens que venait de faire ainsi son mari : « La

femme Tanofré, fille de Pahor, dont la mère est Tahap, dit :
Reçois cet écrit de la main du pastophore d'Amon Api de l'occident de Thèbes, Amenhotep, fils de Pamin et dont la mère
est Taoukès, *mon mari*, ton père ci-dessus nommé, pour qu'il
fasse selon toutes les paroles ci-dessus. Mon cœur en est satisfait. (Mais) je lui ferai observer aussi le droit de mes écrits
qu'il m'a faits et que m'a faits..... Je t'abandonne tes lieux ci-
dessus sans aucune opposition. »

De même, dans le partage de l'an XLVI d'Evergète, Horus
donne à chacun de ses cinq enfants le cinquième des liturgies
de Chachpéri leur mère, en les obligeant seulement à payer
le cinquième des frais de l'embaumement et de la chapelle
funéraire de la dite Chachpéri. Après cela on lit l'adhésion
suivante : « La femme Chachpéri, fille d'Amenhotep, dont
la mère est Tahba, dit : Reçois cet écrit de la main du
pastophore d'Amon Api de l'occident de Thèbes, Hor fils
d'Hor, dont la mère est Tsenpoer, *le mari* sus-nommé, pour
la totalité des biens quelconques énumérés ci-dessus, afin
qu'il fasse selon toute parole ci-dessus. Mon cœur en est
satisfait. A toi appartiennent les morts et les liturgies énumérés ci-dessus, etc. »

Ce dernier acte ne laisse pas supposer de donations antérieures du mari envers la femme, mais a trait seulement aux
propres de Chachpéri. Dans la pièce précédente la femme Tanofré rappelle au contraire les écrits antérieurs que lui avaient
faits son mari et une autre personne dont le nom a disparu.
Jusqu'à Philopator, il arrivait le plus souvent que les maris
cédaient à leurs femmes la totalité de leurs biens ; et c'étaient
les femmes qui les distribuaient ensuite aux enfants, du
vivant même du père, réduit à être dès lors, selon les expressions des textes, *pour ses fils*, c'est-à-dire au lieu et place de
ses enfants, seuls véritables propriétaires. Sans doute Amenhotep et Tanofré, mariés sous Evergète Ier, avaient fait comme
tous leurs contemporains, quand le πρόσταγμα de Philopator
sur l'autorité maritale était venu changer brusquement le
mode des partages en en chargeant le mari. C'est pour cela

que Tanofré se réserve encore les droits éventuels et l'hypothèque résultant des écrits de son mari, tout en abandonnant
à sa fille la part des biens déterminée par lui.

Cette mise en tutelle maritale constituait un tout nouvel
état civil pour la femme. C'est pourquoi le titre de mari, qu'on
ne rencontre jamais dans les documents d'ancienne époque, se
présente au contraire sans cesse sous Philopator, alors même
que l'union (avec ses conséquences légales) se trouvait dis-
soûte par la mort. Examinons, entre autres, à ce point de vue,
un papyrus de l'an VIII de Philopator où l'on voit une femme
Tabast rendre au neveu du mari qu'elle avait perdu la part
qui lui revenait dans les biens de sa famille : « La femme
Tabast dit au pastophore d'Amon Api de l'occident de Thèbes,
Panofré, fils de Psennouter, dont la mère est Taamen : Je
t'abandonne les biens de Patem, fils de Panofré, dont la mère
est Tavé, le frère cadet de Psennouter fils de Panofré, ton
père, biens sur lesquels il a écrit à Psennouter fils de Panofré,
ton père, sur lesquels tu as écrit (ensuite) à Thotnecht fils de
Panofré, mon mari, et sur lesquels (enfin) Thotnecht fils de
Panofré, mon mari, m'a écrit, parmi les biens sur lesquels il
m'a écrit... A toi la totalité des biens appartenant à Patem fils
de Panofré, le frère cadet de ton père. Je n'ai plus aucune
réclamation à te faire. Celui qui viendrait t'inquiéter soit en
mon nom, soit au nom de quiconque au monde, je l'écarterai
de toi. Celui qui viendra t'inquiéter au nom de Thotnecht fils
de Panofré, mon mari, je l'écarterai également. Je t'ai remis
l'écrit fait sur les biens ci-dessus par... » L'écrit dont il est ici
question est sans doute l'un des deux écrits de partage rédigés
en l'an XVII d'Evergète Ier et que nous possédons aussi. Mais
sous Evergète et précédemment on aurait seulement indiqué
le mari par son nom et par celui de ses père et mère, sans lui
donner le titre de mari, qui ne changeait rien à la nature des
actes faits par lui ou par des tiers au bénéfice de sa femme,
alors complètement indépendante. C'est ce qu'on voit notamment dans le contrat par lequel Taoutem (ou Taketem) cède,
sous Evergète Ier, au neveu de son époux les biens qui lui

avaient été livrés à elle-même par ce dernier, cession que l'on peut pleinement comparer à celle que je viens de mettre sous vos yeux.

Je ne veux pas ici multiplier les exemples des donations postérieures à l'an IV de Philopator et dans lesquelles le mari assiste sa femme dans une approbation spéciale, ni des partages consentis par lui entre ses enfants et au nom de sa femme avec un simple consentement de celle-ci.

Il va sans dire que toute adhésion ou mention formelle de l'assistance légale devenait inutile quand le mari et la femme prenaient ensemble la parole dans le corps de l'acte.

Tel est le cas dans une pièce de l'an XII de Philopator qui fait partie d'une série provenant d'un même personnage. Il s'agit d'un Grec épigone nommé Mélas, fils d'Apollonius et de Réru qui, en l'an 21 d'Evergète Ier, avait épousé une femme Tsébast, fille d'Apollonius et de Tsémin, en lui assurant, par un contrat de mariage démotique, un don nuptial et la communauté du tiers dans tous ses biens présents et à venir. Trois ans après, en l'an XXIV d'Evergète Ier, notre Mélas, de plus en plus en veine de générosité, attribuait à sa femme, non pas le tiers, mais la moitié d'une maison qu'il possédait à Hermonthis et confirmait, en outre, toutes les autres clauses du contrat de mariage rédigé par lui antérieurement (ce qui, avec l'écrit actuel, complétait deux écrits).

Les deux époux continuèrent donc à jouir ensemble de leur propriété commune jusqu'au jour où, en l'an XII de Philopator, ils la cédèrent conjointement à une femme dont le nom a disparu, mais qui pourrait bien être leur fille. « Le Grec Mélas, fils d'Apollonius et de Réru, et la femme Tsébast, fille de Ptolémée et de Tsémin, disent *tous les deux d'une seule bouche* : nous t'abandonnons ta maison bâtie, couverte, etc. »

Evidemment, le mari et la femme, agissant ensemble, n'avaient pas besoin d'adhérer, chacun, de son côté, à l'acte de l'autre, pas plus à titre de possesseur qu'à titre de κύριος. L'assistance légale est en pareil cas sous-entendue, encore dans notre droit actuel.

Remarquons que cette assistance légale du mari, constante dans les actes démotiques à partir d'une certaine période du règne de Philopator, n'existait pas, non seulement sous le règne de son père Evergète Ier, mais en l'an II de Philopator lui-même. Nous possédons en effet, et j'ai déjà eu l'occasion de vous citer dans une précédente leçon, un papyrus de l'an III de Philopator, dans lequel une femme nommée Taaou, fille de Snachomneus et de Tanofré, mariée depuis l'an XXII d'Evergète Ier à Hor, fils de Pamenès et de Tahlousi, intervient seule, et sans être assistée de son mari, à une donation rédigée par sa propre mère Tanofré; absolument comme les femmes mariées l'avaient fait jusqu'à Philopator. Le décret de ce prince sur l'autorité maritale est donc postérieur à l'an II et antérieur à l'an VII.

Mais désormais le nouveau droit subsista invariablement en Égypte, tant pour les Égyptiens de race que pour les Grecs. Nous le retrouvons dans les actes coptes et grecs, aussi bien que dans les actes démotiques.

Je citerai, par exemple, cet en-tête d'un acte copte déjà publié par moi dans la *Revue égyptologique* (première année, p. 104) : « Moi Abigaia, fille de Samuel, diacre et moine du mont de Djeme, ayant pour mère la bienheureuse Tsénouté, avec mon mari Daniel, lequel est en toutes choses d'accord avec moi, tous les deux habitants du *castrum* de Djeme, nous écrivons, etc. » Et de même dans la souscription. « Moi Abigaia, fille de Samuel le moine, mon mari Daniel m'assistant en toute chose, je souscris à cet arrangement. »

Dans un autre où les deux frères d'Abigaia comparaissent avec elle, on lit d'une façon plus détaillée : « Nous Étienne, Chareb et Abigaia, — Samuel, fils du bienheureux Chareb, notre père, étant d'accord avec nous, ainsi que notre mère Tsénouté, et Daniel, fils de Comès, mon mari à moi Abigaia, m'assistant et consentant à tout ce qui est convenu, afin d'assurer l'immutabilité de cet accord et partage, — nous tous habitant le *castrum* de Djeme dans le nome de la ville d'Hermonthis, après avoir appelé un notaire et des témoins dignes de foi, de notre libre volonté, nous disons à Elisabeth, fille du bienheureux Épiphane et dont la mère est Marie et le mari Abraham, fils de Théodore, tous habitant le même *castrum...* » La fille d'Élisabeth, s'adressant à sa mère, n'omet pas non plus d'en désigner l'époux : « J'écris à ma mère Élisabeth, fille du bienheureux Épiphane, dont la mère est Marie et le mari Abraham. »

Le mari intervient dans une multitude d'autres documents coptes parmi lesquels je mentionnerai seulement un papyrus que possède le savant professeur de Vienne, M. Reinisch, et qu'il a bien voulu me communiquer.

On voit que c'est identiquement le même droit que nous avons constaté dans le papyrus grec du temps de Constance cité plus haut, et portant à propos de l'assistance légale du mari d'Aurelia : Αυρηλια τηρουτηρου μετα συνεστωτος του κυριου αυτης ανδρος Αυρηλιου Δοροθεου Σερηνου. Seulement le titre grec de κυριός pour le mari a complètement disparu de nos actes coptes, et de la plupart des actes grecs postérieurs au règne de Constance. Ce titre rappelait en effet un usage qui n'avait rien d'égyptien et qui, s'appliquant non seulement au mari κυριος, mais au frère κυριος de sa sœur majeure, constatait surtout l'incapacité des femmes grecques à agir seules en justice. Tant que le droit grec macédonien avait subsisté, à côté du droit égyptien, restant le droit à part de l'une des races conquises (c'est-à-dire au moins jusqu'à l'époque d'Antonin le Pieux, où il est appliqué devant l'agoranome grec absolument comme du temps de Ptolémée Alexandre), la quasi-tutelle macédonienne des agnats, toujours traduite par le titre de κυριος, avait subsisté également, à côté des usages diamétralement contraires conservés par les Égyptiens dans leurs contrats démotiques. Mais ensuite vint le moment où Caracalla étendit à tous les sujets de l'empire la cité romaine. Les droits particuliers des diverses races se fondirent alors et finirent par entrer dans la Romanité en donnant naissance au droit contractuel des codes. Dans cette fusion progressive, ce fut naturellement en Égypte la loi du plus grand nombre, c'est-à-dire la loi égyptienne, qui l'emporta. La distinction des instruments rédigés à la mode grecque ou à la mode égyptienne disparut donc peu à peu, et bientôt il n'y eut plus aucune différence de bases juridiques, de formules et de rédaction entre les contrats coptes succédant aux anciens contrats démotiques et les contrats grecs d'Égypte. Le nom de χυριος s'appliqua donc d'abord au mari seul, puis il cessa entièrement d'être en usage. Quant à l'assistance du frère χυριος de ses sœurs, nous n'en trouvons plus aucune trace ni dans les textes grecs, ni dans les textes coptes. Les femmes non mariées, filles majeures ou veuves, contractent seules sans aucune espèce de tuteur. Les papyrus grecs 20, 21 et suivants du Louvre en sont la preuve, tout autant que l'ensemble de nos cartulaires copto-grecs de Djême et d'Arsinoé.

Laissons de côté maintenant, messieurs, les conséquences du προσταγμα de Philopator pour en arriver au vieux droit égyptien.

Avant ce προσταγμα la puissance maritale n'a-t-elle jamais existé en Égypte ou a-t-elle simplement été facultative suivant les conventions nuptiales? telle est la question qui s'impose en ce moment à nous.

Commençons par bien établir qu'à toutes les époques la femme jouit d'une situation tout à fait privilégiée en Égypte.

Elle est la maîtresse de maison, *nebtpa*. Elle s'assied en cette qualité à côté du maître sur un siège de pareille hauteur ou sur le même siège, tandis que partout ailleurs, et particulièrement en Assyrie, les reines ne sont assises que sur des tabourets de beaucoup inférieurs au trône du roi. Elle a des prétentions reconnues à la couronne et peut gouverner l'État. Tous les récits nous montrent que dès la plus haute antiquité elle est auprès de son époux aussi honorée et indépendante que nos épouses actuelles. Souvent c'est elle qui dirige réellement son mari, qui lui dicte ses volontés, qui désigne ceux dont elle veut bien qu'on reçoive les visites officielles, ceux qu'elle veut écarter. Le mari s'incline devant ses caprices ; et après sa mort il peut lui dire comme dans le papyrus traduit par M. Maspero (1) :

Au Khou (ombre ou spectre) instruit de la dame Onkhari.

« Que t'ai-je donc fait de criminel, que j'en sois arrivé à la condition fâcheuse où je me trouve ? Que t'ai-je donc fait qui soit cause que tu aides à m'attaquer, si aucun crime n'a été commis contre toi ? Depuis que je suis devenu ton mari jusqu'à ce jour, qu'ai-je fait contre toi que je doive cacher ? Que ferai-je quand il me faudra déposer de ce que j'ai fait, quand je comparaîtrai avec toi devant le tribunal, en paroles de ma bouche adressées au cycle des dieux de l'Occident, et qu'on te jugera d'après cet écrit, qui est composé de paroles renfermant ma plainte au sujet de ce que tu as fait, que feras-tu ? Tu es devenue ma femme, j'étais jeune, j'ai été avec toi. Je fus promu à toutes sortes de dignités, j'ai été avec toi, je ne t'ai pas laissée, je n'ai point causé de chagrin à ton cœur. Or j'ai fait cela quand j'étais jeune ; lorsque j'ai été promu à toute grande dignité du Pharaon, je ne t'ai point laissée disant : « Que ceci te soit commun avec moi ! » — Et comme tout le monde qui venait me voyait devant toi, tu ne recevais point ceux que tu ne connaissais pas, car j'agissais selon ta volonté. Or voici, tu n'as point satisfait mon cœur, et je plaiderai avec toi et l'on verra le vrai du faux. Or voici, j'instruisais les capitaines de l'infanterie du Pharaon et de sa cavalerie ; et moi, quand ils venaient pour se prosterner sur le ventre devant toi, s'il y avait dans ce qu'ils apportaient quelque chose de bon, je le posais devant toi, je ne cachais rien pour moi… Je ne me comportais pas à ton égard d'une manière blessante en quoi que je fisse, à la façon d'un maître ; on ne m'a jamais trouvé agissant brutalement à ton égard à la façon d'un paysan qui entre dans la maison d'autrui. Je ne me suis soustrait à rien de ce que tu me faisais. Quand on me mit à la

---

1. La signification générale de ce papyrus avait été indiquée pour la première fois par M. Chabas dans les notices qu'il a publiées en tête des papyrus hiératiques de Leide.

place où je suis, que je ne pus plus sortir au dehors selon mon habitude, et que j'en vins à jouer le rôle d'un reclus, et que mon huile, aussi mon pain, aussi mes vêtements, on me les apportait, je ne me mis pas en un autre endroit, disant : Que deviendrait ma femme ? — Et je ne me montrai jamais brutal à ton égard, et vois, tu ne reconnaissais pas le bien que je faisais, et je te... pour faire... en ce que tu faisais. Et quand tu tombas malade de la maladie que tu fis, je fus au chef des médecins et il ordonna les remèdes et il fit ce que tu lui dis de faire. Et quand je m'en allai avec Pharaon pour aller au Midi, comme j'étais habitué à me trouver avec toi, tandis que je fis mon séjour de six mois, je ne mangeai ni ne bus comme un homme ordinaire ; et quand je regagnai Memphis, je demandai congé à Pharaon, je fis ce qui était convenable pour toi, et je te pleurai beaucoup avec mes gens en face de ma chambre ; je donnai des étoffes et des bandelettes pour ton ensevelissement, et je fis fabriquer à cet effet beaucoup de linge, et je ne laissai point bonne offrande que je ne te fisse faire. Et voici, j'ai passé trois années (de deuil) sans entrer à la maison, sans faire faire ce qui était convenable, et vois, on a agi ainsi parce que c'était pour toi ! Et vois, je ne sais plus distinguer le bien du mal, et l'on te jugera avec cet écrit, et vois, tant que les lamentations ont duré, je ne suis pas entré vers Pharaon..... »

Voilà qui montre bien la situation très favorable de la femme à une époque reculée. Cependant cette situation n'exclut pas toute puissance maritale possible. Le mari ne dit-il pas : « Je ne me suis jamais comporté brutalement à ton égard à la façon d'un maître ? » Mais la puissance qu'il semble s'attribuer en principe eût découlé du fait de l'union et non de l'infériorité civile et légale de la femme. En effet la femme, loin d'être considérée, ainsi que partout ailleurs, comme un être inférieur par sa nature, une sorte d'esclave, était au contraire en Égypte l'égale de l'homme. C'est cette égalité même qui a fini par intervertir les rôles quand Bocchoris eut substitué le droit contractuel à l'ancien droit hiératique.

Je dis le droit contractuel. En effet, messieurs, je ne saurais voir de véritables contrats dans « les deux contrats de mariage sous forme de décrets d'Amon » dont parlait dernièrement M. Maspero et qui remontent à la XXI⁽ᵉ⁾ dynastie. L'une de ces inscriptions hiéroglyphiques n'a pas encore été publiée. M. Maspero dit simplement qu'elle possède des formules identiques à celles de l'autre inscription du même genre, dont le texte a déjà été reproduit par Mariette dans son *Karnak*. Malheureusement ce premier texte est incomplet. Le commencement manque. Dans ce qui subsiste il n'est fait mention ni de mari ni de mariage (1). On y trouve seulement une série d'anathèmes des plus prolixes prononcés par Amon, roi des dieux, Maut et Chons, contre tout roi, tout grand prêtre d'Amon, tout chef de troupes, tout magistrat, tout individu mâle ou femelle, qui entreprendraient de disputer ou d'enlever les biens appartenant à la royale fille Makéri ou à ses enfants « biens qui ont été remis en sa main et qui doivent être remis en la main de son fils, du fils de son fils, de sa fille, de la fille de sa fille, et à sa progéniture à jamais. Les dieux doivent tuer (*Xateb*) tout individu du monde entier, mâle ou femelle, qui commettrait un tel crime. » Voilà tout ce que ce document nous apprend. Les anathèmes peuvent se comparer à ceux que le roi Amenophis profère contre qui voudrait essayer de faire tort au temple fondé par Amenhotep, fils de Hui, et détourner les hiérodules attachés à ce sanctuaire. On peut les rapprocher également des anathèmes contenus dans nos contrats coptes de Djême. La formule : « Tout roi, tout *grand prêtre d'Amon*, tout homme quelconque, etc., » est surtout très analogue à la formule copte : « Tout magistrat, tout évêque, tout homme quelconque, qui viendra t'inquiéter à ce sujet, qu'il soit étranger au Père, au Fils et au Saint-Esprit et à la communauté des chrétiens. » (L'excommunication prononcée contre un évêque par des laïques m'avait d'abord fortement étonné ; car on ne la rencontre qu'en Égypte, et elle

---

1. L'ensemble de ce document (que je donnerai à propos de l'hérédité et du régime des biens) prouve même qu'il n'y a jamais eu de mention de ce genre.

s'explique par la continuité d'un usage païen.) Mais, répétons-le, ces anathèmes d'Amon, roi des dieux, ces documents juridiques où la partie qui parle est une divinité, n'ont aucun rapport avec un contrat proprement dit, et bien moins encore avec un contrat de mariage puisqu'il n'y est directement question ni du mari, ni de l'union matrimoniale. Ils ne contredisent donc en rien l'assertion de Diodore nous disant que Bocchoris a le premier institué le code des contrats, assertion qui, selon la remarque fort juste de M. Birch, est confirmée par tous les documents.

Sans doute il existait antérieurement à Bocchoris des titres de propriété, des *parchemins*, que cite le scribe Ani dans ses *Maximes*. Nous aurons à examiner, à propos du régime des biens, en quoi consistaient ces parchemins, fixant les limites de chaque nome et de chaque champ. Ce que nous pouvons affirmer, c'est qu'ils se rapportaient à un droit tout aussi hiératique que la charte d'Amenhotep, les inscriptions de Beni-Hassan et d'El-Kab, et les stèles de Karnak dont nous venons de parler. La liberté illimitée des transactions n'existait nullement à cette époque.

Or c'est cette liberté illimitée des transactions, pour tout ce qui n'était pas fixé d'une façon positive par la loi, qui a donné naissance à l'omnipotence réelle de la femme. Quand la femme, de tout temps sur le même pied que l'homme en Égypte, eut en outre le pouvoir de débattre avec son futur les conditions de son union matrimoniale, ces conditions devinrent de plus en plus dures pour le mari, de plus en plus avantageuses pour elle. Que ne fait pas un homme épris pour obtenir celle que son cœur aime sincèrement? Il n'est pas de sacrifice, si pénible soit-il, auquel il ne soit prêt à consentir. Un sourire lui ferait tout entreprendre, une larme tout quitter. Sa vie même dépend d'un regard. A plus forte raison les questions de fortune et d'autorité lui semblent-elles méprisables. L'homme ne commande à la femme que quand il ne l'aime plus, et il ne songe aux biens de ce monde que quand il a perdu un trésor mille fois plus précieux que l'or et la perle.

Les Égyptiennes étaient très séduisantes (1), s'il faut en croire les monuments contemporains aussi bien que les Grecs. Elles profitèrent donc naturellement de la situation qui s'offrait à elles. Mais cela ne se fit pas d'un seul coup.

Après Bocchoris on vit se constituer en Égypte plusieurs régimes matrimoniaux absolument distincts. Le plus ancien acte possédé par nous se rapporte à une union fort analogue au mariage par achat ou par *coemptio* des Romains. Comme souvent chez les Romains, la femme se vend à son futur époux, dont elle était sans doute fort éprise, se met complètement *in manu* et devient son *esclave*, pour me servir des expressions du texte.

Ce fut, paraît-il, à la suite d'un dîner fait ensemble que les deux fiancés s'accordèrent et qu'on traça le contrat sur une assiette qui venait de servir au dessert et se trouve actuellement intacte au musée égyptien du Louvre. Ce document, que nous avons déjà eu l'occasion de citer à propos de l'esclavage, est ainsi conçu :

« An IV, mésoré 27, du roi Psammétique.

« La femme Tenési, fille d'Anachamen, dit à Amon fils de Put'a :

« Tu m'as donné, et mon cœur en est satisfait, mon argent pour être à toi servante. Je suis ta servante : personne au monde ne peut m'écarter de ton service. Je ne puis m'opposer à cet asservissement. Je te donne en outre jusqu'à la totalité de mes biens de dame de maison (*neb-t pa*), à la totalité de mes biens au monde, à mes enfants que j'enfanterai, à tout ce que je pos-

---

1. Elles étaient même très renommées sous ce rapport comme possédant des qualités spéciales, s'il faut en croire un passage de Ctésias reproduit par Athénée (XIII, cap. x). Elles étaient aussi fort prolifères et mettaient au monde de beaux enfants très bien formés dès le huitième mois. S'ils naissaient plus tôt paraissant à terme, on commençait à concevoir des doutes sur la date de la conception (voir Aristote, *Animaux*, VII, cap. iv). Du reste l'éducation d'un enfant ne revenait pas à plus de vingt drachmes depuis sa naissance jusqu'à l'âge de la puberté et les parents étaient obligés de les nourrir tous, à la différence de ce qui se faisait chez presque tous les autres peuples de l'antiquité. (Diodore, I, LXXX, etc.)

sède et posséderai, même les vêtements qui sont sur mon dos, depuis l'an VI, mésoré, ci-dessus, en année quelconque, jusqu'à jamais et toujours. Celui qui viendra à toi pour t'inquiéter à cause de moi à propos de chose quelconque au monde, en disant: « Ce n'est pas ta servante, celle-là » te donnera les biens quelconques de dame de maison qui seront à nous chez toi. Ta servante sera ta servante encore : et mes biens, tu les auras en tout lieu où tu les trouveras.

« Serment à Amon! Serment au roi! Point à te servir au dehors par esclave encore. Point à dire : nous avons fait l'acte marital en toute similitude que ci-dessus. Il n'y a point à faire de similitude de ces choses. Point à dire que tu peux m'écarter du service de ta chambre où tu es. »

Ici nous avons bien affaire au mariage servile des Romains primitifs ou des Hébreux. Mais à côté de ce mariage servile par *coemptio*, les Romains en avaient un autre en vertu duquel la femme était en quelque sorte assimilée à l'homme et lui disait : « *ubi tu Gaius et ego Gaia*. Où tu es le maître, je suis aussi la maîtresse. » C'était le mariage religieux et sacré proprement dit, le mariage par *confarréation*. Le *pater familias* avait alors en face de lui une *mater familias*, et le patricien une matrone. Ce mariage religieux, contre lequel la révolution populaire qui donna naissance à la loi des Douze Tables vint réagir, a aussi ses analogues dans le droit égyptien.

Nous avons déjà eu l'occasion de l'établir, c'était là le mariage que nous montrent toutes les stèles funéraires et les monuments les plus anciens de l'Égypte pharaonique. On y voit toujours le maître de maison assis, côte à côte, sur un siège élevé, près de la dame de maison, appelée *neb-t pa* et entourée de la masse des serviteurs de tout grade, parmi lesquels se trouvent parfois mentionnées d'humbles concubines du maître. Ces servantes ne prétendent nullement faire ombrage à leur maîtresse et se contentent modestement de leur rôle inférieur. Nous avons ainsi en présence, dans la même famille, grâce à la polygamie égyptienne, que n'ont jamais admise les Romains, le mariage servile, analogue au mariage par coemption,

et le mariage d'égale à égal analogue au mariage par confarréation. Mais on comprend que quand une femme, née libre,
se contentait en Égypte d'un concubinat de cette espèce, elle
avait bien soin de préciser que, puisqu'elle devenait servante,
son conjoint ne la relèguerait pas un jour dans la cuisine,
afin de prendre pour compagne en son lit une esclave plus
jeune. De là le serment solennel que nous fournit notre acte
d'asservissement :

« Serment à Amon ! Serment au roi ! Point à te servir au
dehors par esclave encore. Point à dire: Nous avons fait l'acte
marital en toute similitude que ci-dessus. Il n'y a point à faire
de similitude de ces choses. Point à dire que tu peux m'écarter
du service de ta chambre dans laquelle tu es ! »

Mais combien différentes étaient vers la même époque les
formules du mariage proprement dit, du mariage de première
classe !

La femme, au lieu d'être suppliante, est dame et maîtresse.
Elle a droit d'exiger la situation que la loi lui accorde, et le
contrat n'est plus qu'une constatation légale du nouvel état
de choses. Nous allons citer deux actes de ce genre dont la
simplicité est bien frappante : Voici l'un :

« An IX, épiphi, du roi Darius.

« Le choachyte de la nécropole Pet-nofré-hotep, fils de Nes-
hor... dont la mère est Sethekban, dit à la femme Tahei, fille
de....., dont la mère est Tahonèsé :

« Je t'ai établie pour femme. T'appartiennent toutes choses
du monde dépendant *du faire à toi mari*. Je te les abandonne,
depuis le jour ci-dessus à jamais ! »

L'autre est fort semblable :

« L'an XXIV, payni, du roi Darius.

« Le choachyte de la nécropole Ptu, fils de Nesmin, dit à la
femme Sébast, fille de Nesmin :

« Je t'ai établie pour femme. Je t'abandonne *le faire à toi
mari* depuis le jour ci-dessus. Je ne puis y échapper en tout
lieu où j'irai, depuis le jour ci-dessus à jamais. »

Ainsi voilà le mari lié à sa femme pour l'éternité, *en tout lieu où il ira*, et obligé partout de se conformer aux lois matri moniales, probablement sacrées, et qui paraissent avoir comporté des droits et des devoirs très précis.

Cet établissement pour femme légitime avait-il lieu à la suite d'une cérémonie religieuse?

Il en était ainsi dans la confarréation romaine : et, quand le prêtre, en présence des dix témoins, avait uni les conjoints par la communion du pain sans levain partagé entre eux, le mariage était indissoluble et éternel. Les femmes ne pouvaient plus en contracter un autre après la mort de leur époux (1), sous peine d'une sorte d'excommunication, qui leur interdisait d'entrer dans le temple de la pudeur. Tout second mariage rendait les enfants et leur postérité entière inhabiles à être prêtres ou vestales, et l'homme remarié était lui-même exclu du sacerdoce (usage conservé dans le christianisme pour les empêchements résultant de ce qu'on nomme la bigamie ecclésiastique). D'après le vieux droit sacré, le flamine cessait de l'être à la mort de sa femme, religieusement unie à lui d'une manière inséparable dans la vie, dans le sacerdoce et qui, prêtresse au même titre, l'assistant dans les sacrifices, en était devenue en quelque sorte l'indispensable comp lément.

Peut-on retrouver en Égypte quelque ressemblance avec cet état de choses? Pour la perpétuité du mariage légitime, cela paraît assez probable. Mais rien ne prouve encore l'existence d'une cérémonie religieuse au début de l'union. On sait qu'avant le concile de Trente le mariage pouvait être contracté par le seul consentement des parties et l'accomplissement réel de l'union conjugale, sans aucune bénédiction du

---

1. La diffaréation, cérémonie lugubre imitée des rites funèbres, ne se pratiqua que très tard. Elle devint fréquente quand les mœurs avaient depuis longtemps vulgarisé le divorce pour les mariages plébéiens. C'est alors qu'un prêtre put prendre sur une inscription parvenue jusqu'à nous le titre : prêtre des confarréations et des diffaréations (*confarreationum diffareationumque*). On était bien loin de l'époque où un scrupule religieux dont nous aurons à parler avait motivé le premier divorce.

prêtre. Le sacrement était alors parfait selon tous les théologiens, et le concile de Trente n'a pu que créer un empêchement dirimant pour ceux qui ne se conformaient pas aux nouvelles lois ecclésiastiques. Il paraît en avoir été de même chez les Égyptiens. Nous aurons bientôt à revenir avec insistance sur ce point : à toute époque le consentement officiellement constaté et la consommation du mariage ont constitué l'union conjugale; c'est ce que semble établir, notamment, un autre contrat du règne de Darius que je viens de rapporter de Londres et qui est ainsi conçu :

« L'an V, athyr, du roi Darius.

« Psenèsé, fils de Hérir, dont la mère est Bast, dit à la femme Tsenhor, fille de Nesmin, dont la mère est Réru:

« Tu m'as donné trois argenteus fondus du temple de Ptah quand je t'ai établie pour femme. Que je te méprise, je te donnerai...., en dehors des trois argenteus du temple de Ptah que tu m'as donnés ci-dessus. Le tiers de tous mes biens présents et à venir, que je te le donne. »

Sur la même feuille de papyrus on lit un second acte fait en même temps :

« L'an V, athyr, du roi Darius.

« Le choachyte Petèsé, fils de Hérir, dont la mère est Bast, dit à la femme Réru, fille du choachyte Petèsé, fils de Hérir, laquelle a pour mère Tsenhor, sa fille :

« Tu viendras en partage avec mes enfants que j'ai engendrés ou que j'engendrerai, pour tous mes biens présents et à venir, maisons, terrains, esclaves, argent, airain, étoffes, bestiaux, bœufs, ânes, contrats quelconques, totalité de biens au monde. A toi part de ces biens, comme à mes enfants qui seront à jamais, ainsi que de mes catacombes dans la nécropole et dans le nome. A toi aussi part de celles-ci. »

Nous appellerions cet acte dans le droit actuel une *légitimation* par mariage subséquent; mais, comme en Égypte tous les enfants étaient légitimes, il sera plus exact de dire que c'était une reconnaissance d'enfant et d'union. Par une fiction légale, le père et mari veut faire remonter le mariage bien avant le contrat, au moment de la conception de sa fille. C'est alors qu'il est censé avoir établi Tsenhor pour femme et avoir reçu d'elle une certaine somme constituant sa dot. En réalité, Tsenhor ne lui a rien apporté et la somme est déjà un don nuptial, tel que nous en présenterons les contrats ptolémaïques. Le mariage par don nuptial (prix de la virginité) ou par dot censée apportée par la femme, paraît être un emprunt fait aux étrangers et particulièrement aux Sémites. Dans cette race un mariage n'existait que quand il avait de l'argent pour base, argent constituant l'avoir de la femme et qui pouvait avoir été versé soit par une partie, soit par l'autre. Nous aurons, à propos des régimes matrimoniaux, à vous parler plus longuement de tout ceci ; nous vous montrerons alors que le mariage reposant sur un avoir de la femme, dot ou don nuptial, paraît venir constituer à une certaine période une troisième espèce de mariage, espèce également familière aux Romains des basses époques, à placer entre les deux que nous venons d'esquisser, le mariage de communauté et d'égalité, d'une part, et d'une autre part, le mariage servile. Vous verrez aussi que notre double contrat darique précédemment reproduit rentre dans une sous-classe spéciale et très fréquente des régimes matrimoniaux, sous-classe où d'ailleurs on retrouve les trois éléments essentiels de tous les mariages égyptiens par avoir de la femme, c'est-à-dire 1° le capital dotal constitué ; 2° la part de communauté, s'échangeant avec une pension annuelle et assurant la subsistance de l'épouse ; 3° l'amende pour le cas où le mari mépriserait celle-ci. Pour le moment il nous suffit de vous faire remarquer que la variabilité dans les clauses essentielles du mariage en Égypte dépend de la liberté illimitée des transactions accordée par Bocchoris et en vertu de laquelle tout était fixé par l'offre et la demande, comme disent nos économistes modernes.

A ce point de vue, il faut que nous citions encore un curieux contrat du temps de Darius Ier où les conditions les plus ordinaires se trouvent renversées, si je puis m'exprimer ainsi.

« Ce contrat de mariage, disais-je dans un des derniers numéros de la *Revue Egyptologique*, est intéressant par sa date, mais il l'est encore plus par son contenu. Les contrats de mariage thébains qui nous sont parvenus et que j'ai déjà fait connaître sont ordinairement adressés par le mari à la femme et contiennent, entre autres, les clauses suivantes : « Je t'ai prise pour femme. Je t'ai donné tant d'argenteus pour ton don nuptial.... Si je te méprise, si je prends une autre femme que toi, je te donnerai tant d'argenteus, en dehors de ceux que tu as reçus pour ton don nuptial.... La totalité de mes biens présents et à venir est en garantie des paroles ci-dessus. »

Dans notre contrat de Darius (qui porte à Berlin le n° 78), tout est en sens inverse. C'est la femme qui s'adresse au mari et lui promet une amende si elle le méprise et si elle aime un autre homme, etc. Voici le texte en question :

« An III°, thot, du roi Darius.

« Dit la femme Isis, fille du choachyte du Xent Anacha-men, mère d'elle Tbahor, au choachyte du Xent Haéroou, fils de Péchytès, dont la mère est Nifté-sop :

« Tu m'as prise pour femme aujourd'hui. Tu m'as donné un dixième d'argenteus fondu du temple de Ptah pour mon don nuptial quand tu t'es établi à moi comme mari. Que je te méprise, que j'aime un autre homme en dehors de toi, c'est moi qui te donnerai neuf dixièmes d'argenteus du temple de Ptah, en dehors du dixième d'argenteus fondu du temple de Ptah ci-dessus, que tu m'as donné pour mon don nuptial. Je te céderai aussi le tiers de la totalité des biens qui sont à moi et que j'acquerrai, sans alléguer aucun acte, aucune parole au monde. A écrit Téos, fils de Neshorpchrat. »

Evidemment la jeune femme qui dictait ces lignes passait pour être moins fidèle qu'attrayante, puisqu'il fallait à son fiancé un tel billet.

Mais notre papyrus a une plus haute portée au point de vue légal. Il prouve la complète parité de droits entre la femme et l'homme en Égypte, parité telle qu'elle permettait de retourner en quelque sorte les clauses stipulées dans un contrat de mariage. Habituellement on voit assurer les garanties de la femme : ici ce sont les garanties du mari que corroborent une amende et une hypothèque générale. On ne saurait aller plus loin.

Je me trompe, messieurs, on peut aller plus loin encore, puisque les actes nous montrent le mari se mettant absolument sous la puissance de sa femme, conformément à l'affirmation d'Hérodote, de Diodore, de Sophocle, etc., et lui cédant la totalité de ses biens en ajoutant seulement, et cela dans plusieurs de nos actes : « C'est toi qui prendras soin de moi pendant ma vie et, si je meurs, c'est toi qui t'occuperas de mon ensevelissement et de ma chapelle funéraire. » Voilà l'unique réserve du malheureux Égyptien, se livrant souvent pieds et poings liés à sa femme avant le décret de Philopator. Quant à la puissance maritale, on peut juger de ce qu'elle était quand la femme possédait tout et pouvait contracter seule comme elle l'entendait. L'épouse n'était même pas forcée au domicile commun puisque dans les contrats de mariage le mari lui assurait d'ordinaire, outre le don nuptial et l'amende en cas de divorce, une pension alimentaire en nature et en argent à recevoir chaque année. Un de nos contrats, exceptionnel, il est vrai, prévoit formellement le double domicile, car il interdit expressément au mari d'empêcher sa femme d'aller où elle voudra, en réclamant ses droits de mari, et il laisse au père de l'épouse la faculté d'aider et diriger sa fille :

« Je t'ai établie pour femme, je te cède ton droit de femme, je n'ai aucune parole à te faire pour ton droit de femme. Depuis le jour ci-dessus je te reconnaîtrai devant quiconque au monde, (mais) je ne puis te dire : tu es ma femme : je suis celui qui te dit que je suis devenu ton mari. Je ne puis m'opposer à toi en tout lieu où tu iras, depuis le moment où je suis devenu à toi mari. Je te cède tels et tels esclaves. Ce sont tes gens, personne ne peut les écarter de toi depuis ce jour. Je ne puis écarter homme d'eux, je ne puis emmener homme d'eux en dehors de *tes lieux*... Ton père et tes gens ont puissance en ta main, etc. »

Mais je m'aperçois, messieurs, que je me laisse entraîner par le sujet; car tout ceci rentrera mieux dans la question du mariage et des régimes matrimoniaux, que nous aurons à étudier dans les prochaines leçons.

www.ingramcontent.com/pod-product-compliance
Lightning Source LLC
Chambersburg PA
CBHW072302210326
41519CB00057B/2462

www.ingramcontent.com/pod-product-compliance
Lightning Source LLC
Chambersburg PA
CBHW072349200326
41519CB00015B/3709